पुस्तकालय संगठन एवं वित्त प्रबन्ध

LIBRARY ORGANISATION AND FINANCE MANAGEMENT

पुस्तकालय संगठन एवं वित्त प्रबन्ध

LIBRARY ORGANISATION AND FINANCE MANAGEMENT

लेखक
सुनील कुमार

डिस्कवरी पब्लिशिंग हाउस
नई दिल्ली–110 002

प्रथम संस्करण: 2007

ISBN: 978-93-5056-666-4

प्रकाशक

डिस्कवरी पब्लिशिंग हाउस

4831/24, अन्सारी रोड, दरियागंज

नई दिल्ली—110 002

दूरभाष—23279245

फैक्स—23253475

e-mail: dphbooks@rediffmail.com

dphtemp@indiatimes.com

मुद्रक

अरोड़ा ऑफसैट प्रेस

दिल्ली-110 092

प्रस्तावना

अन्य संस्थाओं की तरह ही पुस्तकालय भी एक सामाजिक संस्था है जिसमें विभिन्न स्तर, पदों एवं श्रेणियों के कई कर्मचारी कार्य करते हैं। पुस्तकालय संचालक पुस्तकालय का एक तरह से प्रबन्धक ही होता है जिसके सामने प्रबन्ध की कई समस्याएँ समय-समय पर सामने आती रहती हैं। वह अपने आपको पुस्तकालय के कार्यों का उत्तरदायी मानकर पुस्तकालय का संगठन और प्रबन्ध उत्तम से उत्तम व्यवस्था के अनुसार करता रहता है।

प्रबंध में अनुसंधान, नियोजन, विश्लेषण तथा प्रयोग आदि बातों पर विशेष रूप से ध्यान दिया जाता है तथा यह अवलोकन, तर्क एवं सिद्धांतों के निर्माण से संबंधित होता है। प्रबंध के द्वारा साधनों का आदर्शतम समन्वय करके न्यूनतम लागत पर अधिकतम लाभ एवं सेवा प्राप्त की जाती है। प्रबंध क्षेत्र में वैज्ञानिक प्रबंध की खास महता है। इसमें वैज्ञानिक विधि का उपयोग किया जाता है तथा वैज्ञानिक पद्धति परम्परागत विधियों के विपरीत उपयोग तथा अनुसंधान पर आधारित होती है।

पुस्तकालयों का यह कर्तव्य तथा उत्तरदायित्व होता है कि वह समाज के व्यक्तियों को उनके द्वारा कर के रूप में दिए गए धन के बदले में पुस्तकालय सेवाओं के रूप में ज्यादा-से-ज्यादा लाभ प्रदान करें।

पुस्तकालय वर्धनशील संस्था होती है इसलिए वर्ष-प्रतिवर्ष इसके संचालन हेतु वित्त की जरूरत होती है। पुस्तकालय के लिए वित्त देने वाला चाहे पाठक हो, सरकार हो या कोई संस्था हो यह चाहता है कि अतिरिक्त धन की माँग क्यों की जा रही है एवं उसकी

माँग के सम्बन्ध में क्या तथ्य एवं तर्क हैं। वैज्ञानिक प्रबन्ध लागू होने से पुस्तकालय संचालक के पास निश्चित उपयुक्त तथ्यों तथा तर्कों का पर्याप्त आधार प्राप्त हो जाता है।

पुस्तकालय के अधिकतर दैनिक कार्य द्विआवर्ती तथा यान्त्रिक प्रकृति के होते हैं। दूसरे शब्दों में, जिनमें दुबारा होने की सम्भावना रहती है। इस प्रकार दैनिक कार्य इस कारण से गुणात्मक विश्लेषण हेतु सुधार किए जाने के लिए उद्यत रहते हैं।

धन्यवाद।

—लेखक

अनुक्रम

1

पुस्तकालय संगठन

बिखरी हुई शक्तियाँ मिलकर जब एक पूर्ण इकाई के रूप में काम करती हैं तो उसे संगठन की संज्ञा दी जाती है। जैसे मानव शरीर में छोटे-छोटे भाग होते हैं एवं हर भाग का एक निश्चित कार्य होता है जैसे हाथों का कार्य खाना पकाना, मुख का खाना, पेट का पाचाना, पैरों का चलना, आँखों का देखना, कान एवं नाक का क्रम से सुनना एवं सूँघना आदि। किन्तु इन अलग-अलग भागों के अलावा मानव शरीर के मस्तिष्क में एक केन्द्रीय विभाग भी है जो समस्त क्रियाओं াक नियोजन करता है, अलग-अलग भागों का निर्देशन एवं संचालन करता है तथा उन पर पर्याप्त नियन्त्रण रखता है। अलग-अलग विभागों में प्रभावपूर्ण समन्वय स्थापित करने की कला को भी संगठन कहते हैं। उदाहरणार्थ जब हमारे मस्तिष्क में कोई विचार उत्पन्न होता है, तो उसको क्रियान्वित करने के लिए शरीर के प्रत्येक भाग क्रियाशील हो जाते हैं।

किसी भी कार्य को शुरू करने से पूर्व उसका संगठन कर लेना अति आवश्यक होता है। उदाहरणार्थ मान लीजिए कि हाकी का मैच हो रहा है। एक टीम के खिलाड़ी तो सुव्यवस्थित रूप से अपने निर्धारित स्थानों पर खड़े होकर खेल रहे हैं एवं दूसरी टीम के खिलाड़ी असंगठित एवं अव्यवस्थित हैं। वे मन चाहे स्थान पर जाकर खेलने लगते हैं। ऐसी दशा में यह तय है कि विजय उसी टीम की होगी जो सुव्यवस्थित

रूप से खेल रही है। ठीक यही बात पुस्तकालय सेवाओं के सम्बन्ध में लागू होती है। अगर किसी पुस्तकालय की सेवाएँ सुसंगठित हैं तो उस पुस्तकालय से पाठक मनोनुकूल लाभ ले पायेंगे।

एक कमजोर संगठन अच्छे पुस्तक-संग्रह एवं अध्ययन-सामाग्री को मिटट्री में मिला देगा, किन्तु एक अच्छा संगठन जिसके पास अपेक्षाकृत कम अच्छी अध्ययन-सामाग्री एवं पुस्तक संग्रह है, अपनी सेवाओं से पाठकों को पूर्ण लाभ पहुँचा सकता है। इस प्रकार पुस्तकालय जैसी संस्था में संगठन का काफी महत्त्व है। संगठन के तहत यह पुस्तकालय के समस्त साधनों को व्यवस्थित करते हैं। सभी पुस्तकालयाध्यक्ष का मुख्य दृष्टिकोण यह रहता है कि वह पुस्तकालय सेवाओं को इस प्रकार नियोजित करे कि उससे उसकी कार्य-क्षमता में अधिकाधिक बढ़ोत्तरी हो तथा अधिकाधिक पाठकों को पुस्तकालय सेवाओं से अनुकूलतम लाभ मिल सके।

दूसरी संस्थाओं की तरह पुस्तकालय संस्था भी अपने लक्ष्य की तरफ सफलतापूर्वक तभी बढ़ सकती है जब इसको संचालित करने वाला व्यक्ति इस दिशा में व्यवस्थित एवं संगठित कदम उठाये। दूसरे शब्दों में पुस्तकालय सेवा से अधिक से अधिक लाभ उठाने के लिए पुस्तकालय के संगठन को सुदृढ़ और समन्वित बनाना चाहिए। **निजी प्रयत्नों का समन्वय करने एवं निर्धारित लक्ष्य की दिशा में उनका उपयोग करने की 'क्रिया' को संगठन कहते हैं।**

विस्तृत अर्थों में संगठन का अभिप्राय किसी कार्य के लिए जरूरी साधनों के परस्पर सम्बन्ध से है। पुस्तकालय संगठन में भवन, कर्मचारी, वित्त, सामाग्री इत्यादि तत्त्व निहित होते हैं। इनमें से किसी एक तत्त्व का अकेला अस्तित्त्व कोई महत्त्व नहीं रखता, किन्तु जब यह सब परस्पर मिलकर इकट्ठे होते हैं, तो बहुत महत्त्वपूर्ण हो जाते हैं। उत्तम पुस्तकालय व्यवस्था संचालन की दृष्टि से जरूरी साधनों को जुटाना ही पुस्तकालय का प्रयोजन है। उदाहरणार्थ एक पुस्तकालय की स्थापना करने हेतु भवन, सामग्री, कर्मचारी, अर्थ एवं उपस्करों को एक साथ जुटाना होगा।

अपने विशेष अर्थ में किसी सार्वजनिक सेवा को बुलाने के लिए जरूरी कर्तव्यों एवं क्रियाओं का निर्धारण ही संगठन है। संगठन की जरूरत तब होती है, जब उक्त सेवा को करने के उद्देश्य से उसके समस्त साधनों को इकट्ठा किया जाता है। यह निर्विवाद सत्य है कि किसी भी सार्वजनिक सेवाओं में तभी पूरा लाभ उठाया जा सकता है, जब यह सही तरीके से संगठित हो।

आधुनिक युग में पुस्तकालय हमारे सामाजिक जीवन के अनिवार्य अंग बन गये हैं। पुस्तकालयों की संख्या लगातार बढ़ती जा रही है। वे सार्वजनिक पुस्तकालयों

की तरह स्वतन्त्र या श्रमजीवी संस्था या किसी व्यापारिक औद्योगिक संस्थान, अस्पताल, जेल, समाचार-पत्र इत्यादि संस्थानों के अंग हो सकते हैं।

संगठन प्रक्रिया

किसी पुस्तकालय का संगठन, चाहे वह सामान्य हो या विशिष्ट, उयके द्वारा संचालित सेवाओं की प्रकृति एवं परिधि पर निर्भर करता है। किसी पुस्तकालय का शुरुआती कार्य यह है कि उसमें संगृहीत पठन-सामग्री पाठकों के लिए हर समय उपलब्ध रहे तथा वे उनका पूर्ण प्रयोग कर सकें। पुस्तकालय के संगठन एवं संचालन की प्रक्रिया का उद्देश्य इस लक्ष्य की पूर्ति की ओर प्रयत्नशील रहना है। इस मूलभूत आधार को अभिव्यक्त करने हेतु स्वर्गीय डॉ. एस. आर. रंगनाथन ने पुस्तकालय विज्ञान के पाँच मूलभूत सूत्र प्रतिपादित किये हैं–

(1) पुस्तकें प्रयोग के लिए हैं।

(2) सभी पाठक को उसकी वांछित पुस्तक मिले।

(3) सभी पुस्तक को उसका पाठक मिले।

(4) पाठकों का समय बचे।

(5) पुस्तकालय एक संवर्द्धनशील संस्था है।

भवन निर्माण

उपर्युक्त पाँच सूत्रों के आधार पर एक आदर्श अत्याधुनिक सेवा की रूपरेखा तैयार की जा सकती है। पुस्तकालय सेवा के सन्दर्भ में शुरुआती प्रश्न पुस्तकालय भवन के लिए सही स्थान चुनने का है। एक सार्वजनिक सेवा के रूप में पुस्तकालय से यह अपेक्षा की जाती है कि वह व्यापक क्षेत्र को उपयुक्त सेवा प्रदान करे। अतः भवन का ऐसे स्थान पर होना जरूरी है, जहाँ सभी नागरिक किसी न किसी कार्य से स्वभावतः आता ही हो। पुस्तकालय भवन का निर्माण वैज्ञानिक आधार पर नियोजित दृष्टिकोण से क्यिा जाना दूसरा प्रश्न है।

पुस्तकालय भवन निर्माण की योजना, स्थान एवं आर्थिक साधनों की उपलब्धि पर निर्भर है। इन साधनों की कितनी भी प्रचुरता हो, यह ध्यान में रखना जरूरी है कि वर्तमान आवश्यकताओं को पूरा करें एवं भविष्य में उसकी लम्बाई, चौड़ाई एवं ऊँचाई में जरूरत के मुताबिक बढ़ोत्तरी की जा सके। पुस्तकालय भवन में जरूरी विभागों को चलाने के लिए काफी स्थान होना आवश्यक है। विभागों को मोटे तौर पर दो भागों में रखा जा सकता है–

1. सार्वजनिक,
2. प्रशासनिक।

सार्वजनिक कक्ष में अनुवर्ग सूची कक्ष, लेनदेन विभाग, पत्र-पत्रिका विभाग, वाचनालय, सूचना कक्ष, सन्दर्भ कक्ष, बालविभाग, सभाकक्ष, प्रदर्शनी स्थल, अध्ययन कक्ष, इत्यादि शामिल रहते हैं। प्रशासनिक कक्ष में संग्रह कक्ष, समिति कक्ष, पुस्तकालयाध्यक्ष कक्ष, कर्मचारी कक्ष, जिल्दसाजी एवं आलेख कक्ष शामिल हैं। पुस्तकालय में मौजूद सामग्री एवं जरूरतों के आधार पर इन विभागों का आकार निर्भर करता है। भवन में नैसर्गिक प्रकाश पर समुचित ध्यान दिया जाना चाहिए। कर्मचारी, पाठ्य सामाग्री एवं पाठक-पुस्तकालय के तीन आधार स्तम्भ हैं। अतः इन तीनों की सुविधाएँ ध्यान में रखते हुए भवन-निर्माण होना चाहिए।

भवन-निर्माण के पश्चात् साज-सज्जा जरूरी पक्ष है। विभिन्न विभागों के लिए जुटाये गये उपकरण ऐसे हों, जिससे कार्य सुचारु रूप से चलाने में सहायता मिले। उपकरणों के तहत प्रथम स्थान उपस्करों (फर्नीचर) का है। उन्हें सुविधाजनक, आरामदेह एवं टिकाऊ होना चाहिए।

पुस्तकालय वित्त

पुस्तकालय सेवा को गतिशील रखने हेतु सुदृढ़ वित्तीय व्यवस्था की जरूरत होती है। वित्त की जरूरत पुस्तकें खरीदनें, कर्मचारयों को वेतन एवं भत्ते देने एवं पाठकों हेतु सुविधायें जुटाने के लिए होती है। पुस्तकालय की स्थापना से पूर्ण वित्तीय साधनों की व्यवस्था करना जरूरी है। पुस्तकालयों के लिए धन की व्यवस्था सम्बन्धित विभागीय अधिकारियों द्वारा की जाती है। पुस्तकालय संस्थानों द्वारा संचालित किये जाते हैं। अतः उनके समग्र बजट में पुस्तकालय के लिए अनुदान की व्यवस्था की जाती है। व्यापारिक संस्थान, औद्योगिक प्रतिष्ठान इत्यादि विशिष्ट पुस्तकालयों को संचालन करने वाले अन्य संस्थान अपने समग्र बजट में पुस्तकालय हेतु वित्तीय प्रावधान देते हैं। आर्थिक संसाधनों की परिधि में सफल पुस्तकालय सेवा का आयोजन करना समिति का काम है। सामान्यतः पुस्तकालयों के आय के स्त्रोत पुस्तकालय शुल्क, सरकारी अनुदान, वृत्तिदान, अतिदेय शुल्क आदि हैं।

उचित सीमा के तहत आर्थिक साधन पुस्तकालयों को उपलब्ध होना चाहिए। चाहे वे शासन द्वारा जुटाये गये हों या पुस्तकालय अधिनियम को लागू करने में प्राप्त हुए हों। अधिकांश विकसित देशों में पुस्तकालय अधिनियम की स्थापना के द्वारा शुल्क वसूल करने के लिए अधिकृत किया गया है तथा इस प्रकार पुस्तकालयकी आय की अनिश्चितता अर्थाभाव को दूर करने की दिशा में सफल प्रयत्न किया जाता है।

पुस्तकालय अधिकारी

पुस्तकालय अधिकारी से हमारा आशय ऐसे संगठन से है, जो अपने क्षेत्र की पुस्तकालय सेवा के संचालन के हेतु उत्तरदायी हो।

ग्रेट ब्रिटेन में पुस्तकालय अधिकारी द्वारा चुना जाता है। जनतन्त्र में सेवा-अधिकारी एवं आर्थिक स्त्रोतों का साहचर्य अति आवश्यक है।

पुस्तकालय समिति

पुस्तकालय समिति का कार्य पुस्तकालय आयोजन की नीति तय करना है, जिससे सफल पुस्तकालय सेवा का संचालन किया जा सके तथा पुस्तकालय प्रशासन में बाधा न पड़े। समिति का सामान्य कार्य भवन, कर्मचारी तथा पुस्तकालय के अलग-अलग विभागों का नीति तय करना एवं निरीक्षण करना है। उसे लेखा तथा वित्त के परीक्षण का कार्य भी सौंप दिया जाता है। पुस्तकालय के नियमों का गठन एवं उनमें सामयिक परिवर्तन भी समिति द्वारा किया जाता है।

पुस्तकालयाध्यक्ष पुस्तकालय के सम्बन्ध में वार्षिक प्रतिवेदन समिति के समक्ष प्रस्तुत करता है। प्रतिवेदन में निर्गम के आँकड़े, पाठकों की संख्या, विशिष्ट दानदाताओं के नाम एवं पुस्तकालय सेवा में सुधार हेतु पाठकों एवं विशेषज्ञों द्वारा प्रस्तुत सुझाव शामिल रहते हैं। खरीदने हेतु अनुशासित तथा खरीद की गयी-नयी पुस्तकों की सूची भी समिति के समक्ष रखी जाती है।

पुस्तकालय प्रचार प्रविधियाँ

जिस प्रकार अनुभवी व्यापारी अपने उत्पादनों को लोकप्रिय बनाने हेतु प्रचार प्रविधियों का प्रयोग करता है, उसी पगकार पुस्तकालय अधिकारियों को उचित प्रचार प्रविधियों द्वारा पुस्तकालय सेवा को लोकप्रिय बनाने हेतु प्रयास करना चाहिए। यह इसलिए जरूरी है कि पुस्तकालय सेवा चाहे कितनी ही सक्षम क्यों न हो, पाठकों को स्वतः आकर्षित नहीं कर पाती। अतः पुस्तकालय व्यवस्था के संयोजकों तथा संचालकों का यह उत्तरदायित्व है कि नागरिकों की रुचि सस्ते मनोरंजनों के साधनों से हटकर पुस्तकालय की ओर अभिप्रेरित हो। यह नहीं समझना चाहिए कि एक बार पुस्तकालय की स्थापना हो जाने पर पाठक स्वतः उनकी ओर आकर्षित होते रहेंगे। पुस्तकालय प्रचार प्रविधियों के उचित प्रयोग से अनभिज्ञ नागरिकों को पुस्तकालय सेवा एवं संगृहीत सामग्री की जानकारी प्राप्त हो सकेगी तथा वे शनै–शनैः पुस्तकालय की ओर आकृष्ट होंगे।

विकसित देशों में प्रचार हेतु उचित राशि का प्रावधान पुस्तकालयों के बजट में किया जाता है। प्रचार के लिए जनमत-निर्माण के प्रायः सभी साधनों, जैसे समाचार पत्र, रेडियो, टेलीविजन, प्रदर्शनी इत्यादि का प्रयोग किया जा सकता है।

विस्तार सेवा कार्यक्रम

विस्तार सेवा कार्यक्रमों का उद्देश्य ऐसे नागरिकों को, जो पुस्तकालय के सदस्य नहीं हैं, सदस्य बनाना, उनकी उत्तम साहित्य में रुचि जागृत करना एवं पाठकों तथा पुस्तकों में स्थायी सम्बन्ध बनाना है। अविकसित एवं अर्द्धविकसित राष्ट्रों में साक्षरता का प्रतिशत कम है। अतः स्थानीय साक्षरता कार्यक्रमों में पुस्तकालयों को सहायता देना चाहिए। पुस्तकालय में निरक्षर एवं नवसाक्षर के लाभ हेतु कथा-गोष्ठियों, सामान्य ज्ञान सम्बन्धी वार्ता, पठन कार्यक्रम, कीर्तन, लोक-गीत आदि कार्यक्रमों का आयोजन करना चाहिए। पुस्तकालयों में नवसाक्षरों हेतु सरल, सुबोध तथा बोधगम्य साहित्य की भी व्यवस्था होनी चाहिए।

पुस्तकालय प्रणाली

पुस्तकालय हमारे सामाजिक, शैक्षिणक तथा सांस्कृतिक जीवन का अनिवार्य अंग है। बाल्यकाल से वृद्धावस्था तक हमें ज्ञान, प्रेरणा एवं मनोरंजन के लिए पुस्तकों की जरूरत पड़ती है। अपनी रुचियों, लक्ष्य तथा ज्ञानपिपासा की तृप्ति हेतु हमें पुस्तकों की ओर आकृष्ट होना पड़ता है। नगरीय व्यक्ति पाण्डित्य हेतु ग्रामीण व्यक्ति अपने व्यवसाय की समस्याओं के निवारण तथा भविष्य की योजनाओं हेतु पुस्तकों पर निर्भर रहते हैं। व्यावसायिक संगठन, वैज्ञानिक शोध एवं औद्योगिक नियोजन के लिए पुस्तकों की हर समय जरूरत होती है। हम कहीं भी हों, किसी भी कार्य में संलग्न हों, बिना पुस्तकों के अपना कार्य नहीं चला सकते। अतः पुस्तकालय, मानव के सफल जीवन के लिए जरूरी है।

विभिन्न प्रकार के पुस्तकालय

अलग-अलग उद्देश्यों के आधार पर विभिन्न तरह के पुस्तकालयों की स्थापना जरूरी होती है। विकसित देशों में पुस्तकालय सेवा संगठित अवस्था में है। अतएव इन देशों में राष्ट्र के केन्द्रीय पुस्तकालय से लेकर खण्ड पुस्तकालयों तक पुस्तकालयों का जाल बिछा हुआ है।

स्थापना के उद्देश्य एवं उनमें संगृहीत सामग्री की विभिन्नता के आधार पर अलग-अलग देशों में पुस्तकालय अनेक प्रकार के होते है।

उपर्युक्त व्याख्या से स्पष्ट है कि पुस्तकालय संगठन पुस्तकालय विज्ञान की वह शाखा है जिसके तहत पुस्तकालय विज्ञान के सिद्धान्त, पुस्तकालय की उपयोगिता, पुस्तकालयों का ऐतिहासिक विकास, पुस्तकालयों के प्रभेद, पुस्तकालय समिति एवं उसका कार्य, पुस्तकालय सामग्री, पुस्तकालय आयोजन तथा उससे सम्बन्धित समस्याओं का अध्ययन किया जाता है।

संगठन के जरूरी कदम

पुस्तकालय के संगठन को प्रभावशाली बनाने के लिए निम्नलिखित कदम उठाना चाहिए–

1. क्रियाओं का निर्माण–पुस्तकालय के उद्दश्यों का निर्धारण होने के उपरान्त सबसे पहला कदम उन उद्देश्यों की पूर्ति के लिए जरूरी क्रियाओं का निर्धारण करना है। इसके लिए जरूरी समस्त कार्यों को परिभाषित किया जाता है। इसके पश्चात् सभी कार्य को उसकी प्रकृति, आकार, उद्देश्य एवं उसके साथ निहित उत्तरदायित्व को ध्यान में रखकर उपक्रियाओं में विभाजित किया जाता है। तत्पश्चात ही उसे विभिन्न व्यक्तियों को सौंपा जाता है।

2. क्रियाओं का श्रेणीबद्ध किया जाना–इसके तहत समान प्रकार की क्रियाओं या एक दूसरे से सम्बन्धित क्रियाओं का विभागों या उपविभागों में विभाजित किया जाता है। क्रियाओं को विभागों में विभाजित करने हेतु पुस्तकालय के विशेष कार्यों जैसे पठन सामग्री उधार देना, संदर्भ सेवा देना आदि को शुरुआती आधार बनाया जा सकता है।

3. कर्मचारियों के मध्य कार्य विभाजन–क्रियाओं का वर्गीकरण हो जाने के पश्चात उनका वितरण अलग-अलग व्यक्तियों में उनकी योग्यता एवं रुचि के अनुसार किया जाता है। ऐसा करते समय प्रत्येक कर्मचारी के उत्तरदायित्व की सीमा भी तय कर दी जाती है।

4. अधिकार का सौंपा जाना–सभी कर्मचारी को जरूरी अधिकार भी सौंपे जाते हैं ताकि वह अपना उत्तरदायित्व निभा सकें। स्मरण रहे कि बिना उत्तरदायित्व के अधिकारों का सौंपा जाना सर्वथा गलत है। किस व्यक्ति को कितने अधिकार प्रदान किये जायें यह कार्य की प्रवृत्ति, उसके सम्बन्ध में उसका उत्तरदायित्व एवं पद आदि पर निर्भर करता है। वास्तव में, अधिकार एवं उत्तरदायित्व ये दोनों साथ-साथ चलते हैं–दोनों का चोली-दामन का साथ है।

5. समन्वय तथा सन्तुलन—पुस्तकालय में संगठन की स्थापना की दिशा में अन्तिम कदम जो उठाना चाहिए वह है, विभिन्न विभागों, उपविभागों एवं व्यक्तियों का क्रियाओं के बीच-समन्वय तथा सन्तुलन की स्थापना। इस हेतु संगठन के अलग-अलग भागों में सम्बन्ध स्थापित करना अति आवश्यक होता है। सभी व्यक्ति को सम्पूर्ण संगठन के रूप में, उसमें उसके स्थान एवं अन्य विभागों तथा पदाधिकारियों के साथ उसके सम्बन्ध इत्यादि के बारे में अवगत करा दिया जाता है।

संगठन का महत्त्व

संगठन वह तन्त्र है जिसकी मदद से पुस्तकालय सेवाओं का संचालन, समन्वय एवं नियन्त्रण होता है। यह वास्तव में पुस्तकालय की आधारशिला है। अगर संगठन दोषयुक्त हुआ तो व्यावहारिक कार्य कठिन तथा प्रभावहीन हो जाता है। इसके विपरीत अगर अपने पाठकों की अपेक्षाओं को पूर्ण करने के लिए स्पष्टतः तर्कसंगत तथा नियोजित ढंग से पुस्तकालय सेवा कार्य प्रारम्भ करता है तो वह समझना चाहिए कि सफल पुस्तकालय सेवा की प्राथमिक जरूरत पूरी कर ली गई है।

संगठन की महत्ता निम्नांकित विवेचन से स्पष्ट हो जाती है—

1. कार्यक्षमता में वृद्धि—यदि संगठन की स्पष्ट रूप से व्याख्या की गई हो तथा यदि वह विधिवत हो तो पुस्तकालय प्रशासन सुचारु रूप से चलता है। श्रेष्ठ संगठन द्वारा पुस्तकालय के समस्त कर्मचारियों की योग्यताओं तथा गुणों में पूरा-पूरा लाभ उठाया जा सकता है। इसके विपरीत शिथिल तथा अपर्याप्त संगठन अकुशलता, विलम्ब एवं दुहराव को प्रोत्साहन देता है। यही नहीं, प्रशासन कार्य इतने छोटे -छोटे कार्यों में इस प्रकार बँट जाता है कि प्रशासनिक कुशलतापूर्वक कार्य कर ही नहीं पाता।

2. साधनों का अधिकतम उपयोग—संगठन के द्वारा मानवीय एवं भौतिक साधनों का अनुकूलतम प्रयोग किया जा सकता है।

3. विभिन्न क्रियाओं को आनुपातिक तथा संतुलित महत्त्व प्रदान करना—संगठन पुस्तकालय के विभिन्न कार्यों को आनुपातिक एवं सन्तुलित महत्त्व प्रदान करता है। इसके तहत उपक्रम की समस्त क्रियाओं को विभिन्न विभागों, उपविभागों एवं कार्यों में विभाजित किया जाता है। इससे कार्य-निष्पादन सुचारू रूप से होता है।

4. विकास को बढ़ावा—स्वस्थ संगठन एक ऐसे ढाँचे का निर्माण करता है जिसके तहत पुस्तकालय एवं उसके द्वारा प्रदत्त सेवाओं का स्वयंमेव विकास होता है। पुस्तकालय एक संवर्द्धनशील संस्था है जिसकी क्रियाओं का विकास तथा विस्तार होता रहता है। यह कार्य संगठन के माध्यम से ही सम्भव होता है।

5. समन्वय को आसान बनाना : स्वस्थ संगठन समन्वय को आसान बनाता है।। संगठन सम्बन्धी रचना अलग-अलग विभागों, उपविभागों, स्थितियों, कृत्यों तथा क्रियाओं के बीच समन्वय स्थापित कर ली जाती है। इससे एक तरफ तो पुस्तकालय की कार्यकुशलता में बढ़ोत्तरी होती है एवं दूसरी तरफ तय लक्ष्यों को प्राप्त कर सकना सम्भव हो जाता है।

6. कर्मचारियों का मनोबल ऊँचा उठाना : स्वस्थ संगठन की स्थिति में कर्मचारियों का मनोबल ऊँचा उठता है एवं वे मेहनत, ईमानदारी एवं निष्ठा से कार्य करने के लिए प्रेरित होते हैं।

स्वस्थ संगठन से जुडी अनिवार्य बातें

संगठन अपने आप में कोई साध्य नहीं है, यह साध्य प्राप्ति का एक साधन है। एक स्वस्थ संगठन निम्नाकित बातों पर निर्भर करता है–

1. उद्देश्यों की प्राप्ति–संगठन किसी भी इकाई के उद्देश्यों की प्राप्ति का एक अंग है। इस दृष्टिकोण से संगठन को कई विभागों, शाखाओं, उपविभागों इत्यादि में बांटा जाता है।

2. कार्यों का स्वस्थ समूहीकरण–उद्देश्यों की प्राप्ति के लिए संगठन को अत्यन्त सुविधाजनक बनाया जाता है। इसके तहत पुस्तकालय के कार्यों का इस प्रकार समूहीकरण किया जाता है जिससे किया परामर्श तथा समन्वय जो संगठन की प्रक्रियाएँ हैं, सफलतापूर्वक चलती रहें।

3. कर्तव्यों एवं जिम्मेदारियों का स्पष्ट बंटवारा–संगठन की योजना में कर्मचारियों से की जाने वाली अपेक्षाओं एवं उनके उत्तरदायित्वों की समुचित व्याख्या होनी चाहिए।

4. सन्तुष्टि का विकास–संगठन इस प्रकार का होना चाहिए जिसके माध्यम से पुस्तकालय अपने कार्यकर्ताओं एवं पाठकों को पूर्ण सन्तोष प्रदान कर सके।

5. उपलब्ध साधनों का अधिक से अधिक प्रयोग–एक स्वस्थ संगठन का एक गुण यह भी है कि पुस्तकालय में उपलब्ध साधनों का उचित उपयोग हो।

6. विकास विस्तार की व्याख्या–एक स्वस्थ संगठन के लिए यह भी जरूरी है कि उसमें विकास तथा विस्तार के लिए काफी गुंजाइश हो ताकि जरूरत के मुताबिक पुस्तकालय के कार्यों का विकास किया जा सके।

7. समन्वय–एक स्वस्थ संगठन के परिचालन हेतु यह जरूरी है कि पुस्तकालय के विभिन्न विभागों एवं उपविभागों के बीच तालमेल हो।

8. कार्यान्वयन में सुविधा—स्वस्थ संगठन का एक आवश्यक तत्त्व यह भी है कि उस पर निर्भर व्यावहारिक कार्यपद्धति के कार्यान्वयन में सरलता हो।

पुस्तकालय संगठन एवं पुस्तकालय प्रशासन में अन्तर

पुस्तकालय संगठन एवं पुस्तकालय प्रशासन, पुस्तकालय-विज्ञान की दो अलग-अलग शाखाएँ होते हुए भी इतनी संयुक्त है कि दोनों में विषय सामग्री के आधार पर अन्तर पाना कठिन हो जाता है। पुस्तकालय-विज्ञान का जब प्रारम्भ हुआ था, तब दोनों शाखाएँ भिन्न नहीं थीं। बाद के समय में दोनों शाखाओं में अन्तर किया जाने लगा। पुस्तकालय संगठन को वह शाखा माना गया है जो कुशल पुस्तकालय प्रशासन के लिए मार्ग प्रशस्त करती है। अर्थात् कहा जाय कि पुस्तकालय संगठन के बाद की स्थिति है। इस प्रकार मोटे तौर पर पुस्तकालय प्रशासन पुस्तकालय संगठन के बाद की स्थिति हैं। इस प्रकार मोटे तौर पर पुस्तकालय संगठन पुस्तकालय प्रशासन का अंग सा ही प्रतीत होता है। दोनों के बीच विभेद की बहुत कम दूरी को ध्यान से रखते हुए विल्सन एवं टॉवर ने पुस्तकालय संगठन को पुस्तकालय प्रशासन का ही अंग मान लिया है। उनके अनुसार पुस्तकालय संगठन का कार्य मशीन की संरचना करना तथा प्रशासन का कार्य उसे गतिशील करना है। श्री थामस लान्दू ने 'एनसाइक्लोपीडिया ऑफ लायब्रेरियनशिप' में पुस्तकालय संगठन एवं प्रशासन को एक विषय ही माना जाता है। जेम्स डफ ब्राउन ने भी 'मैनुअल ऑफ लायब्रेरी इकानामी' नामक प्रसिद्ध पुस्तक में दोनों विषयों को अलग नहीं माना है।

उक्त चिन्तकों से अलग कतिपय चिन्तक ऐसे भी हैं जो पुस्तकालय संगठन को पुस्तकालय प्रशासन से अलग मानते हैं। इनमें प्रमुखतम हैं श्री वी. एस. हैंडीकर, जिनके द्वारा पुस्तकालय संगठन विषय पर रचित पुस्तक अति प्रसिद्ध है।

पुस्तकालय संगठन का प्रारम्भ पुस्तकालय संचालन हेतु योजना बनाने से होता है। डॉ॰ रंगनाथन द्वारा पुस्तकालय संचालन हेतु निर्धारित पाँच सिद्धान्तों के आधार पर योजना निर्मित कर सफल प्रशासन की आधारशिला रखी जा सकती है। पुस्तकालय संगठन के तहत पूर्व निर्धारित उद्देश्य की प्राप्ति के लिए संगठनकर्ताओं को मिलकर योजनाबद्ध तरीके से काम करना होगा। इसके अतिरिक्त पुस्तकालय के संचालन के लिए नीतियों और नियमों का निर्धारण, भवन हेतु स्थान का चयन, भवन निर्माण करने की योजना बनाना, पुस्तकालय सहयोग, प्रचार, फर्नीचर (उपस्कर) एवं अन्य साज-सामान की व्यवस्था करना एवं पुस्तकालयाध्यक्ष तथा

उसके अधीनस्थ कर्मचारियों के नियुक्ति सम्बन्धी निर्णय लेना इत्यादि पुस्तकालय संगठन के कुछ पहलू हैं। इसके विपरीत पुस्तकालय प्रशासन के तहत वे विषय आते हैं जिनके द्वारा पाठकों की अधिकाधिक एवं सुविधाजनक रूप से सेवा की जा सके। अतः पुस्तकालय समिति, पुस्तकालय का वार्षिक प्रतिवेदन, वित्तीय व्यवस्था, पुस्तकालय सर्वेक्षण, संग्रह परीक्षण, सेवा शर्तें निर्धारित करना इत्यादि पुस्तकालय प्रशासन के तहत आते हैं। यदि मोटे तौर पर देखा जाये तो पुस्तक चुनाव से लेकर कर्मचारियों द्वारा सम्पन्न की जाने वाली सभी गतिविधियाँ पुस्तकालय प्रशासन के तहत आती है।

2

पुस्तकालय विज्ञान के पाँच सूत्र

ज्ञान का सद्भावनापूर्वक विस्तृत प्रसार हेतु स्वतः अध्ययन के मुख्य स्रोत के रूप में सार्वजनिक पुस्तकालयों की कल्पना, संस्थापना और आन्दोलन की तुलनात्मक दृष्टि एक नई सोच है, जिसका जन्म पश्चिमी देशों में प्रजातांत्रिक शासन पद्धति के प्रभाव के परिणामस्वरूप गत शताब्दी के बीच में हुआ है। ज्ञान का प्रचुर एवं सार्वभौमिक प्रसार तथा हर नागरिक की बुद्धि और उसके व्यक्तित्व का विकास करने में ज्ञान से लाभ पहुँचने के प्रयास और उद्देश्य से प्रेरित होकर सार्वजनिक पुस्तकालयों की सस्थापना करने का कार्य एक महत्वपूर्ण और प्रभावशाली उपकरण के रूप में अपनाया गया है। सार्वजनिक शिक्षा विस्तार में पुस्तकालयों के सहयोग की उम्मीद की ओर शिक्षाविद और उदार लोग व्यापक एवं पर्याप्त रूप से मोहित हुए हैं। परिणामतः पुस्तकालयों के व्यापक एवं सक्रिय उपयोग के लिए अनेक प्रकार की उत्तम विधियों को अपनाने पर बल दिया जाने लगा है।

19वीं शताब्दी के उत्तरार्ध तथा 20वीं शताब्दी के पहले दो दशकों में एक विशेष सामाजिक उपागम व्यापक और विस्तृत अध्ययन की अभिरुचि एवं ज्ञान पिपासा का विकास तथा विस्तार रहा है जो पश्चिमी देशों में विशेष तरह से तथा भारत तथा अन्यत्र सामान्य रूप से उभर कर सामने आया है। फलरूवरूप पुस्तकालयों की जरूरत प्रत्येक जगह महसूस हुई। पुस्तकालयों की संस्थापना उत्तम

विधियों से की गयी है जिनमें पाठ्य सामग्रियों का विस्तृत भंडार अनेक स्वरूपों में संकलित करने का प्रयास विशाल पाठक-समूह के प्रयोग हेतु किया गया है। अतः पुस्तकालयों की विचारधारा मूल रूप से परिवर्तित हो गई। विश्वविद्यालयों तथा शोध संस्थानों के पुस्तकालयों में उच्च अध्ययनकर्त्ताओं तथा अनुसंधानकर्त्ताओं को हर प्रकार की सुविधा बिना किसी भेदभाव के पूर्ण रूप से प्रदान किए जाने को विशेष जरूरी समझा जाने लगा।

पुस्तकालयों की संस्थापना और प्रसार तथा विभिन्न तरह की वृहद मात्रा में पाठ्य सामग्रियों का चुनाव तथा उनको विस्तृत रूप से प्रयोग किए जाने की विचारधारा एवं प्रबन्ध के फलस्वरूप पुस्तकालयों के समक्ष विभिन्न प्रकार की व्यवस्था, संगठन, प्रशासन एवं संचालन से सम्बन्धित समस्याएँ जन्म लेने लगीं जिनका समाधान अधिकाधिक प्रयोग के उद्देश्य से निकलना आवश्यक हो गया। इसका दायित्व पुस्तकालय विभाग तथा अन्य कार्यकर्त्ताओं पर ज्यादा रहा है। अतः पुस्तकालयों की व्यवस्था तथा संचालन किस ढंग से किया जाए जिससे उनका उपयोग अधिकाधिक लोग बिना किसी बाधा के कर सकें। इस विचार को डॉ. शियाली रामामृत रंगनाथन ने विधिवत प्रतिपादित एवं विकसित किया है। जिसे **"पुस्तकालय विज्ञान के पाँच सूत्र"** (Five Law of Library) की संज्ञा दी गयी है। वर्तमान पुस्तकालयों का कार्य एवं उद्देश्यों पाठ्य-सामाग्रियों का चुनाव, सुरक्षा तथा उनका प्रयोग किए जाने तक ही सीमित नहीं है। बल्कि पुस्तकालयों के प्रति ज्यादातर लोगों में चेतना पैदा करना तथा पठन-पाठन की अभिरुचि जगाना भी पुस्तकालयों का महत्वपूर्ण कार्य है। इस उद्देश्य की भी किस तरह से पूर्ति की जा सकती है हेत इसके निराकरण पुस्तकालय विज्ञान के पाँच सूत्रों का प्रतिपादन करने का श्रेय डॉ. रंगनाथन को है जिन्होंने इसे सबसे पहले मूल सिद्धान्तों के रूप में विकसित कर पुस्तकालय व्यवस्था तथा उनके उपयोग की दिशा में एक नई विचारधारा प्रस्तुत की। जिसके अनुसार कार्य करके वर्तमान पुस्तकालय अपने लक्ष्य पूरा करने में सफल हो सकते हैं।

सन् 1928 ई० में डॉ रंगनाथन मद्रास विश्वविद्यालय के पुस्तकालयी थे। उसी समय उन्होंने 'पुस्तकालय विज्ञान के पाँच सूत्रों' का प्रतिपादन किया था लेकिन इसका प्रकाशन सन् 1931 को एक विशेष बदलावकारी कृति में किया गया।

परन्तु इस नई विचारधारा का सूत्रपात रूपी बीजारोपण उनके मस्तिष्क में 1924 ई० में हो गया था जब वे लन्दन विश्वविद्यालय में पुस्तकालय विज्ञान का प्रशिक्षण ग्रहण कर रहे थे। परन्तु इन सूत्रों की सबसे पहले प्रायोगिक एवं

औपचारिक अभिव्यक्ति दिसम्बर 1928 ई० में चिदम्बरम् में एक प्रान्तीय शिक्षा सम्मेलन में की गयी। इससे पहले उनके मस्तिष्क में इस सम्बन्ध में एक ऐसी विचारधारा अंकुरित हो रही थी जो पुस्तकालयों की व्यवस्था, संगठन, संचालन एवं सेवाओं के आयोजन में सैद्धान्तिक रूप से दिशा निर्देश तथा उनको आधार दे सके। ऐसा माना जाता है कि इन सूत्रों में अभी भी कुछ अव्यक्त व्यावहारिक पक्ष विद्यमान है जो कालान्तर में पैदा हो सकते हैं। इन सूत्रों को पुस्तकालय की गतिविधियों का दर्शन माना गया है और इनकी उपादेयता की वजह से प्राकृतिक सिद्धान्तों की तरह इन्हें प्रामाणिक और अप्रामाणिक सिद्ध करने का सवाल नहीं उठाया गया। किन्तु इन्हें सूत्र के रूप में अनुमति अवश्य दी गई।

पुस्तकालय विज्ञान के पाँच सूत्र अग्रलिखित हैं–

1. पुस्तकें उपयोग के लिए हैं।
2. प्रत्येक पाठक/पाठिका उसका/उसकी पुस्तक।
3. प्रत्येक पुस्तक तथा उसका पाठक।
4. पाठक के समय की बचत कीजिए।
5. पुस्तकालय एक वर्द्धनशील तंत्र है।

पुस्तकें उपयोग के लिए हैं

यह पहला सूत्र किसी भी नियम की तरह प्रयोग के लिए सत्य है जिस पर किसी तरह का सन्देह नहीं किया जा सकता। पुस्तकें प्रयोग के लिए संकलित की जाती हैं, इसमें संदेह नहीं हैं लेकिन व्यवहार में ऐसा नहीं किया जाता। 15 वीं तथा 16 वीं शताब्दियों एवं गत शताब्दी के पूर्वार्ध की अवधि में पुस्तकों को अलमारियों में बन्द करके रखा जाता था और उनके प्रयोग के लिए प्रेरित करने की बजाय रोक लगा दी जाती थी। यह समय ऐसा था कि पुस्तकालयों को पुस्तकों के प्रयोग का माध्यम नहीं समझा जाता बल्कि उन्हें संग्रहीत एवं सुरक्षित रखने का एक साधन माना जाता था। इससे मात्र यह एहसास होता है कि इस विचारधारा का उद्देश्य पुस्तकों को आने वाली पीढ़ी के लिए सुरक्षित रखना था। लेकिन वतर्मान युग में उस धारणा को बनाए रखना बहुत गलत माना गया है। वर्तमान समय की अपेक्षा उस समय प्रचुर मात्रा में पुस्तकों को मुद्रित करने के साधन नहीं थे। इसीलिए उस समय पुस्तकों के रख-रखाव के लिए तालाबन्दी होती थी और पुस्तकों का उचित प्रयोग नहीं हो पाता था। अतः पुस्तकों के प्रयोग पर इतना जोर देना सम्भव नहीं था।

परन्तु वर्तमान मुद्रालयों के प्रभाव से पुस्तकों के अत्यधिक मात्रा में उत्पादन से उक्त पुरानी परम्परा तथा विचारधारा में मूल बदलाव शुरू हुआ। परिणामतः पुस्तकें उपयोग के लिए हैं, इस विचारधारा का प्रादुर्भाघ अवश्य हुआ और पुस्तकों के उपयोग का द्वार पाठकों के लिए खुल गये। परन्तु पाठकों को पुस्तकों के उपयोग के लिए बिना किसी रुकावट के अनके अधिकार स्वरूप प्रदान करने की विचारधारा को पुस्तकालयों के प्रबन्धकों द्वारा उदारतापूर्वक नहीं अपनाया गया क्योंकि किसी न किसी रूप में कोई प्रतिबन्ध अवश्य रखा गया। परन्तु उन बाधाओं को हटाने का आन्दोलन आधिकाधिक पुस्तकों को खुला प्रयोग किए जाने की दिशा में जो प्रयत्न किया गया वह हाल का है। फिर भी पुस्तकों का खुला प्रयोग सार्वभौमिक रूप से दृष्टिगोचर नहीं होता। विशेषकर भारत में इस विचारधारा का अब भी अभाव है कि किस प्रकार से पुस्तकों का उपयोग अधिकाधिक मात्रा में प्ररित किया जाना चाहिए। जिससे पाठकों को उनका उपयोग करने में किसी प्रकार की रुकावट उत्पन्न न हो और जो पुस्तकों के उपयोग में बाधक होते हैं, उन विधियों को डॉ रंगनाथन् ने पहले सूत्र **"पुस्तकें उपयोग के लिए हैं"** के आधीन सूत्रबद्ध किया है। इस प्रकार निम्नांकित विधियों का अनुसरण करने पर बल दिया गया है। पुस्तकों के उपयोग को प्रोत्साहित करने में अग्रलिखित तत्व सहायक हैं–

पुस्तकालय की स्थिति–पुस्तकालय की स्थिति पुस्तकों के अधिकाधिक प्रयोग में बड़ी ही सहायक सिद्ध होती है अपेक्षाकृत किसी उस पुस्तकालय को जो लोगों की पहुँच से दूर हो। कहने का आशय यह है कि पुस्तकालय की संस्थापना ऐसे स्थान पर की जानी चाहिए जहाँ पर पाठक सरलतापूर्वक पहुचँ सकें। स्थान ऐसा होना चाहिए जहाँ अधिक-से-अधिक लोग इकठठ्े होते हों। किसी निर्जन एवं दूरस्थ स्थान में पुस्तकालय की स्थापना नहीं की जानी चाहिए अन्यथा दूरी के कारण लोग जाना पसंद नहीं करेंगे अथवा असुविधा के कारण केवल कुछ ही लोग जा सकेंगे। परिणामतः पुस्तकों का प्रयोग बढ़ने की अपेक्षा कम होगा पश्चिमी राष्ट्रों में पुस्तकों के प्रयोग को प्रेरित करने की दृष्टि से नगरों में सार्वजनिक स्थान हमेशा ऐसे स्थान पर होते हैं जहाँ सभी लोग आसानी से पहुँच सके, जहाँ यातायात के साधन हों और अधिक से अधिक लोग आते हों। बड़े-बड़े सार्वजनिक पुस्तकालय पुस्तकों का प्रयोग बढ़ाने के लिए पुस्तकालय के प्रमुख भवन के अतिरिक्त अनेक स्थान पर उनकी अनेक शाखाएँ तथा पुस्तक प्रदान करने के केन्द्र संस्थापित करते हैं। जिससे उस क्षेत्र के पाठकों को पुस्तकें प्राप्त होती रहें। अमेरिका, ब्रिटेन तथा अनेक यूरोपीय राष्ट्रों में सभी बड़े नगरों तथा क्षेत्रीय पुस्तकालयों में ऐसी व्यवस्था एक साधारण बात होती है। परिणामतः पुस्तकों का प्रयोग अधिक मात्रा में होता है।

इसी प्रकार स्कूलों, कालेजों तथा विश्वविद्यालयों में पुस्तकालयों की स्थापना किसी उपेक्षित स्थान पर तथा असुविधाजनक कक्षों आदि में किये जाने से पुस्तकों का प्रयोग नहीं हो पाता है। अतः **पुस्तकें उपयोग के लिए हैं,** इस सूत्र को आदर नहीं मिलता है। पहले और कुछ विद्यालयों में अब भी पुस्तकालयों को किसी उपेक्षित स्थान पर ही रखा जाता है जो पुस्तकों के प्रयोग में बाधक होता है। पुस्तकों का प्रयोग उतनी मात्रा में नहीं हो पाता, क्योंकि पुस्तकालय नाममात्र का होता है। अतः छात्रों के बौद्धिक विकास और पठन-पाठन की अभिरुचि को प्रेरित करने के लिए पुस्तकालयों को समुचित स्थान पर व्यवस्थित करना जरूरी है। जहाँ बैठने के लिए समुचित स्थान, मेज कुसियाँ तथा अनेक प्रकार की पाठ्य सामग्रियाँ सुलभ हों। पश्चिमी राष्ट्रों में बालकों को सबसे अधिक होनहार पाठक समझा जाता है। और उनके बौद्धिक विकास एवं शिक्षा के लिए पुस्तकालयों को एक महत्वपूर्ण एवं अनिवार्य उपकरण माना गया है। फलस्वरूप इस प्रकार की व्यवस्था पर अधिक बल दिया गया है जिससे बालकों में पढ़ने की अभिरुचि जाग्रत हो सके और पढ़ने की आदत विकसित हो सके। इस प्रकार स्नातक स्तर के विद्यार्थियों के लिए भी व्यवस्था की गयी है। आज वहाँ पुस्तकालय भवन सुसज्जित तरीके से होना स्कूल और कालेज के लिए गौरव का विषय माना गया है। भारत में स्कूल स्तर तक इसकी उपेक्षा होती है फलतः बालकों में पठन-पाठन की अभिरुचि कम होती है। किन्हीं-किन्हीं राज्यों में माध्यमिक विद्यालयों में अब पुस्तकालयों का होना अनिवार्य किया जाने लगा है। महाविद्यालयों तथा विश्वविद्यालयों को पुस्तकालयों के भवन निर्माण के लिए विश्वविद्यालय आर्थिक सहायता आयोग अब उदारतापूर्वक आर्थिक सहायता देने लगा है। अतः पुस्तकों का उपयोग होता रहे और पाठकों में पठन-पाठन की अभिरुचि जागती रहे उसके लिए समुचित पुस्तकालय व्यवस्था स्थान की दृष्टि से होना अनिवार्य है।

पुस्तकालय के कार्यकाल का समय—पुस्तकालय के कार्यकाल की अवधि पुस्तकों के प्रयोग को अधिक प्रभावित करती है। जितने अधिक समय तक पुस्तकालय खुला रहेगा पुस्तकों का प्रयोग उतना ही अधिक होगा। परन्तु बहुत दिनों तक पश्चिमी राष्ट्रों में भी पुस्तकालयों को अधिक समय तक खोलने की प्रथा नहीं थी। डॉ रंगनाथन ने कुछ पुस्तकालयों के ज्वलन्त उदाहरण प्रकट किये हैं। वहाँ पुस्तकालय ज्यादातर खुले रहने के बजाय बन्द ही रखे जाते थे। कभी-कभी धूल झाड़ने अथवा कीड़ों आदि को मारने के लिए पुस्तकों को छुआ जाता था। आक्सफोर्ड विश्वविद्यालय का समृद्ध बोडेलियन पुस्तकालय भी इस बीमारी से अलग नहीं था।

उस पुस्तकालय से पुस्तकें प्रदान किए जाने वाले 1730-40 की अवधि के रजिस्टर का अवलोकन करने से यह ज्ञात होता है कि शायद ही किसी दिन एक या दो पुस्तकें किसी को प्रदान की गई हों। कभी-कभी एक सप्ताह में एक भी पुस्तक नहीं दी गयी। इसी प्रकार 19 वीं शताब्दी के शुरू में इंडियनवर्ग विश्वविद्यालय के पुस्तकालय की भी सोचनीय स्थिति हो गई थी। कार्यकाल की अल्प अवधि विद्यार्थियों को पुस्तकालय का प्रयोग करने से वंचित कर देती थी। पुस्तकें दो दिन से कम अथवा विशेष परिस्थितियों में केवल दो दिनों के लिए प्रदान की जाती थी। इस तरह अमेरिका में अमहेरस्ट कालेज (Amherst College) का पुस्तकालय 1850 ई० में एक सप्ताह में केवल दोपहर के बाद दो घण्टों के लिए खोला जाता था। प्रिन्स्टन विश्वविद्यालय के छात्रों को एक सप्ताह में दो दिन केवल एक घण्टे पुस्तकालय के प्रयोग की सुविधा थी। कोलम्बिया कालेज जो 1859 ई० में आरम्भ किया गया था, बहुत दिनों तक नये और दूसरे वर्ष के छात्रों को महीने में केवल एक दिन पुस्तकालय में जाकर पुस्तकों को देखने मात्र की सुविधा प्रदान करता था। जूनियर छात्रों को शिक्षकों के साथ सप्ताह में एक बार जाने की सविधा थी जिसमें पुस्तकों के केवल विषय वस्तु (Contents) को मौखिक रूप से उन्हें सुना दिया जाता था। बुधवार के दिन केवल एक घण्टे के लिए उच्च कक्षा के छात्रों को पुस्तकें प्रदान करने की सुविधा थी। जब यह स्थिति पुस्तकालयों के राष्ट्रों में उपस्थित थी तो दूसरे राष्ट्रों में जहाँ स्कूलों और महाविद्यालयों में पुस्तकालय नाममात्र के लिए थे। वहाँ उस समय की क्या स्थिति रही होगी उसका अनुमान लगाया जा सकता है। लेकिन जब यह अनुभव किया गया कि पुस्तकें उपयोग के लिए हैं, तब पुस्तकालयों का द्वार अधिक से अधिक समय तक खुला रखने पर बल दिया गया। फलस्वरूप आधुनिक पश्चिमी राष्ट्रों का कोई भी पुस्तकालय 12 घण्टें से कम नही खुलता है। लेनिन स्टेट लाइब्रेरी, मास्को जहाँ प्रतिदिन 11,000 पाठक आते हैं, सुबह 7 बजे से रात के 11/2 तक खुला रहता है। इसी प्रकार लंदन म्यूजियम सुबह से 1 बजे रात तक खुला रहता है। भारत में अधिकाँश बड़े-बड़े पुस्तकालय 12 घण्टें प्रतिदिन खुले रहते हैं। दिल्ली में स्थित कृषि शोध परिषद (Aggricultural Research Library) वर्ष में केवल 1 दिन बन्द रहता है। वर्तमान में अधिक से अधिक समय तक पुस्तकालयों को कार्यरत रखने पर अधिक बल दिया जाता है और साथ ही पाठकों के समय की सुविधा को अधिक महत्व दिया जाता है। इस व्यवस्था से अधिक से अधिक पुस्तकों के उपयोग किए जाने की सम्भावना बढ़ती है।

पुस्तकालय फर्नीचर–पुस्तकों के अधिकाधिक उपयोग के प्रोत्साहन में पुस्तकालय साज-सज्जा के उपकरण अर्थात् फर्नीचर (Furniture) भी सहायक

सिद्ध होते हैं। जब यह 'धारणा-पुस्तकें सुरक्षित रखने के लिए हैं, प्रचलित थी तो पुस्तकालयों की निधानियाँ इस प्रकार बनाई जाती थीं कि उसमें पुस्तकें अधिक सुरक्षित रहें और कम से कम स्थान में अधिक से अधिक पुस्तकें रखी जा सकें। निधानियों को फर्श से लेकर छत तक ऊँचा रखा जाता था और उसके समानान्तर की दूसरी निधानी (Rack or Shelf) के मध्य की जगह की दूरी एक फुट से भी कम रहती थी। इसका निष्कर्ष यह होता था कि पुस्तकों को सरलता से देखना कठिन कार्य था। उन्हें खोजने, देखने और रखने के लिए सीढ़ी का सहारा लेना पड़ता था। बहुत कम जगह वहाँ होने पर केवल एक ही व्यक्ति आ जा सकता था। इस तरह की व्यवस्था पुस्तकों की प्राप्ति में बड़ी बाधक रहती थी और पुस्तकें उपयोग के लिए हैं, इस विचारधारा को कोई महत्व नहीं दिया जाता था। अतः पुस्तकों का प्रयोग स्वयं कम किया जा सकता था। इस प्रकार पुस्तकालय के अध्ययन कक्ष (Reading Room) में पाठकों को बैठकर पढ़ने के लिए अत्यन्त साधारण किस्म की कुर्सियाँ तथा मेजों की व्यवस्था रहती थी जो आरामदेह नहीं होती थी। कक्ष को मनमोहक बनाने के उद्देश्य से न तो कोई सुहावने चित्र और न ही प्रेरणादायक महान् विभूतियों के चित्र आदि दीवारों पर लगाए जाते थे जिससे थके हुए पाठकों की आँखों को शीतलता प्राप्त हो सके अथवा उन महान विभूतियों के लटकते चित्रों से कोई प्रेरणा ही मिल सके और पाठक कुछ ताजगी अनुभव कर सके। फलतः पुस्तकों का उपयोग अपेक्षित मात्रा में किया जाना सम्भव नहीं था। अतः पुस्तकों के प्रयोग में वृद्धि की दृष्टि से निधानियों की उँचाई 61/4 फीट से अधिक नहीं होनी चाहिए जिससे कि पाठक आसानी से पुस्तकों का अवलोकन कर सकें। बैठकर पढ़ने के लिए आरामदेह मेज़-कुर्सियाँ होनी चाहिए। प्रचुर प्रकाश आदि की व्यवस्था के लिए सुविधाजनक उपकरण अनिवार्य हैं। अध्ययन-कक्ष सुसज्जित होना चाहिए जिससे पाठक वहाँ जाकर बैठने और अध्ययन करने के प्रति प्रेरित हो सकें। अब इस दिशा में पर्याप्त ध्यान दिया जाने लगा है।

पुस्तकालय कार्यकर्ता—पुस्तकालय की स्थिति बहुत अच्छी हो, उसका स्थान आकर्षित हो, उसके खुले रहने का समय भी पर्याप्त हो उसके पाठकों के लिए अधिक सुविधाजनक हो, फर्नीचर आदि उत्तम ढंग के हों और पुस्तकें अच्छी तरह से सुसज्जित करके आकलित की गयी हों, मात्र उससे पुस्तकालय सक्रिय एवं उपयोगी नहीं बन सकता। वस्तुतः किसी पुस्तकालय को लोकप्रिय एवं उपयोगी अथवा विशिष्ट व निष्क्रिय बनाने का श्रेय पुस्तकालय कार्यकर्त्ताओं का है। पुस्तकालयीशिल्प (Librarianship) अधिक दिनों तक एक उपेक्षित व्यवसाय था और पुस्तकालय में

योग्य पुस्तकालयी तथा अन्य कार्यकर्त्ताओं के लिए कोई स्थान नहीं था जिसे पुस्तकों का प्रयोग किये जाने में कोई रुचि हो। जो व्यक्ति किसी काम के लिए उपयुक्त नहीं होता था उसे पुस्तकालयों व पुस्तकालय में किसी दूसरे पद पर चुन दिया जाता था। पुस्तकालय में कार्य करने के बाद उसे कार्यालय का काम भी करना पड़ता था। आज भी उत्तर प्रदेश के उपाधि महाविद्यालयों (Degree Colleges) में यह परम्परा व्याप्त है, विशेषकर सेकेण्डरी स्कूलों में तो पुस्तकालयी लिपिक (Librarian-cum-clerk) के पद पर नियुक्ति की जाती है और उसे ज्यादातर कार्यालय में कार्य करना पड़ता है। फलतः पुस्तकों का प्रयोग वृद्धि करने में कम से कम समय दिया जाता है। पुस्तकालयी तथा अन्य स्टाफ (Staff) पुस्तकालय को कैसे अधिक उपयोगी और अनेक प्रकार के बौद्धिक, सामाजिक एवं साहित्यिक-क्रियाकलापों का केन्द्र बना सकता उसमें कोई रुचि नहीं होती और न ही उन्हें इसके विषयों का कोई ज्ञान होता है। कम से कम स्टाफ (Staff) विशेषकर पुस्तकालयों में ही होता है। पाठकों, पुस्तकों तथा कार्य की प्रकृति को दृष्टिगत रखते हुए कितने स्टाफ की अनिवार्यता है, अभी तक तय नहीं किया जा सका है। फलतः पुस्तकों का प्रयोग कम होता है। यदि समुचित स्टाफ ओर योग्य एवं उत्साही पुस्तकालयी है। तो वह पुस्तकालय को पर्याप्त मनमोहक व सक्रिय बना सकता है जिससे पुस्तकों का प्रयोग अधिक होगा। यदि प्रथम सूत्र पुस्तकें उपयोग के लिए हैं, का आदर करना है तो समुचित पुस्तकालय स्टाफ व उपयुक्त पूर्णकालिक पुस्तकालयी का होना अनिवार्य है।

पुस्तकालय कार्यकर्त्ता तथा उनकी योग्यता–प्रथम सूत्र की धारणा के लोकप्रिय होने के फलस्वरूप लोगों ने यह अनुभव किया है कि पुस्तकालयों की व्यवस्था एवं संचालन के लिए पूर्णकालिक तथा विशेष प्रकार के पुस्तकालय कार्यकर्त्ताओं की अनिवार्यता है। पुस्तकों का प्रयोग में विशेष गुणों, योग्यता तथा पुस्तकालयोन्मुख अभिरुचि युक्त पुस्तकालय-प्रबन्धकों की जरूरत अधिकारियों ने अनुभव किया। जिस प्रकार से सार्वजनिक संगठनों में कार्य करने के लिए उस व्यवसाय व प्रशासन से सम्बन्धित विशेष योग्यता युक्त कार्यकर्त्ता की जरूरत को महत्व दिया जाता था, उसी तरह से एक पुस्तकालयी (Librarian) को, जिसे ज्ञान प्रसार की व्यवस्था करनी है, प्रत्येक उपयुक्त पाठक व ज्ञान पिपासु को उसकी उपयुक्त पाठ्य सामग्री प्रदान करनी है तथा लोगों को अनेक प्रकार की पाठ्य सामग्रियों में विद्यमान ज्ञान सामग्री के प्रयोग के माध्यम से बुद्धि विकास में सहायक सिद्ध होना है और लोगों में जीवन पर्यन्त स्वतः की प्रवृत्ति को प्रोत्साहित करना है तथा बालकों में पठन-पाठन की अभिरुचि जगानी है, आदि बौद्धिक एवं

शैक्षिक कार्यों के लिए योग्यतानुकूल विद्वान तथा पाठ्य सामग्रियों के विशेष ज्ञान युक्त अवश्य होना चाहिए। यह बात देर से अनुभव की गई है। पश्चिमी राष्ट्रों में अब इस व्यवसाय को एक विद्वतापूर्ण कार्यक्षेत्र माना जाता है। भारत में अब भी इस विचारधारा को कुछ गिने-चुने लोग ही महत्व देते हैं क्योंकि पुस्तकों का प्रयोग विशेषतः योग्य पुस्तकालय कार्यकर्ताओं पर अधिक निर्भर करता है।

अतः यह सवाल उठता है कि कार्यकर्त्ता की योग्यता क्या होनी चाहिए। उसका डॉ रंगनाथन ने अपने अनुभवों के आधार पर तथा अन्य विद्वानों द्वारा निधारित विशेषता का वर्णन किया है। मार्क पटिसन (Mark Pattison) के अनुसार पुस्तकालयी में निर्णय निपुणता, अनुशासन और वैज्ञानिक अभिरुचि आदि गुणों का होना जरूरी है। उनको ग्रन्थात्मक तथा सन्दर्भग्रन्थ सूची का विस्तृत ज्ञान तथा छात्र की अभिरुचि का ज्ञान अवश्य होना चाहिए अर्थात् पाठ्य-सामग्री के अनेक स्वरूप तथा साधन का विस्तृत ज्ञान एवं जिज्ञासा युक्त होना चाहिए। ग्रेट ब्रिटेन की सार्वजनिक पुस्तकालयाध्यक्षों समिति (Public Library Committee, Great Bratain) के अनुसार पुस्तकालयों को सभी विषयों का विशेष ज्ञान होना चाहिए और सभी विषयों के प्रति उन्हें पर्याप्त उदारतापूर्ण होना चाहिए। जिससे पाठकों को जिन पाठ्य-सामग्रियों तथा सूचनापूर्ण प्रलेखों की आवश्यकता होती है उसमें पूर्ण दिशा निर्देश करने की सामर्थ्य तथा किस स्थान से तथा किन साधनों से पाठक को अपनी वांछित ज्ञान सामग्री तथा सूचना प्राप्त कर सकता हैं उनके बारे में पूरी जानकारी होनी चाहिए।

-इन विचारों को ध्यान में रखते हुए पश्चिमी राष्ट्रों में सामान्यतः विश्वविद्यालय की पहली उपाधियुक्त होना पुस्तकालय विज्ञान प्रशिक्षण की संस्थानों में प्रवेश का आधार रखा गया है और जो पुस्तकालय सेवा में उच्चतम पद के लिए उत्सुक होते हैं उन्हें विश्वविद्यालय की उच्चतम उपाधियुक्त होना आवश्यक है। हाल ही में अब यह भी परिपाटी प्रचलित हुई है कि विशेषज्ञो को विशिष्ट विषयों का पूरा ज्ञान होने के कारण अनेक पुस्तकालयों में अल्पकालिक संदर्भ पुस्तकालयी के रूप में चुनाव किया जाने लगा है। इस संदर्भ में अर्नोल्ड बेनेट (Arnold Bennett) का कहना है कि "यदि पुस्तकालय पाठ्य सामग्रियों के संचयन में कम व्यय करें और सुशिक्षित एवं योग्य पुस्तकालय कार्यकर्त्ताओं पर अधिक व्यय करें तो इसका परिणाम उत्तम एवं लाभप्रद सिद्ध होगा। पुस्तकों का पुस्तकालयों में अभाव उतना महत्वपूर्ण एवं खटकने वाली बात नहीं है वरन् खटकने की बात योग्य व्यक्तियों का चुनाव नहीं किया जाना है। पुस्तकालय की उपयोगिता तथा लोकप्रियता का आधार पुस्तकालयों

तथा उसके कार्यकर्ताओं का व्यक्तित्व उनकी योग्यता तथा कार्यशीलता है।'' अतः पुस्तकों का प्रयोग नियमित बढ़े और अधिक से अधिक लोग ज्ञान की सुलभता से लाभ उठायें, उसके लिए योग्य, विशिष्ट अभिरुचि तथा अनुशासन वाले कार्यकर्ता का चुनाव एक आवश्यक पुस्तकालय व्यवस्था तथा संचालन का तत्व और इसकी कुँजी है।

पुस्तकालय कार्यकर्ता तथा व्यावसायिक प्रशिक्षण—मात्र ज्ञान के आधार पर ही कोई सफल पुस्तकालयी बनने का दावा नहीं कर सकता। क्योंकि अन्य विशेषज्ञों के विशिष्ट व्यवसायों की तरह पुस्तकालयी शिल्प भी एक विशेष प्रकार की व्यावसायिक विषय है जिसके प्रशिक्षण के अभाव में पुस्तकालय लोकप्रिय नहीं बनाया जा सकता। पहले अधिकाँश लोग पुस्तकालयी शिल्प को एक महत्वपूर्ण व्यावसायिक एवं विशेष प्रकार के प्रशिक्षण का विषय स्वीकार करने को तैयार नहीं थे। कुछ लोग यह सोचते थे कि पुस्तकालय योग्यता का कार्यस्थल नहीं है। अतः उनका विचार था कि पुस्तकालयों में कार्यकर्ता को किसी विशेष प्रकार के प्रशिक्षण की अनिवार्यता नहीं है। परन्तु जब यह अनुभव कर लिया गया कि **पुस्तकें उपयोग के लिए हैं** तो पुरानी अवधारणा महत्वहीन हो गई और इस कार्य के लिए विशेष प्रकार के प्रशिक्षण पर बल दिया जाने लगा जिससे पुस्तकालयों की व्यवस्था ज्ञान प्रसार क लिए समुचित तरीके से की जा सके। परिणामतः सभी पश्चिमी राष्ट्रों जापान, चीन, अमेरिका में पुस्तकालय-विज्ञान के अनेक स्तर के विभिन्न प्रशिक्षण केन्द्र विशेष प्रकार के व्यवसायों के लिए संस्थापित किये गये। भारत में अधिकतम विश्वविद्यालयों तथा कुछ पोलिटेक्निक (Politechnique) संस्थानों तथा पुस्तकालय संघों द्वारा विभिन्न स्तर के प्रशिक्षण चलाए जा रहे हैं। विश्वविद्यालयों में स्नातक, परास्नातक तथा डाक्टरेट स्तर की पुस्तकालय विज्ञान की उपाधि के बिना पुस्तकालयों में चुनाव नहीं की जाती। भारत में भी अब ऐसी ही स्थिति है।

पुस्तकालय कार्यकर्ता तथा उनका दर्जा—प्राचीन काल में जब पुस्तकों को केवल सुरक्षित रखने मात्र की अवधारणा प्रचलित थी तो पुस्तकालय के कार्यकर्ताओं को विशेष दर्जा देने की अनिवार्यता महसूस नहीं की गयी क्योंकि पुस्तकों की सुरक्षा करने के लिए कोई भी व्यक्ति किसी योग्यता के बिना काम कर सकता था। लेकिन इस बात को स्वीकार किये जाने के बाद कि पुस्तकों का उपयोग अधिक से अधिक मात्रा में किया जाना चाहिए, यह महसूस किया गया कि यह कार्य योग्य व्यावहारिक विशेषज्ञों का है जिन्हें विशेष दर्जा, सम्मान तथा समुचित पारिश्रमिक अनिवार्य रूप से मिलना चाहिए क्योंकि बिना सन्तुष्ट एवं उत्साही कार्यकर्ता के इस कार्य को पूर्ण

करना सरल नहीं है।

दुर्भाग्यवश या किसी दूसरी परिस्थितियों के कारण से समाज ने अपनी अर्थव्यवस्था रुपये-पैसों पर निर्भर कर रखी है। अतः संसार का शासन रुपया करता है। इसी के आधार पर समाज में व्यक्तियों का दर्जा तथा उनकी सेवाओं का मूल्यांकन किया जाता है। लोगों को भी जितना पारिश्रमिक दिया जाता है वे उसी मात्रा में कार्य करते हैं। परिणामतः कम वेतन पाने वाला व्यक्ति पुस्तकालय की सेवा कभी भी सुचारु रूप से नहीं करेगा। अतः पुस्तकों के प्रयोग को बढ़ावा देने के लिए पुस्तकालय की त्रिमूर्ति, पुस्तकें, कार्यकर्ता तथा पाठकवृन्द में आपसी सम्बन्ध होने चाहिए। पश्चिमी समाज में अब वह स्थिति नहीं रही जैसी पहले थी। वहाँ पुस्तकालय का वेतन तथा दर्जा वही होता है जो विश्वविद्यालय के संकाय के अध्यक्ष का होता है। कॉलेज के पुस्तकालयी का स्थान प्रोफेसर के समकक्ष, स्कूल पुस्तकालयी का स्थान अध्यापक तथा किसी नगर के पुस्तकालयी का स्थान शहर के किसी दूसरे विशेष अधिकारी के समकक्ष माना जाता है और दर्जा तथा वेतन प्रायः समान होता है। भारत में भी इस दिशा में अब ध्यान दिया जा रहा है। अतः पुस्तकों का प्रयोग अधिक से अधिक मात्रा में किए जाने को यदि सिद्धान्ततः स्वीकार कर लिया जाता है तो भारत में भी पुस्तकालयी का वही दर्जा होना चाहिए जो पश्चिमी राष्ट्र में है।

पुस्तकालय कार्यकर्ता तथा उनका दायित्व—एक तरफ प्रथम सूत्र **पुस्तकें उपयोग के लिए हैं** यह माँग करता है कि इस उद्देश्य को प्राप्त करने के लिए विशेष योग्यता एवं अभिरुचि युक्त प्रशिक्षण एवं अच्छे वेतनों के कार्यकर्ताओं की अनिवार्यता है, वहाँ दूसरी तरफ यह निर्देश करता है कि पुस्तकालय कार्यकर्ता प्रत्येक क्षण यह सोचें कि **पुस्तकें उपयोग के लिए हैं।** उन्हें यह नहीं भूलना चाहिए कि पुस्तकों का संचयन, प्रस्तुतीकरण, व्यवस्था मात्र उपयोग के लिए की जाती है। प्राविधिक प्रक्रियाएँ तथा नित्य प्रति का कार्य-विशेषज्ञों का सुझाव, पुस्तकों की खरीद, परिग्रहण, वर्गीकरण, प्रसूचीकरण, निधायों पर आँकलन, पुस्तकों का आदान-प्रदान आदि केवल इसलिए किए जाते हैं कि **पुस्तकें उपयोग के लिए हैं।** पहले सूत्र के उच्चतम लक्ष्य एवं मिशन की पूरी तरह पूर्ति हेतु, पुस्तकालयी गण न केवल लक्ष्य को हमेशा दृष्टिगत रखें और योग्यता तथा व्यावसायिक प्रशिक्षण को ही बढ़ाने का प्रयत्न करते रहें बल्कि पाठकों को अधिक से अधिक पुस्तकालय सेवा प्रदान करने के लिए विशेष अभिरुचि तथा अभिलाषा विकसित करें जो बहुत आवश्यक है। पुस्तकालय के उद्देश्य को पूर्णतः साकार करने में हमेशा लगे रहें तभी इस सूत्र को जीत हासिल होगी।

पुस्तकालय कार्यकर्ता तथा पाठक—किसी सजीव एवं सक्रिय पुस्तकालय के लिए उसके पाठकगण आवश्यक क्रिया-कलाप के आधार हैं। परन्तु कुछ लोगों की ऐसी प्रवृत्ति होती है कि वे पाठकों को हर तरह की खुराफात की जड़ समझते हैं। इस तरह की धारणा और प्रवृत्ति में बदलाव लाना पुस्तकालय की लोकप्रियता के लिए परमावश्यक है। कुछ लोग ऐसे भी होते हैं जो पाठकों को पुस्तकालय आने की अनुमति अवश्य प्रदान करते हैं बशर्ते पाठक कुछ माँग न करें और उन्हें कुछ ऐसा प्रयास न करना पड़े जो पाठकों के अध्ययन में सहायक एवं सुविधाजनक हो और उसके लिए उन्हें किसी तरह का दुःख उठाना पड़े। कुछ ऐसे लोग भी होते हैं जो पाठकों की बातें उस स्थिति में सुनने को तैयार होते हैं जब उनके प्रशासनिक व किसी कार्य में किसी प्रकार का रूकावट न हो। इस प्रकार की प्रवृत्ति पुस्तकालय को उपयोगी बनाने तथा पाठकों को आकर्षित करने में बाधक है और पुस्तकों के प्रयोग को कम करती है। पाठकों के अभाव में आधुनिक पुस्तकालयों की सत्ता सम्भव नहीं है। अब पाठकों की अवहेलना किसी भी दशा में सहनीय नहीं है। पाठक किसी भी दशा में पुस्तकालय कार्यकर्ता की अभद्रता तथा उपेक्षा का शिकार नहीं हो सकता बल्कि पुस्तकालय कार्यकर्ताओं को उस स्थिति को प्रसन्नतापूर्ण सहन करने के लिए तैयार रहना चाहिए जब कोई उद्दण्ड अथवा अव्यावहारिक पाठक किसी प्रकार का अशोभनीय व्यवहार करता है। ऐसा करने से पुस्तकालय में मधुर वातावरण उत्पन्न होगा।

आधुनिक पुस्तकालयों को अब एक दुकानदार की विधि अपनानी पड़ेगी। जिसमें पाठकों को ग्राहकों के रूप में आकर्षित किया जाता है जैसे बिक्री में बढ़ोत्तरी के लिए दुकानदार ग्राहकों को अनेक प्रलोभन आदि देता है। कुछ पुस्तकालयों में प्रायः पर्याप्त कार्यकर्ता नहीं होते हैं। एक ही कार्यकर्ता को कई कार्य करने पड़ते हैं। फिर जब कभी पाठक पुस्तकालय में आये जो उसे अपना काम छोड़कर पाठक की बात सुननी चाहिए और उसकी सहायता करनी चाहिए। समस्त परिस्थितियों में पाठकों के साथ ऐसा व्यवहार करना चाहिए जिससे वे प्रसन्नता एवं सौहार्द्र की भावना को महसूस करें और यह समझें कि पुस्तकालय उनका है और कार्यकर्ता उनकी सहायता के लिए हैं।

पुस्तकालय कार्यकर्ता तथा मनोविज्ञान—पाठकों को सन्तुष्ट करने तथा उनको समझने के लिए पुस्तकालयी तथा दूसरे कार्यकर्ताओं को मनोवैज्ञानिक होना चाहिए। यह उनकी सफलता के लिए अनिवार्य है। इसके लिए किसी कक्षा में जाकर मनोविज्ञान का अध्ययन करने की अनिवार्यता नहीं है। छोटे-छोटे बच्चे अपने माता-पिता तथा अध्यापकों से बहुत कुछ देखकर सीखते हैं। इसी प्रकार पुस्तकालय

कार्यकर्ताओं को अनेक ऐसे मौके प्रायः मिलते रहते हैं जिससे वे लोगों को देखकर उनकी मनःस्थिति तथा प्रकृत्ति को समझ लेने की क्षमता विकसित कर सकते हैं। पुस्तकालयी को सभी प्रकार के पाठकों को संतुष्ट करना पड़ता है। साधारणतया सरलता से मान जाने वाले पाठकों को कोई भी संतुष्ट कर सकता है लेकिन सफल पुस्तकालयी वही है जो असाधारण, हठी तथा अव्यवहारिक पाठकों से भी निपटने की विधि में निपुण हो अन्यथा पुस्तकों का प्रयोग अपेक्षित मात्रा में नहीं होगा। ऐसा सदैव नहीं होता कि जिस तरह से पाठक व्यवहार कर रहा है वैसा वह भीतर से भी हो। कभी-कभी पाठक व्यवहार कुशल नहीं होता, कभी-कभी अव्यवहारिक प्रवृत्ति का होता है और कभी-कभी वातावरण के कारण बात करने में पटु नहीं होता है। अतः पाठकों की इन कमियों को समझना चाहिए, वरन् अच्छे से अच्छे पाठकगण पुस्तकालय से लाभ नहीं उठा पायेगें। पुस्तकालयी के मधुर तथा सहनशील व्यवहार से पाठकों की प्रकृति में बदलाव लाया जा सकता है। एक अच्छे तथा सफल संदर्भ पुस्तकालयी को उदासीनता नहीं बरतनी चाहिए। उसे स्वयं की लज्जाशीलता तथा उदासीनता का परित्याग करना होगा और पाठकों को भी ऐसी प्रकृति से आजाद करना होगा।

मुख्यतः पाठक दो प्रकार के होते हैं। पहले तरह के पाठक ऐसे होते हैं जो तत्काल अपनी अपनी बाधाओं का हल चाहते हैं। जिससे उनका कार्य सिद्ध हो जाये। दूसरे तरह के पाठक वे होते हैं जो किसी प्रकार की सहायता की अपेक्षा नहीं करते और उनको पाठ्य सामग्रियों का चुनाव करने में जल्दबाजी नहीं होती। ऐसे पाठकों को समझना अनिवार्य है तथा तदनुसार ही उनके साथ व्यवहार करना चाहिए।

1927 में इस सम्बन्ध में डॉ रंगनाथन ने उदाहरण के रूप में ब्रिटेन की शिक्षा परिषद के अध्यक्ष द्वारा ब्रिटिश संसद को प्रस्तुत किये गये रोजाना की संस्तुति का दृष्टान्त प्रस्तुत किया है जो इस परिपेक्ष्य में शिक्षापूर्ण है। इस प्रतिवेदन के अनुसार 'पुस्तकालय के सहायकों और सेवकों को सहायता करने में तत्परता, विषम परिस्थिति में धैर्यधारण करने की क्षमता उत्तेजनापूर्ण अवस्था में स्वभाव पर काबू करने आदि गुणों का विकसित करने की शिक्षा जरूर देनी चाहिए। उच्च श्रेणियों के कार्यकर्ताओं को मानव प्रकृति को अध्ययन करने की अनिवायर्ता है जो मनोविज्ञान की एक विशेष शाखा है। पुस्तकालय के प्रशासन में मानव प्रकृति का अध्ययन इतना जरूरी है कि पुस्तकालय विज्ञान की प्रशिक्षण संस्थानों तथा पाठ्यक्रमों में इस दिशा में मार्गदर्शन के लिए भी पाठ्यक्रम निर्धारित किए जाने चाहिए।''

अतः पुस्तकालयी और पुस्तकालय के अन्य कार्यकर्ताओं को मनोवैज्ञानिक भी होना चाहिए जिससे विशेष परिस्थितियों में वे पाठकों को समझ सकें और उनकी मदद कर सकें।

पुस्तकालय कार्यकर्ता तथा व्यक्तिगत सेवा–डॉ रंगनाथन् के अनुसार पुस्तकालय पाठ्य सामग्रियों का संकलन केन्द्र है। इस परिपेक्ष्य में पुस्तकालयी शिल्प पाठकों तथा पुस्तकों को सम्बद्ध करने की कड़ी है। अतः पुस्तकालय का मूल सजीव तत्व लोगों को व्यक्तिगत सेवा प्रदान करना है। जो कुछ पुस्तकालय में उपलब्ध है उसे पूर्णतः प्रयोग के लिए प्रस्तुत करना पुस्तकालयी का प्रमुख उद्देश्य है। मानव प्रकृति को समझना तथा समस्यापूर्ण परिस्थिति को सुलझाना ही पुस्तकालयी शिल्प का आदि और अन्त नहीं समझ लेना चाहिए। यह उद्देश्य पूर्ति का एक साधन मात्र है। पुस्तकालय विज्ञान का प्रथम सूत्र उतना सरल नहीं है। यदि पुस्तकालयों में पुस्तकों को रखने का उद्देश्य उनका उपयोग किया जाना है तो पुस्तकालयी को पुस्तकों को तालों में नहीं रखना चाहिए और पाठकों को स्वतः उनको प्राप्त करने का प्रयास करना चाहिए। पाठकों पर उनकी इष्ट पुस्तकों को जबरदस्ती थोपना भी नहीं है उनकी सहायता करना है। किसी की सहायता करने का आशय उसके साथ सहयोग करना है जिसका उद्देश्य अपनी योजना तथा विद्यमान लक्ष्यों को सफल बनाना है। इसे एक तरह की व्यक्तिगत सेवा कहते हैं। प्रथम सूत्र में पुस्तकालय कार्यकर्ताओं से पाठकों की सेवा करने के मिशन पर कार्यरत रहना अपेक्षित है। इस तरह की सेवा प्रक्रिया आजकल अधिक प्रचलित हो रही है। व्यक्तिगत जरूरत के उद्देश्य से चुनाव की गई पुस्तकों के प्रयोग के लिए मार्गदर्शन तथा व्यक्तिगत सेवा की जरूरत है। पाठकों की अभिरुचि एवं जिज्ञासा विभिन्न प्रकार की होती है और उन्हीं उद्देश्यों से प्रेरित होकर वे पुस्तकालय का उपयोग करना चाहते हैं। पुस्तकालय कार्यकर्ताओं को पाठकों की विभिन्न अभिरुचि, आवश्यकता तथा अध्ययन स्तर को दृष्टिगत रखते हुए समान कुशलता से पाठ्य सामग्रियों के चुनाव तथा उनकी प्राप्ति के लिए सहायता करनी चाहिए।

इस प्रकार की व्यक्तिगत सेवा एवं सहायता, पुस्तकालय कार्यकर्ताओं का अनुभव और पाठ्य सामग्रियों का ज्ञान व्यापक होना चाहिए जिससे कि वे समुचित सामग्री के उपयोग के लिए पाठकों की योग्यता, शिक्षा-स्तर तथा उद्देश्य को दृष्टिगत रखते हुए अपनी निश्चित संस्तुति दे सके। एक विषय की पुस्तकों में उस विषय को विभिन्न दृष्टिकोण से प्रस्तुत किया जाता है। कौन-सी पुस्तक विशेष किस पाठक वर्ग के लिए लाभदायक सिद्ध हो सकती है इसे निश्चित करना आसान नहीं

है। अतः उपयुक्त पाठक एवं उपयुक्त पुस्तक को उपयुक्त समय पर उपयुक्त प्रकार से सन्निकट लाना प्रायः व्यक्ति सेवा के माध्यम से सम्भव होता है और इस नजरिए से इस तरह की सेवा महत्वपूर्ण है।

इस संदर्भ में डॉ. रंगनाथन् ने प्रौढ़ शिक्षा एवं पुस्तकालय (Adult Education and the Library, Vol. IV) में संस्तुतिकृत विलियम लर्नड (William S. Learned) के विचारों का दृष्टान्त दिया है जिसके अनुसार "भविष्य में पुस्तकालय समाज के लिए सूचना सेवा केन्द्र होंगे। इसके लिए पर्याप्त विशेषज्ञों की आवश्यकता पड़ेगी जिन्हें कालेज के प्राध्यापकों से सम्बन्धित सूक्ष्मतम ज्ञान-सामग्री की विस्तृत सूचना से परिचय होना अनिवार्य है तथा साथ ही विशेषकर उस क्षमता का जो कालेज प्राध्यापकों में बहुधा नहीं होती है अर्थात्—अपने अनुप्रयोगी के मानसिक स्तर तथा दृष्टिकोण को समझना और उसकी व्यक्तिगत जरूरत की प्रकृति को अन्तरज्ञान से निश्चित कर लेना।" प्रथम सूत्र के उद्देश्य की पूर्ति के लिए, जिसमें व्यक्तिगत सेवा का महत्व कम नहीं है, पुस्तकालयकर्मियों को जरूरत पड़ने पर विशेषज्ञों तथा विद्वानों के पास जाकर उन सूक्ष्म एवं गूढ पाठ्य-सामग्रियों की जानकारी प्राप्त करनी पड़ेगी जिनमें पाठकों की अभिरुचि ज्ञानोपार्जन अथवा मनोरंजन के लिए हो सकती है।

इसके अलावा पुस्तकालय कर्मियों का अपना एक व्यक्तित्व, चातुर्य, सहानुभूति एवं उत्साह होना चाहिए। पुस्तकालय तथा पाठक का पारस्परिक सम्बन्ध सरल एवं सहयोगिता का होना चाहिए। ऐसी धारणा कदापि नहीं होनी चाहिए कि एक वरिष्ठतम् व्यक्ति किसी अल्पज्ञ अथवा कनिष्ट व्यक्ति को कौन-सी पुस्तक पढ़नी चाहिए उसे यह कह रहा हो अथवा एक प्राध्यापक किसी बालक को शिक्षा दे रहा हो। बल्कि ऐसा मानना चाहिए कि दो (पुस्तकालयी तथा पाठक) समकक्ष विचारों तथा पाठ्य-सामग्री की सूचना के विषय पर विचार विनिमय कर रहे हैं। पुस्तकालयी को हर पाठक के साथ मित्रवत् दार्शनिक तथा मार्गदर्शक की तरह व्यवहार करना चाहिए। वस्तुतः इस प्रकार की सौहार्दपूर्ण व्यक्तिगत सेवा एवं "आतिथ्य भाव से ही पुस्तकालय को बड़ा माना जाता है न कि उसके आकार से" जैसा कि कविवर रविन्द्र नाथ ठाकुर ने भी कहा है।

पुस्तकालय कर्मी तथा सामाजिक सेवा—विद्वता, व्यावसायिक प्रशिक्षण तथा उच्च वेतनमानों में से किसी के होने मात्र से कोई भी वास्तविक पुस्तकालयी सिद्ध नहीं हो सकता है। यदि **"पुस्तकें उपयोग के लिए है"** की अवधारणा सार उच्चकोटि की व्यक्तिगत सेवा है तो वही व्यक्ति पुस्तकालयी होने के दावेदार हो सकते हैं जिनके अन्तःकरण से सामाजिक सेवा की भावना प्रदर्शित होती है। योग्यता

तथा विद्वता के कारण दूसरों से अलगाव अथवा उपेक्षा की सम्भावना हो सकती है। व्यावसायिक प्रशिक्षण आत्मतःसन्तोष का घमण्ड पैदा कर सकता है और उच्च वेतन दूसरों को छोटा समझने का भाव उत्पन्न कर सकता है इस प्रकार की विशेषताएँ प्रथम सूत्र के उद्देश्य की पूर्ति में तभी सहयोगी सिद्ध हो सकती हैं जब पुस्तकालय कर्मियों में सेवा की भावना की मूलप्रवृति उपस्थित हो अथवा ऐसी भावना उनमें जगाई जाए। इस तरह की सामाजिक सेवा में जो प्रसन्नता होती है वह किसी भी पुस्तकालय के लिए आवश्यक है। जो लोग किसी समुदाय अथवा राष्ट्र के पुस्तकालय आन्दोलन और पुस्तकालय चेतना की जागृति को सक्रिय बनाना चाहते हैं उनमें भी सामाजिक सेवा का उद्देश्य विद्यमान होना चाहिए।

वर्तमान में पुस्तकालयी को प्रेरित तथा संतोष प्रदान करने के लिए डॉ. रंगनाथन ने ब्रिटेन में 19 वीं सदी के पुस्तकालय क्रान्तकारी को सक्रिय बनाने तथा संसार में सर्वप्रथम ब्रिटेन में पुस्तकालय कानून पारित कराने वाले महान् विभूति एवं सांसद एडवर्ड एडवर्ड्स (Edward Edwards) के उत्साहवर्धक विचारों का उदाहरण प्रस्तुत किया है जो शिक्षापूर्ण एवं मार्गदर्शक है–

"हतोत्साहित तथा कार्य की कटु आलोचना एवं छिद्रान्वेषण की भी स्थिति में पुस्तकालय को निष्पृह होकर अपने कार्य में सुख को अवश्य महसूस करना चाहिए। जिन व्यक्तियों के निर्देशन में बेहद परिश्रम का कार्य करना है, जो न तो उसकी कठिनाइयों को समझ सकते हैं और न उसके परिणाम का ही मूल्यांकन कर सकते हैं, वैसी स्थिति में तो असंतोष में वृद्धि होना स्वाभाविक ही है। इस तथ्य को तों सोचना ही कठिन हो जाता है कि उत्तम कार्य के लिए प्रशंसा भी कोई वस्तु है, कोई भी यत्नशील परिश्रम कार्य जिसके लिए तुरन्त पारितोषिक मिलना चाहिए अथवा इसके अभाव को यह समझ लेना चाहिए कि उसका कोई मूल्य नहीं अथवा उसके योग्य नहीं है अथवा बिना किसी मूल्य के जाना चाहिए। फिर भी प्रथम सूत्र के उददेश्य की पूर्ति के लिए पुरस्कार या पारिश्रमिक की अभिलाषा कभी भी नहीं रखनी चाहिए। **"पुस्तकें उपयोग के लिए हैं"** इस सत्य में ही धैर्य और उत्साह बनाए रखना चाहिए। पुस्तकों से सेवा करनी है और सेवा ही एक पुस्तक का कार्यक्षेत्र है, जिसके लिए पुरस्कार नहीं है। इस उद्देश्य को दृष्टिगत रखते हुए प्रथम सूत्र को क्रियाशील करना चाहिए।

2. प्रत्येक पाठक और उसकी पुस्तक

प्रथम सूत्र पाठ्य-सामग्रियों के उपयोग के क्षेत्र में जहाँ एक तरह के बदलाव को उत्पन्न करता है वहाँ पर द्वितीय सूत्र "प्रत्येक पाठक/पाठिका उसका/उसकी

पुस्तक" पुस्तकालय के उपयोगकर्त्ताओं के क्षेत्र में बदलावकारी भावना का सूत्रपात करता है-"पुस्तकें न केवल कुछ गिने-चुने लोगों के लिए हैं बल्कि बिना किसी भेदभाव के सभी पुस्तकों के प्रयोग के अधिकारी है।" प्रथम सूत्र पुस्तकालय को सजीव एवं सक्रिय बनाने पर बल देता है और दूसरा सूत्र पुस्तक को समस्त राष्ट्र की दस्यता के परिप्रेक्ष्य में इसकी परिधि को विस्तृत करता है। प्रथम सूत्र पुस्तक की स्थापना का बीजारोपण करता है जो पर्याप्त उन्नत ऐव विशेष प्रकार की धारणा है और मानवता के उद्देश्य के बहुत करीब लाती है।

अतः पुस्तकें सभी के लिए चाहिए, इस लक्ष्य की प्राप्ति के लिए डॉ. रंगनाथन ने उन सभी विधियों को सिद्धान्तबद्ध किया जिनको अपनाने से प्रत्येक श्रेणी के पाठकों को पुस्तक का उपयोग करने की सुविधा और प्रोत्साहन प्राप्त हो सकता है।

अतः पुस्तकालय पुस्तकों का एक संकलन है जो विशेष कार्यो के लिए है। वह चेतना पहले सूत्र के अनुसार उपयोगार्थ है। पुस्तकों की क्या उपयोगिता है? इनकी उपयोगिता ज्ञान सामग्री अथवा किसी सूचना की प्राप्ति में विद्यमान है। इनसे शिक्षा मिलती है। अर्थात् पुस्तकें ज्ञान प्रसार के साधन हैं। उनमें सान्त्वना, और आनन्द भी मिलता है तथा मनोरजन के साधनों में से पुस्तकें भी एक उपयोगी वस्तु हैं। विस्तार यदि पुस्तकों को शिक्षा प्रसार का एक आवश्यक उपकरण मान लिया जाय तो द्वितीय सूत्र-"व्यक्ति और उसकी पुस्तक" एक दूसरी धारणा को जन्म देती है-प्रत्येक व्यक्ति की शिक्षा की व्यवस्था। अब सवाल उजागर होता है कि क्या सभी लोग शिक्षा के पात्र हैं? इस संदर्भ में यह दिखाई पड़ता है कि इससे सूत्र की क्या धारणा को पुस्तक अधिकारियों ने पर्याप्त बिलम्ब से मान्यता दी है। "पुस्तकें सबके लिए हैं"की सफलता के लिए निम्नांकित विधियों के अनुसरण पर डॉ.रंगनाथन् ने बल दिया है।

विशेष वर्ग तथा जनसमूह—शिक्षा का इतिहास परम्परागत रूप से अरस्तू (Aristotle) के समय से आरम्भ किया जाता है। अरस्तू ने दासों और स्वतन्त्र व्यक्तियों को मूल रूप से दो श्रेणियों में बाटते हुए इस धारणा को जन्म दिया कि दास शिक्षा के पात्र नहीं हैं। परिणामतः एथेन्स एवं स्पार्टा (Athens and Sprta)जहाँ स्वतन्त्र लोगों के लिए शिक्षा प्रदान क्रने की व्यवस्था की गयी थी वहाँ 90% जनसंख्या उस सुविधा से वंचित कर दी गयी थी। यहाँ तक कि रोम (Rome)जहाँ नगरपालिकाओं तथा राज्य विद्यालयों की सबसे पहले स्थापना की गयी वहाँ भी व्यापारियों तथा धनाढ्यों के अलावा शिक्षा किसी अन्य के लिए नहीं

थी। इसी प्रकार मध्यकालीन युग में भी अनेक विरोध तथा अवरोध आर्थिक दृष्टि से कमजोर वर्गों के लोगों को शिक्षा देने पर होते रहे हैं। 18वीं सदी में भी यह धारणा पर्याप्त प्रचलित थी कि "समाज को खुशहाल रखने तथा विषम परिस्थितियों में लोगों को असुविधा का अनुभव न हो ऐसा करने के लिए यह आवश्यक हैं कि कल्पना करना व्यर्थ था। 19वीं सदी में पर्याप्त समय तक शासक वर्ग के लोगों को हर तरह की सुविधा उपलब्ध थी और शासित तथा कमजोर वर्ग को शिक्षा प्राप्त करने का कोई अधिकार नहीं था। यहां तक कि 1918 ई. में जब ब्रिटिश संसद में सांसद फिशर(H.A.L.Fisher) ने **शिक्षा अधिनियम** (Education Bill)पेश किया तो उसका विरोध इसलिए किया गया कि श्रमिकों को विस्तृत और उच्च शिक्षा दी जाएगी तो कृषि कौन करेगा? **ब्राइस**(James Bryce) ने भी बताया है कि शिक्षा विस्तार का विरोध अथवा उसके प्रति उदासीनता का कारण यह था कि शासक वर्ग को यह भय था कि ज्ञान और शिक्षा विकास जनता में आजाद होने की भावना पैदा करेगा।

1850 ई. में ब्रिटिश सांसद **एवार्ट** (William Ewart)प्रस्तुत पहले पुस्तक का विरोध इसलिए किया गया कि "अधिक ज्ञान बहुत खतरनाक वस्तु है और पुस्तक राजनीति के अखाड़े बन जायेंगे" बहुत दिनों तक यह एक विवाद का विषय बना रहा कि पुस्तक की सुविधा साधारण को प्राप्त करना सुरक्षापूर्ण और बुद्धिमत्ता का कार्य होगा या नहीं। अपेक्षाकृत इसके कि ज्ञान की वस्तुओं से लोगों को लाभ दिया जाना चाहिए। जब मास्को (Mascow) में 1913 ई. में पुस्तकालय ज्ञान के प्रशिक्षण की संस्था का उद्घाटन किया गया तो यह सवाल उठाया गया कि शासन इसे किस तरह सहन करेगा जब यह प्रशिक्षण क्रान्ति के मार्ग को प्रशस्त करेगा। ऐसी स्थिति में शिक्षा प्रसार और सबके लिए पुस्तकों की बात सोचना केवल कुछ लोगों की ही अभिलाषा रही है। लेकिन क्रमशः औघोगिक विकास तथा व्यापारों के कारण शहरों में भी अशिक्षित एवं अंसस्कृत जनसंख्या का बाहुल्य हो गया। क्रमशः कुछ अर्थशस्त्रियों ने शिक्षा प्रसार पर बल दिया। **स्मिथ** (Adam Smith) ने इस दिशा में जोरदार समर्थन करते हुए कहा कि शहरों अथवा ग्रामीण क्षेत्रों में औद्यौगिक संस्थानों की स्थापना तथा नगर पालिकाओं के क्षेत्र में स्वतन्त्रता से पूर्व सार्वजनिक शिक्षा के लिए आवश्यक व्यवस्था अनिवार्य है। इसके लिए **स्मिथ** ने गिरिजाघरों में छोटे-छोटे सार्वजनिक स्कूलों को संस्थापित करने की सलाह व्यक्त की जिससे अशिक्षित लोग सभ्य बनाए जा सकें क्योंकि बुद्धिमान और शिक्षित व्यक्ति से असभ्य सीखें साथ ही सम्मानित होने का प्रयत्न करें।

स्मिथ की इस धारणा को तत्काल पूर्ण समर्थन तो न मिल सका, परन्तु **हिटब्रेड**(Whitbread) ने 1807 ई. में ब्रिटिश संसद में सार्वजनिक शिक्षा कानून पेश किया जो विरोध के कारण पारित नहीं हो सका फिर भी लार्ड **ब्राम** (Lord Brougham)के नेतृत्व में **गठित उपयोगी ज्ञान प्रसार परिषद्** (Society for the diffusion of useful knowledge) ने सार्वजनिक शिक्षा विस्तार में पर्याप्त सफलता प्राप्त की। इस परिषद द्वारा जो पुस्तकें असाधाण प्रयोग के लिए 19 वीं शताब्दी के तीसरे दशक में उपलब्ध की थीं वे अब भी उपस्थित हैं और दूसरे सूत्र की धारणा के बीजारोपण के लिए उस समय पर्याप्त थीं। विक्टोरिया युग के जिला **विद्यालय निरीक्षक** और तत्कालीन विख्यात अंग्रेजी के कवि माथ्यू अरनोल्ड(Mathew Arnold) ने निम्न वर्ग एवं आर्थिक दृष्टि से पिछड़े लोगों के बालकों के लिए असाधारण शिक्षा विस्तार पर अधिक बल दिया। **ग्राह्म** बालफोर की रिपोर्ट(Graham Balfourd Education System of Great Britain and Ireland) से राष्ट्र मालूम होता है कि 1870,1880 तथा 1891 ई. में कुछ दूरदर्शियों तथा देश भक्तों ने शिक्षा विधेयक पारित कराने में किस तरह सफलता हासिल की जो क्रमशः **सार्वजनिक शिक्षा** तत्पश्चात् **निःशुल्क एवं अनिवार्य शिक्षा** के रूप में लागू किया गया। सर्वसाधारण के लिए भी शिक्षा की व्यवस्था किया जाना जब एक अनिवार्य कार्यक्रम मान लिया गया तो दूसरे सूत्र-**"सभी वर्ग के लोगों के लिए पुस्तकें"** की धारणा को स्वतः समर्थन प्राप्त हो गया।

यदि समस्त लोगों को पुस्तकों की सुविधा प्राप्त हो जाये तो इसका जो चमत्कार हो सकता है उसका ज्वलन्त दृष्टान्त डॉ.रंगनाथन ने प्रस्तुत किया। नार्वे (Norway)के मछुए का बालक अल्प शिक्षा के बाद शिक्षा के अयोग्य पाये जाने के बाद नार्वे के उत्तरी भाग में मछली पकड़ने के लिए ऐसे स्थान में भेज दिया गया जहाँ पर एक छोटा पुस्तकालय था। उस बालक ने उस पुस्तक से पुस्तकें पढ़-पढकर ही उच्च शिक्षा पूरी की और उपाधि प्राप्त करने पर अपने ही कॉलेज में प्राध्यापक-पद पर आसीन हुआ। मद्रास में पुस्तकों की महिमा का एक जीता जागता उदाहरण मिलता है। एक बालक जो अन्धकार की परिस्थितियों में पुस्तकों को सड़कों के प्रकाश में पढ़ा करता था, वहाँ के उच्च न्यायालय का न्यायाधीश बना। ऐसे विभिन्न उदाहरण इधर-उधर मिलते हैं जिनसे पुस्तकों के प्रभाव का अनुमान लगाया जा सकता है। यदि पुस्तकों की व्यवस्था इस तरह की जाय कि जन साधारण लोगों को उनके उपयोग का मौका मिले तो बहुत से लोग निम्न स्तर से उठकर उच्च से उच्च पदों पर पहुँच सकते हैं और समाज के लिए पर्याप्त उपयोगी सिद्ध हो सकते हैं।

पुरुष एवं महिलाएँ—जिस तरह से शिक्षा पुस्तकों की सुविधा कभी मात्र गिने-चुने लोगों को ही प्राप्त थी और सर्वसाधारण वर्ग के लोग वंचित थे, उसी प्रकार पुरुष एवं महिलाओं की भी स्थिति रही है। भारत में स्त्री-पुरुष का भेदभाव अभी तक पूर्णतः समाप्त नहीं हो पाया है।

यदि नारी-शिक्षा के इतिहास पर दृष्टिपात करें तो यह ज्ञात होगा कि आदिम काल से ही नारियों की शिक्षा की स्वतन्त्रता पुरुष की तुलना में प्रायः नगण्य रही है। यद्यपि वैदिककाल में भारत में विदुषी नारियों के अनेक उदाहरण मिलते हैं। फिर भी नारी-शिक्षा की कोई व्यवस्था नहीं रही है। नारियों को वेद की शिक्षा का निषेध था। प्राचीन काल में एथेन्स में भी यह प्रथा प्रचलित थी कि किसी भी सम्मानित बालिका को शिक्षा नहीं दी जानी चाहिए। एथेन्स वासियों की पत्नियों वस्तुतः घरों में ही कैदी का जीवन बिताती थी। सम्पत्ति का उत्तरदायित्व उन्हें प्राप्त नहीं था। बल्कि उन्हें आश्रित समझा जाता था। उनकी शिक्षा को महत्व नहीं दिया जाता था। ग्रीक में नारी-शिक्षा और पुस्तकों का उनके द्वारा प्रयोग किये जाने का निषेध इस वक्तव्य से स्पष्ट हो जाता है कि जो उस समय प्रचलित था-“साहित्यिक शिक्षा बौद्धिक कार्य उन नारियों के लिए होता है जो गृहस्थ जीवन की तुलना में दरबार तथा सार्वजनिक मनोरंजन के लिए होती है।” सेन्टपाल(St.Paul) ने भी अपनी कृतियों में महिलाओं को हीन और आश्रित वर्ग की श्रेणी में माना है।

बहुत दिनों तक लोगों में यह विचारधारा भी प्रचलित थी कि महिलाएँ शिक्षा के योग्य नहीं हैं जो लार्ड चेस्टरफील्ड तथा रूसो (Jean Jacques Rousseau)की कृतियों में मिलता है। चेस्टरफील्ड ने महिलाओं को साधारण मनोरंजन की वस्तु माना है और उन्हें किसी भी गम्भीर चिन्तन और परामर्श के अयोग्य ठहराया है। रूसो ने कहा है कि महिलायें अपूर्ण मानव हैं और अनेक विचारों में केवल एक बड़े बालक के समान है। रूसों के अनुसार काल्पनिक सत्य एवं सारांश, सिद्धान्त तथा वैंज्ञानिक सिद्धान्त जिनके द्वारा धारणाओं का सामान्यीकरण किया जाता है उसका ढूँढना महिलाओं के कार्यक्षेत्र से दूर है। बुद्धि से कार्य करना उनकी शक्ति से बाहर की बात है और उनमें पर्याप्त शुद्धता और कुशलता भी कमी होती है। शुद्ध विज्ञानों में सफलता प्राप्त करने के लिए बुद्धि उनमें नहीं होती है। अर्थर (T.S.Arthur)ने 1966 ई. में शरीर रचना विज्ञान के आधार पर यह बताया कि महिलाओं में पुस्तकों तथा शिक्षा से लाभ पाने के सामर्थ्य की कमी होती है।

परन्तु पर्याप्त संघर्ष के बाद महिलाओं को सभी प्रकार की शिक्षा तथा व्यवसाय के योग्य माना जाने लगा है और किसी प्रकार के कार्य क्षेत्र-साहित्यिक, वैज्ञानिक

अथवा औघोगिक को ग्रहण करने की पूरी आजादी है। परन्तु इस धारणा को पूर्ण स्वीकृति प्राप्त होने के बाद प्रारम्भ में वह स्वीकार कर लिया गया कि-महिलाओं के लिए भी शिक्षा आवश्यक है और वे भी इसके योग्य है। पाकशास्त्र(Cooking) सेवा-सुश्रूषा (Nursing) तथा शिशु-परिचर्या (Child Care) के लिए भी औपचारिक शिक्षा तथा पुस्तकों का अध्ययन महिलाओं के लिए अनिवार्य है। महिलाओं का मुख्य कार्यक्षेत्र घर की व्यवस्था मान लिए जाने पर भी यह महसूस किया गया कि गृह प्रबन्ध एक कला और एक विज्ञान भी है जो एक ओर उन्नत कला है दूसरी ओर विकासशील विज्ञान है। अतः इस दिशा में ज्ञान की बढ़ोतरी के लिए पर्याप्त पुस्तकों की अनिवार्यता महसूस की जाने लगी। परिणामतः प्रत्येक नारी और उसकी इष्ट पुस्तक की व्यवस्था आधुनिक पुस्तकालय का आवश्यक कार्य हो गया है। पुस्तकालय यह प्रयत्न कर रहे हैं कि प्रत्येक गृह स्वामिनी को पुस्तकों का प्रयोग करने की सुविधा मिलती रहे।

कार्ल पियर्सन (Karl Pearson) ने अपने अनुसंधानों के आधार पर सिद्ध कर दिया है कि शारीरिक अन्तर के आधार पर पुरुषों तथा महिलाओं में बौद्धिक अन्तर नहीं है जिसे अन्य मनोवैज्ञानिकों ने भी अपने बीच परीक्षणों के आधार पर अनुकूल पाया है। स्त्री-पुरुषों के बीच श्रम विभाजन की धारणा जो प्राचीन काल से चली आ रही है उसने प्रयोगात्मक मनोविज्ञान के आधार पर यह सिद्ध कर दिया है कि वह अन्तर मनोवैज्ञानिक अन्तर का प्रतिफल बिल्कुल नहीं है। महिलाएं बौद्धिक दृष्टि से पुरुषों की तरह हर प्रकार के कार्यों को पूर्ण करने के लिए समर्थ हैं। यह भली-भाँति महसूस कर लिया गया है कि एक शिक्षित महिला अपनी उपयुक्त पुस्तक प्राप्त करने पर भावी पीढ़ी को शिक्षित पुरुष की अपेक्षा अधिक शिक्षित बनाने की क्षमता रखती है। किसी नारी को शिक्षित करना समस्त परिवार को शिक्षित करना है। अतः दूसरा सूत्र इस तथ्य पर बल देता है कि महिलाओं को अपनी अभिरुचि एवं आवश्यकता की पुस्तकों का चुनाव और सुविधा का अधिकार उसी प्रकार उसी मात्रा में होना चाहिए जैसा कि पुरुषों को है। अतः दूसरा सूत्र महिलाओं को गृह-प्रबन्ध कला अथवा भक्ति की पुस्तकों को सुलभ करने तक ही सीमित नहीं है बल्कि उस बात पर बल देता है कि बिना किसी प्रकार के स्त्री-पुरुष के भेद-भाव के सभी प्रकार की पुस्तकें सभी घरों में पहुँचनी चाहिए।

शहरी-समुदाय और ग्रामीण समुदाय—नगरों में पुस्तकालयों की स्थापना अपेक्षाकृत ग्रामीण क्षेत्रों के पहले हो जाने के कारण शहरी लोगों को पुस्तकों की सुविधा प्राप्त थी। परन्तु प्रत्येक पाठक और उसकी पुस्तक की सुविधा ग्रामीण क्षेत्रों में विश्व युद्ध के बाद ही महसूस की गई। यद्धपि सुव्यवस्थित चल पुस्तक सेवा का उद्घाटन

सबसे पहले 1905 ई. में अमेरिका में मेरीलैण्ड तथा ओहियो (Maryland and Ohio) में किया गया था। परन्तु दूरस्त ग्रामीणों के लिए उनकी जरूरत की पुस्तकों की सुविधा बहुत ही देर से प्रारम्भ की गयी। किसी भी राष्ट्र में ग्रामीण क्षेत्र के निवासी कृषक वर्ग की जनसंख्या शहरों की अपेक्षा अधिक है। भारत में अब भी 80% से अधिक जनसंख्या गाँवों की है। कृषि से ही संसार जीवित है। इस दिशा में पर्याप्त प्रगति तथा उन्नत विधियों का प्रयोग तभी हो सकता है जब सम्पूर्ण ग्राम्य जीवन में पुस्तकों की सुविधा प्राप्त हो। इंग्लैण्ड जहाँ केवल 20% लोग गाँवों में रहते हैं और प्रमुख उत्पादन केन्द्र शहरों में है, वहाँ यह अनुभव किया गया है कि ग्रामवासियों की छोटी जनसंख्या को यदि पुस्तकों से व्रंचित रखा गया तो राष्ट्र विकसित नहीं हो सकता। भारतवर्ष में अधिक लोग गाँवों में रहते हैं और खेती तथा अन्य छोटे-छोटे कार्य करते हैं। उन लोगों को नये विचारों, विधियों, कृषि तथा ग्रामीण कुटीर-उद्योग धन्धों को प्रेरित तथा विकसित करने वाली सुविधा के साधनों से परिचित कराना राष्ट्र के विकास में कितना सहायक सिद्ध हो सकता है, इस दिशा में पर्याप्त ध्यान देने की अब भी अनिवार्यता है। यदि भारतीय गाँवों को उन्नतशील बनाना है, कृषकों को, कृषि उद्योग को यदि अधिक उन्नतशील एवं उत्पादनशील बनाना है तो उन्हें सभी नई वैज्ञानिक विधियों तथा नये उपकरणों से परिचित कराना जरूरी है। हमारे गाँव तभी चमन बन सकते हैं जब उन्हें कुशल और वैज्ञानिक तथा आर्थिक गतिविधियों के साधन सुलभ किए जायें। इसे पुस्तकों तथा पत्र-पत्रिकाओं के माध्यम से ही पूर्ण किया जा सकता है।

अतः गाँववासियों को उनके योग्य पुस्तकों से वंचित करना राष्ट्र के लिए घातक है। संप्रेषण तथा आवागमन के साधनों की सुविधा के कारण ग्रामीण वातावरण भी शहरी गतिविधियों से अछूते नहीं हैं। फलस्वरूप यहाँ भी नई जीवन प्रणाली की आवश्यकता का अनुभव लोग करने लगे हैं। पर्याप्त एवं तीव्रगति से ग्रामीण और शहरी लोगों का पारस्परिक मेल ग्रामीणों को शहरी सुविधा की तरफ अग्रसर कर रहा है। अतः ग्रामीण क्षेत्रों में बुद्धि के विकास हेतु पुस्तक की सुविधा आवश्यक है।

कारनेगी यूनाइटेड किंगडम ट्रस्ट (Cornegie United Kingdom Trust) द्वारा ग्रामीणों में पुस्तकों की आवश्यकता जागृत करने हेतु अनेक प्रयत्न किये गये हैं जिसके परिणामस्वरूप ब्रिटेन की संसद को 1919 ई. के पुस्तकालय कानून को 1924 ई. में संशोधित करना पड़ा जिससे इंग्लैण्ड और वेल्स में ग्रामीण पुस्तकालय योजना कार्यान्वित की जा सके।

ग्रामीण क्षेत्रों में पुस्तकों की सुविधा प्राप्त कराने के लिए डॉ. रंगनाथन् ने समृद्ध जिला पुस्तकालयों की संस्थापना करने पर बल दिया जो सम्पूर्ण जनपद के

देहातों को पुस्तकें प्रदान करने का प्रयत्न करेंगे। देहातों में पुस्तकों के केन्द्र संस्थापित किये जाने चाहिए। जनपद पुस्तकालयों को ग्रामीण लोगों की अभिरुचि का पूर्ण ज्ञान होना डॉ. रंगनाथन् ने अनिवार्य बताया है। ग्राम प्रधानों, स्कूल अध्यापकों आदि की सहायता इस दिशा में अपेक्षित है, जिससे लोगों को पुस्तकें प्रदान की जा सकें। पुस्तकों के वितरण के लिए पुस्तक चल-वाहनों का होना आवश्यक है। इस तथ्य का उल्लेख किया जा चुका है कि भारत सरकार के राष्ट्र के सभी जनपदों में जिला पुस्तक संस्थापित किए जाने का प्रावधान पंचवर्षीय योजना में किया था और अखण्ड पुस्तकालय सेवा की योजना की रूपरेखा तैयार की थी। परन्तु अनेक कारणों से इस योजना को अभी तक पूर्णतः क्रियान्वित नहीं किया जा सका।

किसी देश की शिक्षा पद्धति उस समय तक पूर्ण नहीं हो सकती जब तक कि समस्त जनसमुदाय के लिए पुस्तक की सुविधा प्राप्त नहीं की जाती। अतः ग्राम स्तर से लेकर शहर तक पुस्तकालयों की सुविधा आवश्यक है। जब तक ग्रामीण बालकों तथा वयस्कों को समान रूप से उनकी आवश्यकतानुसार तथा अभिरुचि की पुस्तकें नियमित मिलने की व्यवस्था नहीं की जाती, तब तक राष्ट्रीय स्तर की पूर्ण उन्नति एवं समृद्धि नहीं हो सकती।

सामान्य एवं असामान्य–सामान्य एवं असामान्य एक जटिल समस्या है क्योंकि असामान्य अनेक प्रकार की प्रकृति के होते हैं। कुछ अस्थायी असामान्य अस्वस्थ अस्पतालों में मिलते हैं। अशिक्षा भी असामान्यता है जिसे दूर किया जा सकता है। कारागारों में अपराधी कारावासी भी एक प्रकार के असामान्य व्यक्ति हैं। नेत्रविहीन, मूक और बधिरों का वर्ग भी असामान्य की श्रेणी में आता है दूसरे सूत्र–**प्रत्येक पाठक/पाठिका उसका/उसकी पुस्तक** पुस्तकों की सुविधा की दृष्टि से किसी तरह के भेद-भाव को अनुमति प्रदान नहीं करता। जब तक प्रत्येक सामान्य और असामान्य सभी तरह लोगों को उनकी उपयुक्त पुस्तकें प्राप्त नहीं होती तब तक इस सूत्र के उद्देश्य की पूर्णतः पूर्ति नहीं होती। अस्पतालों में मरीजों को भी उनकी अभिरुचि की पुस्तकें प्रदान किए जाने की व्यवस्था करने के प्रावधान पर द्वितीय सूत्र बल देता है जिससे अनेक व्याधियों से पीड़ित रोगी प्रसन्नता का अनुभव करें और अपने दुःख-दर्द को भूल सकें। इस विचारधारा को साकार बनाने की दिशा में बहुत ही कम लोग प्रयत्न करने की कल्पना कर सकते हैं। परन्तु पश्चिम राष्ट्रों के अस्पतालों में भी मरीजों के उपयोग के लिए पुस्तकालय की सुविधा प्राप्त है। इस दिशा में सोवियत संघ के अस्पतालों के पुस्तकालय मरीजों की अभिरुचि की दृष्टि

से पर्याप्त वाकिफ हैं। यहाँ तक की भारतीय तथा दूसरे राष्ट्रों के उपन्यास तथा अन्य साहित्यिक कृतियों की सोवियत संघ की स्थानीय भाषाओं में अनुदित कृतियाँ मरीजों को प्राप्त की जाने की व्यवस्था है।

इसी तरह कारागारों में अनेक श्रेणी के कैदी कानून की बारीकियों के कारण कारावास का जीवन बिताते हैं। अधिकतर अपराधी परिस्थितियों के कारण जुर्म करते हैं। वर्तमान युग में उन्हें कारावास का दण्ड, न केवल अपराधों के प्रायश्चित तथा बदले की भावना से दिया जाता है बल्कि उनमें सुधार और सच्चरित्र बनने की भावना का संचार करने का भी उद्देश्य विद्यमान होता है। अतः पुस्तकें इस प्रकार की भावना को साकार करने के लिए सर्वोत्तम साधनों में एक प्रभावशाली उपकरण हैं। द्वितीय सूत्र जहाँ सभी प्रकार के लोगों को पुस्तकों की सुविधा का संदेश देता है वहाँ उसके कार्यक्षेत्र से कारागारों के मुजरिम पृथक नहीं हैं। इस सूत्र के उद्देश्य को साकार बनाने की दृष्टि से अपराधियों को भी पुस्तकों की सुविधा अन्य लोगों की तरह प्राप्त की जानी चाहिए। इस क्षेत्र में अब पश्चिमी राष्ट्रों में सक्रिय कदम उठाये गये हैं। परिणामतः कारागारों में भी पुस्तकालय संस्थापित किये गये हैं।

नई सूचना के अनुसार संसार में 4 करोड़ लोग नेत्रहीन हैं जिसमें 80% नेत्रहीन लोग विकासशील राष्ट्रों के हैं। 1921 की मतगणना के अनुसार भारत में 4,79,637 व्यक्ति नेत्रहीन थे। इस प्रकार उस समय प्रत्येक 10 हजार व्यक्तियों में 15 व्यक्ति नेत्रहीन पाये गये। हिन्दुस्तान टाइम्स दैनिक में 1976 ई. में प्रकाशित सूचना के अनुसार विश्व का हर तीसरा नेत्रहीन भारतीय और सबसे अधिक नेत्रहीन भारत में ही हैं। इस प्रकार भारत में 50,00,000 नेत्रहीन व्यक्ति हैं। प्रत्येक नेत्रहीन पर प्रतिदिन दो रुपये प्रति व्यक्ति व्यय किया जाता है जो एक करोड़ है और वर्ष में यह खर्च 365 करोड़ रुपये हो जाता है। विटामिन "ए" की कमी के कारण प्रतिवर्ष 14,000 बालकों के नेत्र की ज्योति जाती रहती है। यह बड़ी ही दयनीय स्थिति है।

इन्टरनेशनल एजेन्सी फॉर प्रीवेंशन ऑफ ब्लाइन्डनेस (International Agency for the Prevention of Blindness) के अनुसार प्रत्येक वर्ष 80,000 बच्चे अनेक कारणों से नेत्रहीन हो जाते हैं जिनमें से 50% प्रौढ़ होने से पहले ही कालकवलित हो जाते हैं और शेष 40,000 आजीवन नेत्र ज्योति से वंचित रहते हैं। इन् नेत्रहीनों को भी पुस्तकों की सुविधा प्रदान करना द्वितीय सूत्र का उद्द्देश्य है जिनके लिए ब्रेल पुस्तकों (Braille Books) का अविष्कार किया गया है वे अपनी अंगुलियों से छू करके पढ़ सकते हैं। ब्रेल पुस्तकें साधारण पुस्तकों की अपेक्षा अधिक मोटी होती हैं। ब्रेल पुस्तकें किसी प्रचलित लिपि में मुद्रित नहीं की जाती हैं। इनके

अक्षरों को उभरे हुए बिन्दुओं में संक्षिप्त संकेतों में व्यवस्थित किया जाता है। 1890 ई. बाइबिल को 38 भागों में ब्रेल लिपि में सबसे पहले प्रकाशित्र किया गया था। नेत्रहीनों के लिए सबसे पहले इस प्रकार की पुस्तकों का प्रकाशन ब्रिटेन में 1827 ई. में किया गया था।

विभिन्न राष्ट्रों में नेत्रविहीनों को पाठ्य-सामग्रियों की सुविधा प्राप्त करने के लिए राष्ट्रीय पुस्तकालय (National Library for Blind) संस्थापित किये हैं। ब्रिटेन में 1882 ई. में इसकी स्थापना की गई थी। तत्पश्चात संयुक्त राज्य अमेरिका में तथा 1894 ई. में जर्मनी में नेत्रविहीन पुस्तकालय संस्थापित किये गये। चीन, रूस तथा जापान में इस दिशा में पर्याप्त सुविधा प्राप्त की गयी जिससे नेत्रविहीन लोग अपनी ज्ञान सीमा का विस्तार कर सकें। भारत में भी ब्रेल पुस्तकें सुलभ हैं जिनका प्रयोग नेत्रविहीन लोग करते हैं।

स्थल एवं समुद्र—विभिन्न श्रेणियों तथा सामान्य एवं असाधारण लोगों को पाठ्य-सामग्रियों की सुविधा प्राप्त करने की दिशा में अनेक पुस्तकालय स्थापित किये गये हैं, परन्तु समुद्र के यात्रियों को किस प्रकार से पुस्तकालय सुविधा प्राप्त की जाए इसे कम लोगों ने महसूस किया है। "समुद्र के प्रत्येक व्यक्ति और उसकी पुस्तक" की कल्पना करना भी कठिन प्रतीत होता है। ऐसी अवस्था में भी द्वितीय सूत्र यह निर्देश देता है कि इस तरह की कठिनाई पर विजय प्राप्त की जा सकती है। समुद्र में यात्रा करने वाले तथा जलयानों में सेवारत लोगों को पाठ्य-सामग्रियों की सुविधा प्राप्त करने के लिए इंग्लैण्ड में 1919 ई. में समुद्र यात्री शिक्षा सेवा की स्थापना की गई जिसके द्वारा जहाजों में पुस्तकें प्रदान करने की बड़ी ही उत्साहपूर्ण बल्कि उनकी अभिरुचि की पुस्तकों को उपलब्ध करने की व्यवस्था भी की गई। मई 1919 में विश्व प्रौढ़ शिक्षा संघ (Adult Education) ने समुद्र व्यापार संघ तथा मिशन परिषदों के प्रतिनिधियों की एक बैठक बुलाई और एक स्थायी आयोग समुद्र यात्रियों तथा सेवारत लोगों को पुस्तकालय की सुविधा एक शिक्षा योजना के रूप में उपलब्ध करने की विधियों को निश्चित करने के लिए चुनाव किया।

इस व्यवस्था से जो तथ्य प्रकाश में आया उससे ज्ञात हुआ कि समुद्री जहाजों में सेवारत लोगों को पुस्तकों का उपयोग करने में पर्याप्त अभिरुचि है और इस प्रकार की व्यवस्था का वे स्वागत करते हैं। पुस्तकें भी पर्याप्त मात्रा में प्रयुक्त की जाती हैं और 75% कार्यरत लोग तथा 10% यात्री पुस्तकों का प्रयोग बड़े ही रुचि के साथ करते हैं।

इंग्लैण्ड की सार्वजनिक पुस्तकालय समिति—ने इस कार्य को सक्रिय रूप देने के लिए इसकी आर्थिक स्थिति पर पर्याप्त विचार विमर्श किया जिससे पर्याप्त मात्रा

में पुस्तकें समुद्री यात्रियों तथा जहाजों के कार्यकर्ताओं को प्राप्त की जा सकें। फलतः द्वितीय सूत्र "सबके लिए पुस्तकें—चाहे वे स्थल पर हो या समुद्र में हों की विचारधारा के प्रभावस्वरूप यह मान लिया गया कि जहाजों पर कार्यरत तथा यात्रियों के लिए भी पुस्तकों की व्यवस्था करें और जहाजों पर कार्यरत तथा यात्रियों की सुविधा के लिए जहाजों के संगठनों द्वारा पुस्तक की व्यवस्था की जानी चाहिए। प्रकाश स्तम्भों पर चुने लोगों की अवस्था यात्रियों तथा जहाज चालकों की अपेक्षा अधिक दयनीय होती है क्योंकि उन्हें एकान्त का जीवन बिताना पड़ता है। उन्हें भी पुस्तकों की सुविधा मिलनी चाहिए।

बन्दरगाहों पर जिला पुस्तकालय अथवा नगरपालिकाओं के पुस्तकालयों द्वारा प्रकाश स्तम्भों पर चुने कर्मियों के लिए पुस्तकों की व्यवस्था करने का दायित्व है और द्वीपों तथा एकान्त स्थानों के लिए किसी विशेष केन्द्रीय संगठन द्वारा पुस्तकों की व्यवस्था की जानी चाहिए। अमेरिका में इस दिशा में प्रशंसनीय व्यवस्था की गयी है। जहाजों पर पुस्तकों की व्यवस्था उसी तरह की जाती है जैसे सार्वजनिक पुस्तक में व्यवस्था की जाती है।

प्रौढ़ तथा बालक—काफी दिनों तक यह धारणा प्रबल थी कि बालकों को पाठ्य-पुस्तकों के अलावा अन्य प्रकार की पुस्तकों की कोई विशेष आवश्यकता नहीं है। अतिरिक्त पठन-पाठन समय नष्ट करता है। इससे कोई लाभ नहीं। अब भी कुछ लोग इस विचारधारा का समर्थन करने वाले हैं। कुछ लोगों की ऐसी भी भावना है कि औपचारिक शिक्षा, विद्यालयों में प्राप्त कर लेने के बाद पुस्तकों का अध्ययन आवश्यक नहीं है, क्योंकि उसे शिक्षा के पाने से पूर्ण ज्ञान प्राप्त हो जाता है। ऐसे लोग ऐसा अनुभव नहीं करते कि प्रौढ़ता तथा परिपक्वता की अवस्था में विशेष प्रकार के अध्ययन की अभिरुचि, ज्ञान-पिपासा तथा आवश्यकता और अधिक होती है। शिक्षा का उद्देश्य केवल बालकों को प्रशिक्षित करने मात्र से है, ऐसी विचारधारा मनोवैज्ञानिक दृष्टि से व्यावहारिक अनुभवों के आधार पर मूल्यांकन करने से सत्य प्रतीत नहीं होती है। बालकों की शिक्षा की व्यवस्था आवश्यकता की जानी चाहिए। परन्तु कोई भी शिक्षा पद्धति जिसके अधीन नियमित ज्ञान बढ़ाने के लिए शिक्षा के उपकरणों तथा साधनों के लिए प्रावधान नहीं है तो वह उद्देश्यहीन शिक्षा पद्धति है। क्योंकि ऐसी अवस्था में प्रौढ़ों को ज्ञान बढ़ाने के साधनों का महत्व नहीं मिलता है जो बहुत आवश्यक है। वर्तमान जनतांत्रिक शासन पद्धति जिसके अन्तर्गत नई एवं उत्कर्ष व्यवस्था पद्धति को निरन्तर उन्नत एवं विकसित करने का प्रयत्न किया जा रहा है, उसके लिए सार्वजनिक शिक्षा का मुख्य उद्देश्य प्रौढ़ों

को इस तरीके से शिक्षित तथा प्रशिक्षित करना है जिससे वे राष्ट्र की नवीन-जीवन पद्धति में अपना योगदान बुद्धिमत्तापूर्वक दे सकें। डॉ. रंगनाथन् इसे दुर्भाग्यपूर्ण बताते हैं कि थोड़े शक्तिशाली राजनीतिज्ञ जो शिक्षा के व्यय पर पूरा नियंत्रण रखते हैं और अपनी अल्पज्ञता के कारण केवल उसी शिक्षा पद्धति से परिचित होते हैं जिसमें बहुत पहले अपने बाल्यावस्था में स्वयं ढले होते हैं और नई पद्धति के प्रति उदासीन और विरुद्ध होते हैं।

अतः कोई भी व्यक्ति जिसने उपाधियाँ अर्जित की हों अथवा बड़े ही सम्मान के साथ स्नातक या परास्नातक की परीक्षाएँ उत्तीर्ण की हों, यदि वह शिक्षोपरान्त अध्ययन से मुँह मोड़ लेता है तो वह पूरी तरह अशिक्षित है अथवा शीघ्र ही ऐसी अवस्था को प्राप्त हो जाएगा। वास्तविक शिक्षा वस्तुतः पालने से प्रारम्भ होती हैं और मृत्युपरान्त पूर्ण होती है। कहने का तात्पर्य है कि सीखना एक स्थायी प्रक्रिया है जो निरन्तर चलती है और इसका अन्त मनुष्य की मृत्यु से होता है। डॉ. रंगनाथन् इस परिप्रेक्ष्य में यह संदेश देते हैं कि विश्वविद्यालयी पुस्तकालय अपने स्नातकों के लिए उनकी औपचारिक शिक्षा के पूर्ण होने पर भी अपने द्वार पुस्तकों के प्रयोग एवं निरन्तर अध्ययन के लिए खुले रखें। इसी प्रकार स्कूल पुस्तकालय बालकों में अध्ययन की अभिरुचि जगाएँ। क्योंकि जिन बालकों में अध्ययन की अभिरुचि स्कूल के जीवन काल में विकसित होती है वह जीवनपर्यन्त कायम रहती है।

कोई भी राजनीतिक अथवा आचारशास्त्र शारीरिक, स्वभाव, बुद्धि, शारीरिक ऊँचाई अथवा रंग की असमानता तथा भिन्नता को समान तथा साम्य बनाने का दावा नहीं कर सकता। लेकिन द्वितीय सूत्र इस दिशा में किसी प्रकार के भेदभाव को स्थान नहीं देता बल्कि बिना किसी भेदभाव के सभी श्रेणी एवं सभी स्तर के लोगों को अध्ययन का सुअवसर प्रदान करने का संदेश देता है।

द्वितीय सूत्र तथा इसकी विजयश्री—गिने-चुने लोगों के लिए पुस्तकें, उस समय से उपलब्ध रही हैं जबसे पुस्तकों का लेखन आरम्भ हुआ है और पुस्तकालयों को किसी न किसी रूप में संस्थापित करने का प्रयत्न आरम्भ हुआ है। परन्तु **सबके लिए पुस्तकें** की धारणा नई है जो पुस्तकालय सभ्यता के आदि काल से किसी न किसी रूप में मिलती है। परन्तु पुस्तकालय आन्दोलन उतना प्राचीन नहीं है बल्कि अल्प समय से है। द्वितीय सूत्र के लक्ष्य की पूर्ति के लिए जिस प्रकार से कुछ उन्नत राष्ट्रों में प्रयत्न किया गया हैं अमेरिका को किस सीमा तक सफलता मिली है उसका सविस्तार उल्लेख डॉ. रंगनाथन् ने निम्नांकित राष्ट्रों के परिप्रेक्ष्य में किया गया है जो दूसरे राष्ट्रों के लिए अनुकरणीय हैं।

अमेरिका (USA)—सभी श्रेणी के लोगों को किसी अवरोध तथा भेदभाव के बिना पुस्तकों की सुविधा प्रदान करने में अमेरिका अग्रणी रहा है और इस दिशा में वहाँ अनेक प्रयत्न किये गये हैं। अमेरिका के पुस्तकालय आन्दोलन के इतिहास में 1876 ई. एक कीर्तिमान वर्ष रहा है। इसी वर्ष अमेरिका की स्थापना हुई और पुस्तकालय कानून पूरे राष्ट्र में लागू किया गया। 4 अक्टूबर, 1876 ई. को डॉ. मेल्विल डियूवी (Milvi Dewey) सहित तीन नवयुवकों ने मिलकर "90 पुरुषों तथा 13 महिलाओं" को एकत्रित किया और अमेरिकन पुस्तकालय संघ (ALA) की स्थापना की जिसके प्रथम सचिव डॉ. डियूवी स्वयं हुए। 1977 ई. के दूसरे सम्मेलन में इसकी संख्या घटकर 66 रह गयी और इसके बाद केवल 30 ही रही। संघ का पहला उद्देश्य था—अल्प से अल्प व्यय में अधिक से अधिक संख्या में लोगों को उत्तम प्रकार की अध्ययन की सुविधा। 1894 से संघ वार्षिक नियमित सम्मेलनों का आयोजन कर रहा है। 1902 ई. में इसके एक हजार सदस्य थे और 1926 ई. में सदस्यों की संख्या 2 हजार हो गयी जो 1930 ई. में 11,833 हो गई। आज अमेरिकन लाइब्रेरी ऐसोसियेशन के सदस्यों की संख्या संसार के सभी पुस्तकालय संघों से अधिक है और इसकी आर्थिक स्थिति भी मजबूत है। 1850 ई. में अमेरिका में कुल 644 पुस्तकालय थे जो केवल कुछ चुने ही लोगों के लिए थे। 1930 ई. में 6500 पुस्तकालय प्रत्येक श्रेणी के लोगों के लिए संस्थापित किये जा चुके थे। आज यहाँ के 96% से अधिक लोगों को पुस्तकालय सुविधा अनेक रूपों में प्राप्त है और प्रत्येक 5 हजार की जनसंख्या वाले स्थान पर सार्वजनिक पुस्तकालय संस्थापित किया गया है। अमेरिका की वर्तमान पुस्तकालय व्यवस्था का वर्णन पिछले अध्यायों में किया जा चुका है जिससे यह अनुमान लगाया जा सकता है कि द्वितीय सूत्र **प्रत्येक पाठक उसका/उसकी पुस्तक** लक्ष्य किस सीमा तक प्राप्त किया गया।

1925 ई. में अमेरिकन पुस्तकालय संघ द्वारा कारनेगी कारपोरेशन (Cornegie Corporation, New York) की सहायता से एक विस्तृत सर्वेक्षण किया गया कि—(1) संयुक्त राज्य अमेरिका (USA) तथा कनाडा में कितने लोगों को सार्वजनिक पुस्तकालय सेवा प्राप्त है; (2) कितने लोगों को इसकी सुविधा नहीं मिल सकी है और वे कहाँ निवास करते हैं; (3) सार्वजनिक पुस्तकालय सेवा प्राप्त करने में क्या कठिनाई अथवा अभाव है।

इस सर्वेक्षण के अनुसार (1) 56% लोग पुस्तकालयों की सेवा से लाभान्वित हुए थे; (2) 44% लोगों को पुस्तकालय सुविधा प्राप्त नहीं थी जिसमें 6 प्रतिशत शहरों तथा 94% ग्रामीण क्षेत्रों के निवासी थे; (3) संघ के चार्टर 1897 में लोगों को

पुस्तकालयों की संस्थापना में प्रेरणा प्रदान करने के प्रयत्न स्वरूप 6,000 नये पुस्तकालयों की स्थापना की जा चुकी थी। 20 लाख पूर्व उपलब्ध पुस्तकों की संख्या तब तक सभी पुस्तकालयों में 7 करोड़ हो गयी। उस समय 24 करोड़ पुस्तकें सार्वजनिक पुस्तकालयों द्वारा पाठकों को प्रति वर्ष प्रदान की जाती थीं। सार्वजनिक पुस्तकालयों पर 9 करोड़ रुपये खर्च किये गये थे; (4) तब तक द्वितीय सूत्र का उद्‌देश्य केवल 44% लोगों को पुस्तकालय सेवा प्रदान करने में पूरा किया जा चुका था। पूरी जनसंख्या के लिए प्रति व्यक्ति के लिए एक पुस्तक से कम का औसत था। पर्याप्त पुस्तकालय सेवा प्रदान करने के लिए संघ तथा पुस्तकालय आयोग लीग (League of Library Commission) सम्मिलित रूप से राज्य पुस्तकालयों की संस्थापना, स्थानीय पुस्तकालयों का विकास, प्रचार पुस्तकालयों की आवश्यकता का सर्वेक्षण, पुस्तकालय कानून का अध्ययन, आदर्श कानून की रूपरेखा का निर्माण करना तथा पुस्तकालय विस्तार सेवा आदि के अनेक प्रयत्न किये गये। आज पुस्तकालय के क्षेत्र में संयुक्त राज्य अमेरिका कितना सम्पन्न है और लगातार विकास के लिए कितना प्रयत्न कर रहा है, सर्वविदित है।

मैक्सिको—मैक्सिको में 1910 ई. की क्रान्ति ने लोकप्रिय संस्कृति का सूत्रपात किया। तब तक वहाँ पुस्तकालय आन्दोलन पूरी तरह सुप्तावस्था में पड़ा था। 1917 ई. के कानून द्वारा सार्वजनिक शिक्षा मन्त्रालय का निर्माण किया गया जिसका उद्देश्य आवश्यक सामाजिक बदलाव लाना था। अतः उच्च वर्गों तथा जनसाधारण के मध्य की सांस्कृतिक खाई को समाप्त करने के लिए सार्वजनिक पुस्तकालयों को एक आवश्यक साधन के रूप में स्थापित करने का प्रयत्न किया गया और 1920 ई. में पुस्तकालय विभाग की स्थापना की गयी। सांस्कृतिक मिशन के उद्देश्य से प्रेरित निरक्षरता को समाप्त करने का प्रयत्न शुरू किया गया। फलतः 1927 ई. तक पूरे राष्ट्र में 1500 लोकप्रिय पुस्तकालय सार्वजनिक प्रयोगार्थ, 1000 स्कूल पुस्तकालय, 800 औद्योगिक पुस्तकालय तथा 500 ग्रामीण पुस्तकालय सक्रिय रूप से कार्यरत थे। सभी पुस्तकालयों में उपलब्ध पुस्तकों की एक संघीय सूची भी निर्मित कराई गयी।

मैक्सिको अनेक समुदायों, विचारों तथा वातावरणों का राष्ट्र है जहाँ जातीय तथा सामाजिक व्यवस्था की मित्रता भी है। साथ ही अन्य कमियों के कारण जनमत प्राप्त करना सरल नहीं था जिससे राष्ट्रीय एकता में अनेक बाधाएँ उत्पन्न होने लगीं। इसे प्राप्त करने के लिए शिक्षा मन्त्रालय ने स्कूलों तथा पुस्तकालयों के द्वारा एकता स्थापित करने में पर्याप्त सफलता प्राप्त की। राज्य तथा केन्द्रीय सरकारों ने

पुस्तकालयों की स्थापना करके प्रत्येक नागरिक की अभिरुचि तथा आवश्यकता को सन्तुष्ट करने का लक्ष्य राष्ट्र के एक आवश्यक कार्यक्रम के रूप में अपनाया।

1926 ई. में कारनेगी अन्तर्राष्ट्रीय शान्ति प्रतिष्ठान ने संयुक्त राज्य अमेरिका के पुस्तकालय संघ को मैक्सिको के पुस्तकालयों को सक्रिय बनाने के लिए आर्थिक सहायता देकर सहायता करने के लिए प्रेरित किया। लाइब्रेरी ऑफ काँग्रेस (Library of Congress) ने मैक्सिको के राष्ट्रीय पुस्तकालय के मुद्रित प्रसूची पत्र को प्रदान करना आरम्भ किया जिसे कारनेगी प्रतिष्ठान ने आर्थिक सहायता प्रदान की। पुस्तकालयों की व्यवस्था तथा प्रशासन को गतिशील बनाने के लिए तथा पुस्तकालय आन्दोलन को सक्रिय करने के लिए पुस्तकालय व्यवस्था विधि से सम्बन्धित पुस्तकों को कारनेगी प्रतिष्ठान ने निःशुल्क मैक्सिको के पुस्तकालयों में वितरित किया। परिणामतः आज मैक्सिको में पुस्तकालयों का जाल-सा बिछ गया है जो राष्ट्रीय एकता एवं विकास को अपना योगदान दे रहा है।

कारनेगी कारपोरेशन का योगदान—द्वितीय सूत्र "सबके लिए पुस्तकें" बिना किसी भेदभाव के लक्ष्य की प्राप्ति के लिए कारनेगी कारपोरेशन का अभूतपूर्व योगदान रहा है जिसकी सहायता से संयुक्त राज्य अमेरिका, मैक्सिको, कनाडा, ब्रिटेन, दक्षिणी अफ्रीका तथा दक्षिणी अमेरिका आदि राष्ट्रों में पुस्तकालयों की स्थापना तथा पाठ्य-सामग्रियों के संकलन में पर्याप्त उन्नति हुई है। इसका श्रेय एक उदार मानवतावादी महापुरुष एन्ड्रयू कारनेगी (Andrew Carnegie) को है। कारनेगी एक स्काटलैण्ड हथकरघा जुलाहे का पुत्र था। 13 वर्ष की अवस्था में संयुक्त राज्य अमेरिका में डनफरमलिन नामक शहर में एक सूती कपड़े की फैक्टरी में 13 रुपये मासिक वेतन पर सूत लपेटने का काम करता था। कालान्तर में वह अमेरिका में एक सबसे बड़ा और धनाढ्य लोहे का व्यापारी बना। परन्तु बड़ी ही सादगी का ज़ीवन बिताता था। अपने आश्रितों तथा समाज के कल्याण के ल़िए अपने अपार धन का उपयोग करना मात्र उसके जीवन का परम उद्देश्य था। अपने धन का सदुपयोग करने के लिए उसने न्यूयार्क राज्य के कानेन द्वारा 1911 ई. में संस्थापित कारनेगी कारपोरेशन (Carnegie Corporation) को सौ करोड़ रुपयों से अधिक धनराशि प्रदान की जिसका उद्देश्य प्रविधिक स्कूलों, उच्च शिक्षा संस्थाओं, पुस्तकालयों, वैज्ञानिक अनुसंधानों, उपयोगी प्रकाशनों आदि को आर्थिक सहायता प्रदान कर अमेरिका के निवासियों में ज्ञान-प्रसार और विकास तथा पारस्परिक सद्भाव को प्रेरित करना था। कारनेगी कारपोरेशन ने कारनेगी द्वारा प्रदत्त धन राशि से जितना विकास पुस्तकालयों का किया है वैसा उदाहरण उसके पूर्व और बाद में अन्य कोई नहीं है।

कारनेगी का यह दृढ़ विश्वास था कि मानवता को ज्ञान का प्रकाश सबको पुस्तकें प्रदान करके ही प्रदान किया जा सकता है। 1917 ई. में कारनेगी कारपोरेशन, न्यूयार्क के कानून में संशोधन करके कनाडा और ब्रिटिश उपनिवेशों में भी पुस्तकालयों के प्रसार एवं स्थापना के लिए आर्थिक सहायता देने का नियम लागू किया गया। कारनेगी कारपोरेशन द्वारा द्वितीय सूत्र को पर्याप्त प्रोत्साहन मिला।

दक्षिणी अफ्रीका—दक्षिणी अफ्रीका में पुस्तकालय आन्दोलन का बीजारोपण कारनेगी पुस्तकालय आयोग ने 1928 ई. में किया। उस समय वहाँ पर द्वितीय सूत्र, प्रत्येक पाठक और उसकी पुस्तक की विचारधारा को कोई महत्व नहीं दिया गया था। यद्यपि उस समय 211 पुस्तकालय थे। परन्तु वे अभिदाताओं के पुस्तकालय थे। परिणामतः पाठकों की संख्या बहुत ही कम थी। पुस्तकालय भी बड़े ही दयनीय अवस्था में थे। प्रथम तथा द्वितीय दोनों सूत्रों की पूर्णतः अवहेलना की जा रही थी। स्कूल पुस्तकालय बड़े ही अव्यवस्थित तरीके से रखे जाते थे। यहाँ तक कि प्रिटोरिया, ग्राहम्सटाउन के विश्वविद्यालयों के पुस्तकालय किसी उच्च माध्यमिक विद्यालयों के पुस्तकालयों से भी अच्छे नहीं थे। जोहासवर्ग के प्रसिद्ध विटवाटर स्टैंड विश्वविद्यालय का अपना न तो कोई पुस्तकालय था और न ही कोई पुस्तकालयी था।

ब्लोमफोन्टेन (Bolemfontein) में 1928 ई. में एक सम्मेलन आयोजित किया गया और आयोग ने प्रत्येक व्यक्ति को पुस्तकें प्राप्त कराने के लिए दक्षिणी अफ्रीका की केन्द्रीय सरकार को अनिवार्य कदम उठाने के लिए बाध्य किया और पर्याप्त आर्थिक सहायता भी प्रदान किया। परिणामतः पुस्तकालय कानून लागू किया गया। इस तरह द्वितीय सूत्र के लक्ष्य की प्राप्ति के लिए सभी आवश्यक प्रयत्न किये जाने लगे।

यूरोप—विश्व युद्ध के बाद यूरोपीय राष्ट्रों में द्वितीय सूत्र को व्यापक समर्थन प्राप्त हुआ है। इसका मूल कारण न केवल महान युद्ध से पैदा स्वतः अध्ययन की धारणा रही बल्कि उसके उथल-पुथल के फलस्वरूप गणतांत्रिक आदर्श तथा सामाजिक उत्थान के उद्देश्य पर्याप्त सहायक सिद्ध हुए हैं। क्योंकि मध्य तथा पूर्वी यूरोपीय राष्ट्रों में सार्वजनिक शिक्षा तथा सबके लिए पुस्तकों की धारणा को साकार करने में बाधक निरंकुश शासकों का उसके बाद अन्त होना इस दिशा में पर्याप्त सहायक सिद्ध हुआ है। नये कानूनों को लागू करने तथा पुरानों में मौलिक बदलाव करने के कारण सभी के लिए पुस्तकें सार्वजनिक रूप से प्राप्त कराने को आशातीत प्रोत्साहन मिला। इस दिशा में किस सीमा तक उन्नति हुई है वह कुछ यूरोपीय राष्ट्रों का अध्ययन करने से पता लग जाता है।

बुलगारिया—बलगेरिया में एक प्रकार की एक विचित्र संस्था बहुत पहले से ही पुस्तकालयों की पद्धति पर कार्यरत थी जिसे चितलिस्टा (Chitalista) कहा जाता था। यह संस्था एक तरह का वह पुस्तकालय था जिसके अधीन नाट्यशाला, चलचित्र, सांस्कृतिक भवन और पुस्तकालय से सम्बन्धित सम्मिश्रण कार्यक्रम आयोजित किया जाता था। इस प्राचीन और सम्मानित संस्था को कालान्तर में सबको पुस्तकें प्राप्त करने के लिए उपयोगी साधन एवं केन्द्र बना दिया गया और तत्वाधान में विभिन्न तरह के उपयोगी विषयों जैसे—शारीरिक एवं मानसिक स्वास्थ्य, कृषि, समाज़ शास्त्र, विज्ञान तथा धर्म आदि से सम्बन्धित भाषणों का आयोजन किया जाने लगा। इसके अलावा पुस्तकों का वितरण विशेषकर युवकों में किया जाने लगा। 1928 ई. में पुस्तकालय कानून लागू किया गया जिससे प्रत्येक नागरिक को पुस्तकों की सुविधा प्राप्त की जा सके।

रूमानिया—रूमानिया में भी दो प्राचीन संस्थाएँ—अस्तराज और अथुनियम्स हैं। तथा उनका एक साहित्यिक तथा सांस्कृतिक संघ है जो अनपढ़ों को शिक्षित बनाने हेतु अध्ययन केन्द्रों की व्यवस्था तथा पुस्तकालयों की व्यवस्था करने के कार्यक्रम आयोजित करता है। इन पुरानी संस्थाओं ने बिना किसी देर के पुस्तकालयों की महत्ता का अनुभव किया और 3000 पुस्तकालयों को सक्रिय रूप से संचालित किया। आर्थिक कठिनाइयों के कारण शिक्षा मन्त्रालय ने इनकी सहायता से द्वितीय सूत्र के उद्देश्यों को प्राप्त करने की दृष्टि से उन्हें और प्रेरित किया। आर्थिक कठिनाइयों का दूर करने के लिए सभी राज्यों में अन्य वित्तीय सदस्यों ने पर्याप्त धनराशि इकट्ठी की और पुस्तकालय विधेयक को पेश किया जो भारत जैसे राष्ट्रों के लिए अनुकरणीय है। रूमानिया के शिक्षा मंत्रालय ने सभी को पुस्तकों की सुविधा प्रदान करने के लिए स्कूलों के पुस्तकालय जिनमें 10 लाख से अधिक पुस्तकें 1930 ई. तक थीं और 8000 सार्वजनिक पुस्तकालयों के साथ सार्वजनिक प्रयोग के लिए प्रोत्साहित किया।

अन्य महत्वपूर्ण कार्य जो अनुकरणीय रहा है, वह जरूरी शिक्षा के साथ-साथ पुस्तकों की सुविधा उपलब्ध करना भी है। 1866 ई. के कूज़ा संविधान के अधीन एक धारा अनिवार्य एवं निर्मूल्य शिक्षा की थी। फिर भी 1899 ई. की मतगणना के अनुसार सात वर्ष से अधिक आयु के 78% लोग पढ़ लिख नहीं सकते थे और 90% से अधिक महिलाएँ अनपढ़ थीं। इसका कारण सार्वजनिक पुस्तकालयों की कमी थी। परन्तु आज यहाँ इस दिशा में पर्याप्त उन्नति हुई है और सार्वजनिक पुस्तकालयों को शिक्षा का एक आवश्यक अंग माना जाता है।

यूगोस्लाविया—मध्य यूरोप के रूमानिया के सन्निकट तीन राष्ट्रों ने वर्तमान पुस्तकालय आन्दोलन सक्रिय रूप से द्वितीय सूत्र को साकार करने की दृष्टि से चलाया। इन राष्ट्रों के शिक्षा मंत्रालयों ने प्रारम्भ से ही साक्षरता को कायम रखने के लिए पुस्तकालयों की व्यवस्था को अनिवार्य साधन के रूप में अपनाया है। लोकप्रिय एवं सार्वजनिक शिक्षा को प्रोत्साहित करने के लिए युगोस्लाविया के शिक्षा मंत्रालय के अधीन एक पृथक् विभाग संस्थापित किया गया है जिसके द्वारा हजारों की संख्या में ग्रामीण पुस्तकालयों को व्यवस्थित किया गया है। निरक्षरता को दूर करने के लिए 700 से अधिक पाठ्यक्रम लागू किये गये हैं जिससे पुरुषों तथा महिलाओं को पर्याप्त संख्या में शिक्षित बनाया जा सके। गृहस्थ जीवन को उत्तम बनाने की दृष्टि से इन पुस्तकालयों में अनेक प्रकार की पुस्तकों का चुनाव किया गया है और इस पर अधिक ध्यान भी दिया जाता है। इस दिशा में जो प्रगति 1930 ई. तक की गयी थी अब पर्याप्त मात्रा में प्राप्त है और अब निरक्षरता का उदाहरण मिलना सम्भव नहीं हैं।

हंगरी—में 1930 ई. तक युद्ध के फलस्वरूप विशेष उन्नति नहीं हो सकी। 1923 ई. के शिक्षा विधेयक में ग्रामीण तथा शहरी क्षेत्रों में पुस्तकालय की स्थापना को अनिवार्य बनाया गया था। धीरे-धीरे तब से अब तक पर्याप्त उन्नति पुस्तकालयों के प्रसार की दिशा में हुई है।

चेकोस्लोवाकिया—द्वितीय सूत्र प्रत्येक स्तर तथा अभिरुचि के पाठकों को उनकी आवश्यकतानुसार पुस्तकों की सुविधा प्राप्त करने में चेकोस्लोवाकिया ने जो प्रगति की है वह प्रशंसनीय एवं अनुकरणीय है। आस्ट्रिया के आधिपत्य से स्वतन्त्र होने के तत्काल बाद वहां राष्ट्रीय विकास एवं कल्याण तथा लोक उत्थान के सभी साधनों को सक्रिय रूप से अपनाया गया। यहाँ के प्रमुख समाज सेवा पैलाकी (Palacky) का सबसे महत्वपूर्ण संदेश था कि—केवल शिक्षा के माध्यम से मुक्ति प्राप्त हो सकती है। शिक्षा का उद्देश्य बालकों को जीवन पर्यन्त प्रक्रिया के रूप में केवल स्कूली शिक्षा मात्र तक सीमित रखना नहीं है बल्कि शिक्षा का उद्देश्य प्रत्येक को पुस्तकों की सुविधा प्राप्त करना तथा विशेष ज्ञान प्राप्त करना है। इस धारणा को पर्याप्त महत्व दिया गया। 1919 ई. में पुस्तकालय कानून लागू करके यहाँ शहरों तथा ग्रामीण क्षेत्रों में सार्वजनिक पुस्तकालय सेवा को अनिवार्य कर दिया गया। 1929 ई. तक पूरे राष्ट्र में सार्वभौमिक पुस्तकालय सेवा की व्यवस्था लागू कर दी गयी। इस अधिनियम के अन्तर्गत श्रृंखलाबद्ध पुस्तकालय पद्धति का प्रावधान किया गया जिसके अनुसार 10 हजार की आबादी वाले सभी स्थानीय शासकों को सार्वजनिक पुस्तकालय की व्यवस्था सबके लिए प्राप्त करना अनिवार्य था। प्रशिक्षित

पुस्तकालयी के द्वारा ही पुस्तकालयों का संचालन करना आवश्यक कर दिया गया। छोटे-छोटे स्थानों जैसे ग्रामों तथा पैरिशों (Parishes) में पुस्तकालयों की देख-रेख स्थानीय अध्यापकों द्वारा किये जाने का प्रबन्ध कर दिया गया। पुस्तकालयों की आर्थिक व्यवस्था के लिए विशेष प्रकार के स्थानीय करों का नियम लागू किया गया और पिछड़े स्थानों के लिए शिक्षा मंत्रालय द्वारा निर्मूल्य पुस्तकालय सुविधा की व्यवस्था की गयी। पुस्तकालयों की सुव्यवस्था, संचालन तथा निरीक्षण आदि के लिए शिक्षा मंत्रालय ने पुस्तकालय विज्ञान प्रशिक्षण स्कूलों की स्थापना की जिससे प्रशिक्षित पुस्तकालयी प्राप्त हो सकें। पुस्तकालय कानून पारित हो जाने के परिणामस्वरूप पुस्तकालयों की संख्या में आशातीत वृद्धि हुई।

1920 ई. में 3,400 पुस्तकालय थे जिनकी संख्या 1926 ई. में 16,200 हो गयी। औसतन 894 निवासियों के लिए एक पुस्तकालय प्राप्त हो गया और 100 व्यक्तियों पर 44 पुस्तकें हो गई। समस्त जनसंख्या के 7.1 प्रतिशत लोग लगातार पाठक बन गये। यहाँ पुस्तकालयों पर जो राज्य का खर्च होता है उसे राष्ट्र वित्त का सर्वोत्तम उपयोग माना जाता है और सम्पूर्ण वित्तीय आय का 1.5 प्रतिशत सार्वजनिक पुस्तकालयों पर किया जाता है। चेकोस्लोवाकिया में विभिन्न प्रजातियों के नागरिक हैं जो अनेक भाषाओं के हैं। लेकिन राष्ट्र की एकता और उत्थान में ऐसे तत्व रूकावट नहीं रहे हैं जिससे पुस्तकालय विज्ञान के द्वितीय सूत्र के लक्ष्य में रूकावट उत्पन्न हो सके। पुस्तकालय कानून में यह प्रावधान किया गया है कि कोई भी 400 लोगों का सनुदाय जिसे अल्प संख्यक माना जाता है उसके लिए एक विशेष प्रकार का अलग सार्वजनिक पुस्तकालय प्रदान किया गया है जिसकी व्यवस्था उसी समुदाय के सदस्य करते हैं।

चेकोस्लोवाकिया के प्रथम राष्ट्रपति मसारिक (T. G. Masaryk) ने जो बड़े ही उदार थे, राज्य के केन्द्रीय कार्यालय से सम्बद्ध अर्ध-सार्वजनिक संस्थाओं का जो सांस्कृतिक कार्यक्रमों को आयोजित करते हैं प्रेरित करने तथा आर्थिक सहायता देने के लिए एक संस्था स्थापित की थी। इसे मासारिक संस्थान (Masaryk Institute) के नाम से जाना जाता है, जो 1925 ई. में मसारिक द्वारा दी गई धनराशि से चल रहा है। इस संस्थान के अनेक कार्यक्रमों में पुस्तकालयों के लिए लाभदायक पुस्तकों को उपलब्ध करना प्रमुख है। यह संस्थान पाठकों के मनोविज्ञान तथा पुस्तकों के प्रभाव तथा शक्ति के अध्ययन को आयोजित करता है जिससे बालकों तथा युवकों को लाभ पहुँचाने के लिए उत्तम एवं उपयुक्त पुस्तकों को सार्वजनिक पुस्तकालयों में संकलित किया जा सके। बालकों की विभिन्न अभिरुचि को प्रेरित करने के लिए

कई अन्य कार्यक्रम समय-समय पर आयोजित किये जाते हैं। जिस प्रकार से द्वितीय सूत्र के उद्देश्य की पूर्ति के लिए यहाँ पुस्तकालयों के द्वारा करने का प्रयत्न किया गया है वह दूसरे राष्ट्रों के लिए विशेषकर भारत के लिए अनुकरणीय है।

पोलैण्ड—राजनीतिक स्वतन्त्रता को 1918 ई. में पूरी तरह से प्राप्त करने के बाद पोलैण्ड ने शिक्षा प्रसार को राज्य का पहला आवश्यक अंग समझा। शुरू में प्रमुख संस्थाएँ—लोक पुस्तकालय परिषद् तथा लोक विद्यालय संघ ने बड़े ही उत्साह से पुस्तकालय आन्दोलन को शुरू किया। लोक पुस्तकालय परिषद् ने 1300 पुस्तकालय तथा लोक विद्यालय संघ ने 500 स्थायी पुस्तकालय और 800 चल पुस्तकालय स्थापित किये। इस कार्य में स्थानीय प्राधिकरणों का सहयोग भी प्राप्त हुआ। प्रौढ़ तथा बाल पुस्तकालय की स्थापना लोड्ज शहर में की गयी।

इन पुस्तकालयों में शिक्षा विस्तार का भी कार्य शुरू किया गया जिसमें विधिवत् व्याख्यानों तथा **पठन-पाठन** एवं संगीत आदि की भी व्यवस्था की गयी। कालान्तर में शासन ने यह अनुभव किया कि इन व्यक्तिगत तथा सामाजिक संस्थाओं द्वारा आयोजित कार्यक्रम पर्याप्त नहीं हैं क्योंकि द्वितीय सूत्र का पूरी सफलता मिलने में अनेक रूकावटें हैं जिसे पुस्तकालय कानून मात्र से ही सम्भव किया जा सकता है। फलस्वरूप कानून लागू किया गया ताकि पुस्तकालय सेवा अनिवार्य रूप से उपलब्ध कराई जा सके। केन्द्रीय तथा जिला पुस्तकालय स्थापित किये गये। आर्थिक ढाँचे को ठीक रखने के लिए पुस्तकालय कर का प्रावधान किया गया। पूरे राष्ट्र में कानून लागू हो जाने पर 15,000 पुस्तकालयों की स्थापना की।

फिनलैण्ड—यूरोप महाद्वीप के आर्कटिक क्षेत्र का थोड़ी-सी जनसंख्या का राष्ट्र फिनलैण्ड जहाँ सूरज की किरणें सप्ताह तक पृथ्वी पर लेश मात्र भी दिखाई नहीं पड़ती विश्व का सबसे अधिक शिक्षित राष्ट्र है। शायद ही कोई ऐसा निवासी हो जिसे शिक्षा न मिली हो। जर्मनी अथवा अमेरिका भी शिक्षा के क्षेत्र में इससे पीछे हैं। 1917 ई. में विदेशी सत्ता से स्वतन्त्र होने के बाद फिनलैण्ड की अपनी राष्ट्रीय भाषा को स्थान मिला। फलस्वरूप कृषि तथा श्रमिक वर्ग के लोगों की आवश्यकता की पुस्तकों की संख्या में आशातीत वृद्धि हुई और अब वैज्ञानिक तथा अन्य शिक्षा सम्बन्धी साहित्य की किसी प्रकार की कमी नहीं है। विदेशी शासनकाल में दूर-दूर स्थित गिने-चुने पुस्तकालय थे उन्हें फिनलैण्ड पुस्तकालय परिषद् ने अपने प्रयत्नों से सम्बद्ध किया। पुस्तकालय आन्दोलन को सक्रिय बनाने तथा पुस्तकालयों के प्रसार के लिए 1921 ई. के पुस्तकालय अधिनियम के प्रावधान के अनुसार शासन ने स्वयं इसका दायित्व ले लिया।

शिक्षा मंत्रालय के नियंत्रण में गठित राज्य पुस्तकालय परिषद् की देख-रेख में सभी पुस्तकालयों को संगठित कर दिया गया। इस परिषद् की कार्यकारिणी को राज्य पुस्तकालय ब्यूरो के नाम से निर्मित किया गया जिसका अध्यक्ष पुस्तकालय निदेशक चुना गया। पुस्तकालय प्रचार-प्रसार, पुस्तकालियों का प्रशिक्षण, ग्रन्थात्मक उपकरणों का प्रकाशन, पुस्तकालय विधियों को उन्नत बनाना आदि कार्यों का आयोजन इस ब्यूरो के द्वारा होता है। परिणामतः 537 तत्कालीन स्वायत्तशासी समुदायों के लिए 1,000 पुस्तकालयों की सुविधा जारी कर दी गयी। 1930 ई. तक 38 शहरों तथा 18 बोरो के (Boroughs) के 80% स्थानों पर पुस्तकालयों की सेवा सुलभ की गयी थी। पुस्तकालय कानून के अनुसार पुस्तकालय कर जो नगण्य है वसूल किया जाता है और 50% अनुदान सत्ता से प्राप्त होता है, जिससे पुस्तकालयों की सुविधा पर्याप्त मात्रा में प्रदान की जा सकी। इस प्रकार फिनलैण्ड द्वितीय सूत्र के लक्ष्य की पूर्ति के लिए नियमित रूप से पुस्तकालयों के क्षेत्र में नियमित रूप से प्रयासरत है।

नारवे—1830 ई. से ही नारवे सरकार द्वितीय सूत्र को प्रोत्साहन प्रदान कर रही है। परन्तु इस शताब्दी में पुस्तकालयों के क्षेत्र में पर्याप्त प्रगति हुई जिससे पाठक को पुस्तकालय सुविधा सुलभ हो सकी है। 1930 ई. में राष्ट्र में 60 म्युनिसीपल पुस्तकालय और 1000 से अधिक ग्रामीण पुस्तकालय कार्यरत थे। शिक्षा मंत्रालय के अधीन पुस्तकालयों का भी एक विभाग है। यह विभाग आर्थिक अनुदान प्रदान करता है और उत्तम सेवा प्रदान करने के लिए पुस्तकालयों पर काबू रखता है। समुद्री जहाजों पर कार्यरत लोगों के लिए चल पुस्तकालयों की भी व्यवस्था विभाग द्वारा की जाती है।

स्वीडन—1905 ई. में पुस्तक द्रन्थालयों के प्रसार और विकास के लिए स्वीडन में सक्रिय कदम उठाया गया और द्वितीय सूत्र को सफल बनाने के लिए शासन ने इसका दायित्व स्वतः अपने हाथ में ले लिया। 1913 ई. से गिरजाघरों के प्रशासनिक विभाग के दो पुस्तक विशेषज्ञ उपयुक्त पुस्तकों के संकलन तथा चुनाव एवं राज्य सहायता प्राप्त पुस्तकों की व्यवस्था के लिए शासन को समुचित सुझाव देते रहे हैं। सार्वजनिक पुस्तकालयों में मुक्त प्रवेश व्यवस्था के लिए शासन को समुचित सुझाव देते रहे हैं। सार्वजनिक पुस्तकालयों में मुक्त प्रवेश तथा बाल प्रवेशों की सुव्यवस्था का ऐसा प्रभाव पड़ा कि पुस्तकालयों को समर्थन सार्वजनिक तरह से प्राप्त होने लगा जिसके फलस्वरूप 1929 ई. में पुस्तक कानून लागू किया गया। कानून के अन्तर्गत पुस्तकालय सेवाओं का पुनर्गठन तथा अमेरिकन काउन्डी

पुस्तकालयों की पद्धति पर जनपद पुस्तकालयों की व्यवस्था का प्रावधान किया गया और शासन की तरफ से समुचित आर्थिक सहायता देने की शर्तें निश्चित की गयीं। प्रशिक्षित पुस्तकालयी तथा अन्य चुनाव आवश्यक कर दिया। सभी जनपदों में पुस्तकालय व्यवस्था के लिए परामर्शदाता भी चुने गये। 1930 ई. में कुछ पुस्तकालयों की संख्या 8500 थी जिसमें 1299 स्कूल पुस्तकालय सम्मिलित थे जिनकी व्यवस्था के लिए स्थानीय निकायों तथा राज्य की तरफ से पर्याप्त वार्षिक आर्थिक सहायता देने की व्यवस्था की गई थी। शिक्षा पद्धति को अधिक से अधिक पुस्तकालयोन्मुख बनाया गया है और छात्रों को पुस्तकालयों का प्रयोग शिक्षा के माध्यम से करने के लिए विशेष प्रकार का निदेशन दिया गया है।

1928 ई. के स्कूल सुधार के अधीन छात्रों को पुस्तकालयों से अधिक जोड़ दिया गया है जिससे उनमें स्वयं पठन-पाठन की अधिक अभिरुचि जागृत हो सके। इसके लिए पर्याप्त आर्थिक अनुदान राज्य प्रतिवर्ष प्रदान करता है। 1913 ई. में 279 स्कूल ग्रंथालय थे जिनकी संख्या 1929 ई. में 1299 हो गयी। आज सम्पूर्ण स्वीडन में पुस्तकालय व्यवस्था ऐसी कर दी गयी है कि प्रत्येक पाठक को अपनी अभिरुचि की पुस्तक मिलने में कोई कठिनाई नहीं है।

डेनमार्क—स्केन्डेवियन राष्ट्रों में सार्वजनिक शिक्षा पूरी तरह तथा सबके लिए पुस्तकों की सुविधा की व्यवस्था से डेनमार्क ने लाभ उठाया। औद्योगिक साधनों के प्रयोग पर आधारित शिक्षा पद्धति-ग्रामीण उच्च माध्यमिक स्कूल तथा अच्छे तरह से समन्वित उन्नतशील सार्वजनिक पुस्तक पद्धति की सहायता से कृषि की सुविधाएँ तथा साधनों के अभाव में भी डेनमार्क सर्वाधिक फसलों का उत्पादन कर रहा है और विश्व के मार्केट में अपना विशेष स्थान रखता है। ग्रामीण निवासियों को शहर की ओर आने पर प्रतिबन्ध लगा कर ग्रामीण क्षेत्रों में सामाजिक जीवन को इस तरह से विकसित किया है कि दूसरे राष्ट्रों में ग्रामीण समुदाय की जो समस्याएँ हैं वे डेनमार्क में पूर्णतः हल कर दी गयी हैं। यह प्रक्रिया विशेष प्रकार से अनुकरणीय है।

द्वितीय सूत्र-**सबके लिए पुस्तकें** को किस प्रकार से डेनमार्क ने राष्ट्रीय अर्थव्यवस्था से बिना किसी तरह की बाधा के हल किया है वह भी अनुकरणीय है। डेनमार्क की पुस्तकालय व्यवस्था की यह विशेषता है कि यह पूर्ण एवं समन्वित रूप से योजनाबद्ध है। राष्ट्रीय पुस्तकालय शृंखला के एक तरफ तो दो वृहत् भण्डार-राज्य पुस्तकालयों का शाही पुस्तक तथा विश्वविद्यालयी पुस्तक कोपेनहेगन के साथ शुरू होते हैं। दोनों पारस्परिक रूप से मानविकी तथा विज्ञानों के संकलन में पृथक्-पृथक् विशेष प्रकार के साहित्य का संचयन करते हैं। दूसरी शृंखला से सम्बद्ध 80 शहर पुस्तकालय

हैं, जिनमें 27 रेलवे के बड़े-बड़े जंक्शनों पर संस्थापित किये गये हैं। इन्हें केन्द्रीय पुस्तक अथवा गौण पुस्तक कहते हैं। दूसरी तरफ 800 ग्राम ग्रन्थालय पूरे राष्ट्र में संस्थापित किये गये हैं। इन पुस्तकालयों में पारस्परिक रूप से पुस्तकों के आदान-प्रदान की व्यवस्था है जिससे किसी स्थान का पाठक किसी भी पुस्तक की सामग्री को प्रयोग कर सके। पुस्तकों की अनावश्यक पुनरावृत्ति होने पर प्रतिबन्ध भी रहता है।

इस प्रकार का प्रावधान 1920 ई. के पुस्तकालय कानून के अनुसार किया गया है और देश के सभी पुस्तकालयों का राष्ट्रीयकरण कर दिया गया है और उनका विकास तथा निरीक्षण राज्य पुस्तकालय निदेश के अधीन कर दिया गया है। जिसकी सहायता के लिए पुस्तकालय निरीक्षालय का गठन किया गया है। इसी अधिनियम के द्वारा शहरी पुस्तकालयों की व्यवस्था तथा निदेशन सम्बन्धित नगरपालिकाओं और ग्राम पुस्तकालयों की परिषदों को सौंप दिया गया है। पुस्तकालयों की आर्थिक स्थिति को मजबूत बनाने के लिए स्थानीय करों का नियम बनाया गया है और राज्य की तरफ से पूरी आर्थिक मदद दी जाती है। पुस्तकालय निदेशक अनुदान का वितरण, पुस्तकालयों के उपकरण एवं विभिन्न कार्यों का मानक निर्धारण, गंथात्मक परामर्श तथा पुस्तकालयों के व्यावसायिक प्रशिक्षण की व्यवस्था आदि करता है। स्कूल स्तर पर बालकों में पुस्तकालयों के प्रयोग की अभिरुचि जागृत करने के लिए जोर दिया जाता है। पुस्तक विज्ञान के द्वितीय सूत्र का आदर्शपूर्ण परिपालन डेनमार्क में जिस तरह से किया गया है वह अत्यन्त प्रशंसनीय है। वर्तमान पुस्तकालय की संख्या आदि का वितरण पिछले अध्यायों में दिया गया है।

जर्मनी—जर्मन गणतंत्र में द्वितीय सूत्र की विचारधारा के सूत्रपात के बहुत पहले से ही प्रूशिया वैज्ञानिक पुस्तकालयों की व्यवस्था सर्वोत्तम रही है जिसका लक्ष्य प्रत्येक उन्नत एवं गम्भीर जिज्ञासु तथा अनुसंधानकर्त्ता को उसकी आवश्यक पुस्तक सुलभ करना था। बर्लिन का प्रूशियन राज्य पुस्तकालय इस प्रकार की व्यवस्था का केन्द्र रहा है।

1930 ई. में इसके संकलन में 20 लाख पुस्तकें थीं और 20 हजार पत्रिकाओं को मंगाए जाने की व्यवस्था थी। प्रत्येक वर्ष 50 हजार नवीन पुस्तकें क्रय कर तथा अन्य साधनों से प्राप्त की जाती थीं। इस पुस्तकालय की अनुवर्ग प्रसूची 1000 खण्डों में तथा अनुवर्णिक अनुक्रमणिका 3000 खण्डों में थी और 90 खण्ड प्रत्येक वर्ष पूरक के रूप में प्रदर्शित किये जाते थे। उस समय इस पुस्तकालय से स्टाफ में 320 लोग थे जिसमें 76 विज्ञान के विभिन्न विषयों के विशेषज्ञ थे जो पुस्तकों का वर्गीकरण तथा पाठकों को संदर्भ सेवा प्रदान करते थे। तत्कालीन दस प्रूशियन विश्वविद्यालयी

पुस्तक तथा चार प्राविधिक स्कूलों के पुस्तक का संगठन उक्त पद्धति पर आधारित था। केवल इनका क्षेत्र सीमित था। परन्तु केन्द्रीय पुस्तकालय तथा इनमें पारस्परिक सहयोग स्थापित था।

राज्य पुस्तकालय की ओर से एक संघीय प्रसूची तैयार की गयी थी जिसके अधीन प्रूशिया के सभी वैज्ञानिक पुस्तकालयों की सामग्रियों की तालिका शामिल की गयी थी। सूचना केन्द्र के माध्यम से प्रूशिया के लिए पुस्तक उपलब्ध कराने की व्यवस्था की गयी थी। जर्मनी में वैज्ञानिक कृतियों तथा अनुसंधानों को जितनी मात्रा में सम्पन्न किया गया है वह ऐसी व्यवस्था का ही परिणाम है। परन्तु इस प्रकार की व्यवस्था से केवल बुद्धि से सम्बन्धित कार्यों तथा कुछ विशेषज्ञों एवं व्यावसायिक लोगों को ही लाभान्वित किया जा सकता है।

इस प्रकार की पुस्तकालय सेवा से यद्यपि लोगों को ही लाभान्वित किया जा सकता था। लेकिन द्वितीय सूत्र के आदर्श-एक **महान गणितज्ञ की पुस्तकें तथा एक अल्पज्ञ की पुस्तकें** की दृष्टि से यह व्यवस्था पूरी तरह सफल नहीं थीं। जर्मनी में वर्तमान पुस्तक आन्दोलन केवल 300 वर्ष पहले से उस समय पुराना था। द्वितीय सूत्र का प्रसार विश्व युद्ध के बाद क्रान्तिकारी सामाजिक परिवर्तनों के बाद शुरू हुआ है। **जर्मन गणतंत्र पुस्तकालयी संघ** की स्थापना 1922 ई. थी जो द्वितीय सूत्र की धारणा को सार्वभौम शिक्षा के नये उपकरण के रूप में सशक्त बनाने का प्रयत्न कर रहा है जिससे जनतंत्र सुदृढ़ बन सके।

द्वितीय सूत्र को अक्षरशः पालन करने का प्रशंसनीय कार्य जर्मनी में लायपजिक संस्थान ने शुरू किया था जिसका श्रेय **हाफमैन** को है जिन्होंने **पाठक और पाठक संस्थान** की स्थापना के अवसर पर यह विचार व्यक्त किया है कि केवल पुस्तकों के संग्रह मात्र से तथा सहायताविहीन पाठकों के समूह से आधुनिक सार्वजनिक पुस्तक का लक्ष्य पूरा नहीं होता है। **हाफमैन** ने यह स्पष्ट किया कि पाठकों के मनोविज्ञान का पूरा ज्ञान होना उतना ही आवश्यक है जितना पुस्तकों का ज्ञान होना महत्वपूर्ण है। लैपजिक संस्थान का प्रमुख उद्देश्य पुस्तकालय कर्मियों को इस कार्य के लिए समुचित प्रशिक्षण एवं मार्गदर्शन प्रदान करना था-जिसे सन्दर्भ कार्य की संज्ञा दी गयी है। इस तरह की व्यक्तिगत सेवा तथा सलाह की अनिवार्यता अत्यन्त उन्नत एवं प्रबुद्ध पाठकों को भी होती है। सामान्य पाठक के लिए इसकी व्यवस्था अनिवार्य है। हाफमैन के अनुसार ऐसे शक्तिशाली लोगों की बड़ी आवश्यकता है जो पुस्तकालय अधिकारियों तथा अन्य उच्च पदों पर आसीन लोगों को इस कार्यों की महत्ता को समझा सकें।

जर्मनी की स्थिति द्वितीय विश्व युद्ध के पश्चात् की जो हुई है और पुस्तक का प्रसार तथा विविध प्रकार विभिन्न स्तर के पाठकों के लिए जिस प्रकार के साहित्य का उत्पादन किया जा रहा है उसका विवरण पिछले अध्यायों में किया जा चुका है जिससे द्वितीय सूत्र को कितना प्रोत्साहन प्राप्त हुआ अनुमान लगाया जा सकता हैं।

इटली-गैरीबाल्डी ने पुस्तकालयों के महत्व को महसूस किया था और अनेक सार्वजनिक पुस्तकालयों की स्थापना की थी। किन्तु उनमें अधिकतर थोड़े ही समय में अलाभकारी ठहरा दिये गये।

1920 ई.के बाद लगभग 2000 चल पुस्तकालयों की व्यवस्था ग्रामीण क्षेत्रों के लिए की गयी। इटैलियन सार्वजनिक पुस्तकालय महासंघ जिसकी स्थापना लगभग 1910 ई. में की गयी थी द्वितीय सूत्र के उद्देश्य की पूर्ति के लिए सक्रियरूप से प्रयत्नशील रहा। यह महासंघ अनेक ग्रन्थायलों की स्थापना, पर्याप्त उपयोगी एवं उपयुक्त प्रकाशनों की व्यवस्था तथा प्रोत्साहन देना व्यक्तिगत समाजसेवियों, राजनीतिक संघों, स्थानीय निकायों तथा राज्य के पुस्तकालयों को आर्थिक अनुदान देने के लिए नियमित प्रोत्साहित करता रहा है और व्यावसायिक पुस्तक को प्रशिक्षण दिलाने आदि की व्यवस्था भी कराता है।

फासिस्ट शासन ने पुस्तकालय आन्दोलन में सक्रिय रूप से रुचि दिखाई । फासिस्ट सांस्कृतिक संस्थान ने उपयोगी पुस्तकों के प्रकाशन तथा उनके निर्मूल्य वितरण की व्यवस्था की थी। इटली के पुस्ततकालयों की व्यवस्था को पुनर्गठित करने के लिए राज्य पुस्तकालय महानिदेशक की नियुक्ति की गयी। फ्लोरेन्स में पुस्तकालयों के प्रशिक्षण के लिए पुस्तकालय प्रशिक्षण स्कूल खोला गया। पैडूवा तथा बोलगना विश्वविद्यालयों में इसकी व्यवस्था पहले की गई थी। वर्तमान इटली में द्वितीय सूत्र को प्रोत्साहन दिया जा रहा है उससे अनुमान लगाया जा सकता है।

फ्रान्स-यद्यपि फ्रान्स में उच्चकोटि के बौद्धिक पुस्तकालयों की कमी नहीं थी तथापि उनकी व्यवस्था सुव्यवस्थित तरीके से नहीं की गयी थी और 1925 ई. के बाद इस दिशा में उन्नति प्रारम्भ हुई थी। फ्रांस के वर्तमान पुस्तकालयों की स्थिति का उल्लेख गत अध्यायों में किया गया है। किस तरह से द्वितीय सूत्र को प्रोत्साहन दिया जा रहा है उससे अनुमान लगाया जा सकता है।

बेल्खिम—यूरोप का बहुत ही छोटा राष्ट्र है जो भारत के केरल राज्य के बराबर भी नहीं है। यहां द्वितीय सूत्र को प्रोत्साहन मिलना 1921 ई. से शुरू हुआ जब डेस्ट्री पुस्तकालय कानून पारित किया गया। 1928 ई. में बेल्जियम में 2,154 पुस्तकालय सार्वजनिक त्रसरेग के लिए प्राप्त थे। जिनके संकलन में 36,51,495 पुस्तकें थीं जबकि 1921 ई. में 1200 पुस्तकालय थे। 1930 ई. में तक 946 छोटे-छोटे

समुदायों के लिए पुस्तकालय सुविधा प्राप्त नहीं हो सकी थी। लेकिन अब इस दिशा में उन्नति अवश्य हुई है।

हालैण्ड में जन कल्याण परिषद ने जिसकी स्थापना 1784 में की गई थी और जिसे बहुधा "नट" के नाम से जाना जाता है, पुस्तकों के आदान-प्रदान के लिए पुस्तकालयों की व्यवस्था की गयी जिससे कि शहरों के नागरिक चन्दा तथा दान आदि देकर स्थानीय निकायों पर निर्भर हुए बिना पुस्तकालय की स्थापना कर सकें। फिर भी हालैण्ड की पुस्तकालय व्यवस्था 1930 ई. से पहले अच्छी नहीं थी। व्यक्तिगत प्रयासों से संचालित पुस्तक को नीदरलैण्ड में सार्वजनिक पुस्तकालय की संज्ञा दी जाती है। ऐसे पुस्तकालय की संख्या 100 थी जिन्हें स्थानीय निकाएँ तथा राज्य कुछ आर्थिक अनुदान समय-समय पर देते थे।

एक प्रभावशाली केन्द्रीय सार्वजनिक पुस्तकालय संघ है जिसका कार्यालय हेग में है इसकी संस्तुति के आधार पर हालैण्ड सरकार का शिक्षा विभाग अनुदान प्रदान करता है। सार्वजनिक पुस्तकालय ग्रामीण क्षेत्रों में पुस्तकों का आदान-प्रदान करते हैं जिसके लिए काउन्टी निकायों से कुछ आर्थिक सहायता मिलती है। परन्तु तत्कालीन पुस्तकालयों की व्यवस्था में अब आशातीत प्रगति की गयी है।

ब्रिटेन—यद्यपि पुस्तक आन्दोलन का बीजारोपण एवार्ट पुस्तक अधिनियम लागू हो जाने पर ही हो गया था, तथापि क्वीन्स जुबिली कलेक्शन के द्वारा कुछ प्रेरणा मिलने तक इसकी गति तेज नहीं थी। 20वीं सदी में कारनेगी की उदारता से इस आन्दोलन को पर्याप्त बल मिला जिसका प्रभाव ब्रिटेन में सर्वत्र दिखाई पड़ने लगा। फलतः द्वितीय सूत्र का प्रसार शुरू हुआ क्योंकि 71%पुस्तकालय प्राधिकरणों का उत्साहवर्धन केवल कारनेगी के अनुदानों से शुरू हुआ।

द्वितीय सूत्र को सर्वाधिक सफलता ब्रिटेन में मिली है। सबके लिए पुस्तकों के लक्ष्य की प्राप्ति में यह राष्ट्र पर्याप्त आगे रहा है। 96.3% लोगों को इंग्लैण्ड तथा वेल्स में ग्रन्थों की सुविधा प्राप्त है। शहरी क्षेत्रों में सर्वत्र पुस्तक का होना आवश्यक समझा गया है। पुस्तक की वर्तमान स्थिति विवरण गत अध्यायों में किया जा चुका है जिससे यह ज्ञात होता है कि ब्रिटेन में किस सीमा तक पुस्तकालय सामाजिक संस्था के रूप में अपना बौद्धिक योगदान कर रहे हैं और द्वितीय सूत्र को सफल बनाने में ब्रिटेन में कितना अधिक प्रयासरत हैं।

आस्ट्रेलिया—1930ई. तक आस्ट्रेलिया में द्वितीय सूत्र की धारणा उतनी प्रचलित नहीं थी जितनी वर्तमान में है। इस बात का विवरण पहले किया जा चुका है। कारनेगी की उदारता का प्रसार यहाँ नहीं हो पाया। फिर भी 1930ई. तक पूरे

राष्ट्र में 1200 पुस्तकालयों की स्थापना की जा चुकी थी जिनको आर्थिक अनुदान स्थानीय निकायों अथवा राज्य से प्राप्त होता रहा है।

ग्रामीण क्षेत्रों में फैली आबादी की अभिरुचि की पुस्तकों की व्यवस्था काउन्टी संस्थानों के द्वारा की जाती रही है जिनकी संस्था उस समय 320 थी। पुस्तक की सेवा पद्धति में तब से अधिक सुधार किया गया है और इसकी संख्या में प्रचुर बरोत्तर हुई है।

जापान—एशिया महाद्वीप के सुदूर पूर्व में स्थित जापान संसार की शक्तियों में ऐसा राष्ट्र है। जिसने द्वितीय सूत्र के लक्ष्य की प्राप्ति के लिए बेहद प्रयत्न किया है। वर्तमान शताब्दी में पुस्तक आन्दोलन के क्षेत्र में जापान की प्रगति का मुख्य कारण और प्रभाव इसके औद्योगिकवाद का जागरण, नई समृद्धि का प्रादुर्भाव तथा समस्त जनसमुदाय में पश्चिमी राजनीति विचारों का प्रसार आदि प्रमुख रूप से रहे हैं। 1872 ई. में राज्य का कानूनी आदेश प्रसारित किया गया कि अब शिक्षा का प्रसार इस तरह से किया जायेगा कि किसी भी ग्रामीण क्षेत्र का कोई परिवार अशिक्षित नहीं रहना चाहिए और न किसी परिवार का कोई भी अशिक्षित रहेगा।

सार्वजनिक शिक्षा के कार्यक्रम के दौरान यह महसूस किया गया कि इसकी सफलता के लिए सभी के लिए पुस्तकों की व्यवस्था भी अनिवार्य है। अतः 1899 ई. में पुस्तक कानून पारित किया गया और जनपदों, शहरों, तथा गाँवों को सार्वजनिक पुस्तक की स्थापना करने का अधिकार दिया गया। समय-समय पर शिक्षा मंत्रालय सार्वजनिक पुस्तकालयों की स्थापना का आदेश प्रसारित करता रहा है।

परिणामतः 1929-1930 ई. की अवधि में पुस्तकालयों का विकास बड़ी ही तीव्र गति से हुआ है। 1926-1927 ई. की अवधिकाल में 4,337 सार्वजनिक पुस्तकालय थे जिनमें 76,23,371 पुस्तकें उपलब्ध थीं। शिक्षा मंत्रालय उपयुक्त पुस्तकों की अर्धवार्षिक सूची पुस्तक को खरीदने के लिए प्रसारित करता है। पुस्तक स्टाफ के व्यावसायिक प्रशिक्षण के लिए पुस्तक विज्ञान केन्द्रों की व्यवस्था की गयी है। 1912 ई. में जापान के पुस्तक संघ की स्थापना हुई जो पुस्तक आन्दोलन को प्रोत्साहित करता रहा है। जापान के पुस्तक की वर्तमान स्थिति का विवरण गत अध्यायों में किया है जिससे द्वितीय सूत्र के अनुसरण का अनुमान लगाया जा सकता है।

सोवियत संघ-यूरोप और एशिया महाद्वीपों में फैली हुआ पृथ्वी के क्षेत्रफल का 1/6 क्षेत्र पर रूस का अधिकार है। सोवियत संघ में साम्यवादी शासन पद्धति के कारण कुछ लोगों के मस्तिष्क में कुछ संकोच अवश्य होता है लेकिन जितनी बहुमुखी प्रगति रूस में अक्टूबर 1917 की महान् क्रान्ति के बाद अल्प समय में हुई है वह सर्वविदित है

किसी सीमा तक सबके लिए पुस्तकों की सुविधा सुदूर देहातों से लेकर शहरों तक उपलब्ध की गयी है उसका उल्लेख प्रो. मुनरो (Paul Monroe, Director of International Institute, Teach's College, Columbiaz University) us xzkE; lkaLd`frd dsUnz (The Village Culture Center, College Library or the people's House) नामक लेख में किया है।

सोवियत संघ में जनसाधारण तथा ग्रामीण क्षेत्रों में शिक्षा प्रसार के लिए सबसे अधिक महत्वपूर्ण उपकरण के रूप में कुटीर-पुस्तकालय सांस्कृतिक केन्द्र या लोक गृह को अपनाया गया। इन केन्द्रों में पुस्तकें, अनेक प्रकार की पुस्तिकाएँ, समाचारपत्रों,तथा इश्तहारों को संकलित की जाने की व्यवस्था की गई और अधिकांश जनसमूह की शिक्षा केन्द्रीय सरकार तथा दूसरे अभिकरणों द्वारा प्रसारित इश्तहारों के स्थान से किया जाता रहा है जो अनेक विषयों-बल कल्याण संक्रामक रोगों की प्रकृति तथा संक्रामक एवं छुआछूत की बीमारियों को फैलाने एवं जन्म देने वाले मच्छरों और मक्खियों से सावधान रहने के प्रचार से सम्बन्धित होते हैं। इन पोस्टरों में कृषि के उपकरणों का प्रयोग, बीजों के चुनाव, जमीन को उर्वर बनाने तथा फसलों को उगाने, मद्य-निषेध तथा साम्यवादी सिद्धान्तों आदि की शिक्षा दी जाती थी।

इन कुटीर पुस्तक में रात्रि के समय कृषक लोगों को एकत्रित किया जाता है जहाँ रेडियों आदि की भी व्यवस्था रहती है। इन कुटीर पुस्तक की व्यवस्था विभिन्न समितियों द्वारा की जाती है। प्रौढ़ शिक्षा की समस्या में इनके माध्यम से हल की जाती रही है। अक्टूबर की क्रान्ति बाद सार्वजनिक शिक्षा के प्रसार का कदम उठाने के साथ ही साथ पुस्तक विज्ञान के द्वितीय सूत्र को महत्व दिया गया।

1921 ई. में अखिल सोवियत संघ श्रमिक कांग्रेस के अवसर पर लेनिन (V-I-Lenin) ने यह घोषणा की थी कि "अशिक्षित और असभ्य राष्ट्र कभी भी विजय प्राप्त नहीं कर सकता" और "जब तक लोगों को विज्ञ और उन्नत नहीं बनाया जाता तब तक उनका आर्थिक कल्याण असम्भव है तथा सहयोग और वास्तविक राजनीतिक जीवन असम्भव है।" 1920 ई. की मतगणना के अनुसार 68% लोग रूस में अनपढ़ थे। लेनिन ने 1933-34 तक सोवियत संघ के प्रत्येक नागरिक को लिखने और पढ़ने के योग्य बना देने का निश्चय किया। परिणामतः प्रौढ़ जनसमूह को शिक्षित करना शिक्षा मंत्रालय का एक आवश्यक कार्यक्रम बन गया जिसके अन्तर्गत अशिक्षा के उन्मूलन केन्द्रों, राजनीतिक-सांस्कृतिक क्लबों तथा अध्याय कक्षों, श्रमिक एवं कृषक सदनों, स्थायी तथा अल्पकालीन पुस्तक को संस्थापित किया जाना प्रारम्भ किया गया। इन केन्द्रों में लिखने-पढ़ने की शिक्षा मिल जाने के

बाद क्रमशः पुस्तक का प्रयोग सिखाने के बाद बाद स्कूलों की स्थापना करके शिक्षा प्रदान करने का कार्यक्रम तीव्र गति से शुरू किया गया।

अक्टूबर की महान क्रान्ति की 10वीं वर्षगाँठ के अवसर पर सार्वजनिक शिक्षा तथा सबके लिए पुस्तकों की उपलब्धियों का सर्वेक्षण करने पर यह ज्ञान हुआ कि लगभग एक करोड़ व्यक्तियों को पढ़ना-लिखना सिखाया जा चुका है। स्थायी पुस्तक की संख्या 4,640 से बढ़कर 6,414, शहरी क्षेत्र के चल पुस्तक की संख्या 3,054 से बढ़कर 25,579 तथा ग्रामीण चल पुस्तक की संख्या 3,167 से बढ़कर 3,343 हो गयी थी। सोवियत गणतन्त्र में 1926 ई. में 7,250 केन्द्रों में एक लाख 20 हजार व्यक्तियों को शिक्षा प्रदान किये जाने की व्यवस्था की गयी थी। 1929 ई. में अशिक्षितों के लिए 46,759 स्कूल तथा 50,000 चल चलाये जा रहे थे। पुस्तकालय आन्दोलन का इस तेजी से प्रसार का परिणाम यह हुआ कि सोवियत संघ का कोई भी क्षेत्र ऐसा नहीं बचा जहाँ पुस्तकों की सुविधा उपलब्ध न हो।

लोगों में पुस्तकों को पढ़ने का प्रेम इतनी मात्रा में है कि चलचित्र गृहों की दीर्घाओं में भी पुस्तक की सुविधा प्रदान है जिससे दर्शक दूसरे शो की प्रतीक्षा के काल में पुस्तकों का अवलोकन कर सकें। द्वितीय सूत्र का प्रभाव जितनी मात्रा में रूस में दिखाई पड़ता है उतना अन्य कहीं नहीं मिलता। 1000 की कोई भी आबादी का स्थान ऐसा नहीं है जहाँ एक सुसज्जित पुस्तक न हो। केवल मास्को शहर में ही सभी श्रेणी के स्कूलों, शिक्षा संस्थाओं तथा सांस्कृतिक गृहों के 4000 पुस्तक हैं। शहर के पुस्तकालयों में उपलब्ध पुस्तकों की संख्या 2230 लाख है। 1978 ई. में इस शहर में जिसकी जनसंख्या 79,00,000 है उसके 76,23,000 पंजीकृत पाठक पुस्तकालयों के नियमित पाठक रहे हैं।

मास्को का लेनिन पुस्तक मात्र सोवियत संघ का ही बल्कि संसार का एक विशालतम पुस्तकालय है। 20 लाख पाठक इसका उपयोग करते हैं। इसके संकलन में पुस्तकों, पत्र-पत्रिकाओं, समाचार पत्रों, संगति की पुस्तकों, मानचित्रों तथा पाण्डुलिपियों आदि की संख्या 30.0 लाख है जिसमें 247 भाषाओं की पाठ्य-सामग्रियाँ संकलित की गई हैं। प्रतिदिन 11 हजार से अधिक पाठक यहाँ अध्याय हेतु एवं संदर्भ के लिए आते हैं जिसका द्वार प्रातःकाल 7 बजे से रात्रि 1 बजे तक खुला रहता है। यद्यपि सोवियत संध के ग्रन्थालयों की व्यवस्था का उल्लेख किया जा चुका है परन्तु संक्षेप में वर्तमान स्थिति का पुनः उल्लेख करना आवश्यक प्रतीत होता है।

सम्पूर्ण देश में कुल 3,60,000 पुस्तकें हैं और 1918 से 1974 तक विभिन्न शीर्षकों की 26,91,482 पुस्तक प्रकाशित की गयी जिनकी संख्या 1,70,00,000

थी। केवल 1974 ई. में 46,40,000 पुस्तकें प्रकाशित की गई। सोवियत संघ में प्रति व्यक्ति पर 7 पुस्तकें 1974 ई. में प्रकाशित की गयी थीं। 145 भाषाओं में पुस्तकें प्रकाशित की जाती हैं। कार्ल मार्क्स तथा एन्जेल्स (Karl Marx and Frederick Engels) की कृतियों के 2,800 संस्करणों में सोवियत संघ के 83 भाषाओं तथा अन्य उपभाषाओं में प्रकाशन किये गये हैं। 66 भाषाओं में 8,000 से ज्यादार समाचार पत्र मुद्रित किये जाते हैं। वर्तमान में हर समय के लिए लगभग विभिन्न प्रकार होती प्रकाशनों की संख्या 200 करोड़ पुस्तकों की है जिनमें एक चौथाई बालकोपयोगी पुस्तकें होती हैं। बालकों के लिए 70 भाषाओं में पुस्तकें प्रकाशित की जाती हैं। कुछ ऐसे विशाल प्रकाशन गृह हैं जो बाल साहित्य का प्रकाशन करते हैं। सोवियत संघ में लोगों में बाल्यावस्था से ही पुस्तकों से प्रेम करने की अभिरुचि जाग्रत की जाती है। प्रथम बाल साहित्य सम्बन्धी मैगजीन का प्रकाशन 18वीं सदी के अन्तकाल में शुरू हुआ था। बालकों के बौद्धिक विकास में सहायक अनेक समाचार पत्रों एवं पत्रिकाओं को अब अनेक भाषाओं में प्रकाशित किया जाता है जिसमें 28 समाचार पत्र और 42 पत्रिकाएं हैं जो मुख्यतः बालकों के उपयोग के लिए हैं।

सोवियत संघ के आर्थिक, वैज्ञानिक, औद्योगिक, प्राविधिक, तकनीकी, राजनीतिक एवं शिक्षा के क्षेत्र में जे उन्नति हुई है उसमें वहाँ के पुस्तकालयों का योगदान रहा है।

विश्व के अन्य उन्नत राष्ट्र की तुलना में भारतवर्ष अभी भी पुस्तक के विकास के क्षेत्र में अधिक पीछे है। अभी तक केवल राष्ट्र में 10 प्रमुख प्रदेशों में ही पुस्तकालय कानून लागू किया जा सका है। यद्यपि प्रायः सभी प्रदेशों में जिला पुस्तकालय कुछ गिन-चुने जनपदों में शासन की तरफ से संस्थापित किये गये हैं परन्तु पुस्तकालय सेवा सम्पूर्ण जनसंख्या के 15 प्रतिशत लोगों को भी प्राप्त नहीं हो सकी है।

इस प्रकार का सर्वप्रथम प्रयास भारत वर्ष में पुराने बड़ौदा राज्य में वहाँ के तत्कालीन प्रबुद्ध एवं परम उदार महाराजा सयाजी गायकवाड़ के द्वारा किया गया था जिन्होंने 1910 ई. में निर्मूल्य सार्वजनिक पुस्तकालय सेवा सुलभ करने की योजना को लागू किया था। इसका मुख्य लक्ष्य ग्राम्य, नगर एवं चल पुस्तकालयों की स्थापना करना था जिससे सभी लोगों को 'पुस्तक आन्दोलन' एक प्रकार से सार्वजनिक शिक्षा के प्रसार की एक सुनियोजित योजना थी।

आशा है द्वितीय सूत्र को प्रोत्साहन प्रदान करने के लिए भारत में भी पुस्तक लागू करने का प्रयत्न किया जाएगा।

द्वितीय सूत्र तथा इसकी अभिपूर्ति

अनेक उन्नत राष्ट्रों में द्वितीय सूत्र के परिप्रेक्ष्य में जितनी उन्नति इसके लक्ष्य की पूर्ति के लिए हुई है उसका वर्णन पाठकों को वस्तु स्थिति से परिचित कराने के उद्देश्य से किया गया है। द्वितीय सूत्र के उद्देश्य को पूर्णतः प्राप्त करने के लिए किन-किन साधनों का उपयोग करना आवश्यक है तथा किस प्रकार नये कार्यक्रम आयोजित करना चाहिए उनका विवरण आवश्यक है। प्रत्येक व्यक्ति सभी उसकी पुस्तक का आशय है कि विश्व में प्रत्येक व्यक्ति की अभिरुचि एक सी नहीं होती है उसमें विभिन्नता स्वाभाविक है।

अतः पाठकों की आवश्यकता भी विभिन्न प्रकार की होती है। अब प्रश्न यह उठता है प्रत्येक पाठक को उसकी अभिरुचि की पुस्तकें उपलब्ध कराने का किसका दायित्व महत्वपूर्ण है जिसके माध्यम से लक्ष्य की पूर्ति किया जाना सम्भव है।

डा.रंगनाथन् ने इस दिशा में निम्नांकित चार प्रकार के अभिकरणों का दायित्व वर्तमान युग में आवश्यक बताया है–

(1) राज्य का दायित्व

(2) पुस्तक प्राधिकारी का दायित्व

(3) पुस्तक स्टाफ का दायित्व

(4) पाठकों का दायित्व

राज्य का दायित्व-द्वितीय सूत्र के उद्देश्य को प्राप्त करने के लिए राज्य का सबसे बड़ा दायित्व है और राज्य की अनुमति तथा प्रयत्न के बिना इस लक्ष्य की पूर्ति करना वर्तमान समय में असम्भव है। अतः द्वितीय सूत्र के लक्ष्य की पूर्ति में राज्य का दायित्व निम्नांकित साधनों तथा विधियों तक सीमित है–

(1) आर्थिक व्यवस्था,(2) अधिनियम, (3) समन्वय।

आर्थिक व्यवस्था तथा कानून-किसी समुदाय के व्यक्तियों को सुचारु रूप से पुस्तकों की सेवा उपलब्ध करना तभी सम्भव हो सकता है जब इसके लिए पुस्तक की सुव्यवस्था हो तथा इसके लिए समुचित अर्थव्यवस्था सुलभ हो। पुस्तक के आर्थिक स्रोत के साधन किसी दैविक माध्यम से नहीं मिलते हैं। यह समाज का कर्तव्य है कि पुस्तक की व्यवस्था के लिए अनिवार्य धनराशि को उपलब्ध करे। कारनेगी जैसे करोड़पति सभी राष्ट्रों में दुर्लभ हैं जिसने करोड़ों डालर पुस्तकालयों के प्रसार पर व्यक्तिगत रूप से प्रदान किये हैं।

यदि नागरिक गण इस कार्य में सक्षम नहीं हैं तो राज्य का यह कर्तव्य हो जाता है कि वह इस कार्य के लिए किसी प्रकार का कर निर्धारित करे और उसे

वसूल करे। ग्रन्थालय एक सामाजिक संस्था है और समाज के कल्याण और विकास में इसका योगदान बड़ा ही महत्वपूर्ण है। जैसे कोई भी संस्था आज के युग में विशेष कर गणतांत्रिक पद्धति की सरकारों में तब तक विकसित एवं उपयोगी नहीं बन सकता जब कि शासन की मान्यता, प्रोत्साहन एवं समर्थन प्राप्त नहीं होता है। इस व्यवस्था के लिए केन्द्रीय सरकार या राज्य सरकारों को निर्धारित करें और उसको संकलित कर पुस्तकालय प्राधिकरणों को प्रदान करें यदि स्थानीय निकायों को कर निर्धारित करने तथा वसूल करने का अधिकार प्रदान करें। लेकिन शुरू में ऐसा देखने अथवा सुनने को मिलता है कि जब कभी पुस्तकालय कर का सवाल उठता है तो उसका विरोध किया जाता है। शासित वर्ग इसके लिए सरलता से सहमत नहीं होते हैं।

बहुत से लोग मानव सम्पत्ति एवं शक्ति का रुपयों के संदर्भ में विचार नहीं करते जबकि वस्तुतः मानव का आर्थिक मूल्य ही वास्तविक सम्पत्ति है और सम्पूर्ण उत्पादन मानव शक्ति पर ही आधारित होता है। औसतन शिक्षित व्यक्ति किसी भी समाज के लिए तुलनात्मक तथा किसी भी अशिक्षित एवं अविज्ञ व्यक्ति से अधिक मूल्यवान है। तथापि करदाताओं ने इस समाज तथा राष्ट्र के सर्वाधिक प्राकृतिक साधन—मानव की विशाल शक्ति तथा मूल्य को कम ही महसूस किया है। अतः अपेक्षाकृत करदाताओं की अनिच्छा सहारा लेने की बजाय शासक वर्ग तथा राजनीतिज्ञों को, जिनका सम्पूर्ण शासन तंत्र का दायित्व है इसे भली-भाँति मूल्यांकन करना चाहिए और साहसिक कदम उठाना चाहिए।

ऐसे शासकों तथा राजनीतिज्ञों की संख्या अल्पमात्र होती है जो दूरदर्शी, उदार एवं साहसी हों। यदि लोगों को यह अनुभव करा दिया जाय कि पुस्तकालय व्यवस्था का उद्देश्य मात्र उनकी भलाई के लिए है और उन्हें पुस्तकें आवश्यकतानुसार मिलती रहें तो इसमें सन्देह नहीं कि कर विधेयक का विरोध कोई भी व्यक्ति कर सके। जिन राष्ट्रों में निर्मूल्य पुस्तकालय सेवा प्रदान करने की व्यवस्था की गयी है वह इस मद में किया गया खर्च राज्य का सर्वोत्तम व्यय माना जाता है। परन्तु वहाँ भी आरम्भ में इस दिशा में पूर्ण समर्थन नहीं मिला है। उदाहरणार्थ—1850 ई. में इंग्लैण्ड में सार्वजनिक पुस्तकालय विधेयक सदन में केवल 17 अल्पमतों से ही पारित किया गया था।

परन्तु 1919 ई. में वही विधेयक संशोधन के साथ बिना विभाजन के एकमत होकर पारित किया गया। ज्यों-ज्यों जन समुदाय को पुस्तकालय सेवा सुलभ होती जाती है, यह विदित है कि वैसे-वैसे करदाताओं का विरोध भी कम होता जाता है।

19 वीं सदी के पुस्तकालय आन्दोलन के महान समर्थक ब्रिटिश सांसद एडवर्ड्स (Edward Edwards) का सर्वेक्षण लेख (A statistical view of the principal Publuc Libraries in Europe and the United States of North America) 20 मार्च 1848 को स्टैटिस्टिकल सोसाइटी ऑफ लन्दन के समक्ष पढ़ा गया। पुस्तकालय आन्दोलन के समर्थक दूसरे महान सांसद जिनकों सबसे पहले पुस्तकालय कानून लागू कराने का श्रेय है, **एवार्ट** (William Ewart) ने सार्वजनिक पुस्तकालयों का प्रावधान करने के लिए उसी समय एक मनोनीत समिति निर्मित करने की ओर संसद का ध्यान आकर्षित किया। 14 वही 1850 ई. को मनोनीत समिति का प्रतिवेदन प्राप्त होने के बाद एवार्ट ने ब्रिटिश लोक सभा में पुस्तकालय विधेयक शहरी क्षेत्रों मे सामान्य असेसमेन्ट पर केवल आधा पेनी कर लगाकर सार्वजनिक पुस्तकालयों तथा संग्रहालयों की स्थापना करने की स्वीकृति के लिए प्रस्तुत किया। यह कानून इस समय 2/3 बहुमत से किसी भी शहर में इस अधिनियम को लागू करने के लिए पारित कर दिया गया। अनेक सांसदों ने इसका विरोध किया, जिनमें घोर विरोध सांसद बेरनाल (Bernal) तथा स्पूनर (Spooner) ने किया। बेरनाल ने कहा कि कानून से किसी भी शहर में कुछ अल्पतम लोगों के कारण सामान्य करदाताओं को उस संस्था के लिए कर देने के लिए बाध्य होना पड़ेगा जो शीघ्र ही एक राजनीतिक केन्द्र बन जायेंगे स्पूनर ने यह भय व्यक्त किया कि इस प्रकार के पुस्तकालय व्याख्यान संस्था शीघ्र ही उपद्रव प्रशिक्षण विद्यालय में बदल जायेंगे। इन भयंकर विरोधों के फलस्वरूप मतविभाजन का आदेश किया गया जिसमें समर्थक सांसदों की संख्या 118 तथा विरोधियों की संख्या 101 थी।

अतः 17 मतों से विधेयक को अधिनियम के रूप में पारित कर दिया गया। समय-समय पर संशोधन के लिए प्रस्ताव प्रस्तुत होते रहे और छः बार मतविभाजन हुआ। अन्त में 14 अगस्त, 1850 ई. से विधिवत सार्वजनिक पुस्तकालय कानून लागू कर दिया गया। जब संशोधन के लिए सांसद एवार्ट ने दूसरी बार 1854 ई. में विधेयक को पेश किया तो उसका विरोध बहुत कम रहा। सांसद काल्डवेल (Caldwill) ने एवार्ट की इस बात के लिए प्रशंसा की कि एवार्ट ने उक्त उपयोगी कार्य के लिए अथक परिश्रम किया है और दूसरे सांसद ने कहा कि उक्त उपयोगी संस्था से सार्वजनिक हित हुआ है। गतिस्वरूप आखिर में विरोधियों की संख्या बिल्कुल नर्क समान हो गयी।

1919 ई. में कानून में पुनः सुधार के समय बिना किसी प्रकार के मत विभाजन के सभी पुस्तकालय प्राधिकारों को किसी भी मात्रा में पुस्तकालय कर लागू

करने की अनुमति संसद ने प्रदान कर दी। ठीक इसी प्रकार के विरोध 19 वीं शताब्दी में उन सभी राष्ट्रो में हुए हैं जहाँ पुस्तकालयों के प्रसार के लिए सार्वजनिक पुस्तकालय कानून लागू करने का प्रयत्न किया गया है। जिन राष्ट्रों में परिणाम की प्रतीक्षा में **सबके लिए पुस्तकों** (Books for All) की व्यवस्था में विलम्ब किया गया वे राष्ट्र संसार के आर्थिक विकास की प्रतिस्पर्धा में बहुत से राष्ट्र चेकोस्लोवाकिया का अनुसरण कर रहे हैं और अनिवार्य पुस्तकालय कानून लागू कर रहे हैं और सार्वभौमिक पुस्तकालय सेवा उपलब्ध करने का प्रयत्न कर रहे हैं। भारतवर्ष में अब इस दिशा में किसी प्रकार का है। भारत के कुछ ही राज्यों में पुस्तकालय अधिनियम लागू है यद्यपि अन्य राज्यों में लगाना बहुत जरूरी है।

वित्तीय व्यवस्था—पुस्तकालय सेवा के लिए कोई भी स्थानीय पुस्तकालय निकाय इस कार्य के लिए सक्षम माना जाएगा जो इसके ट्रस्टी के रूप में कार्य करेगा। पुस्तकालय कानून के पूर्व अथवा कालान्तर में किसी धर्मार्थ धनराशि वास्तविक अथवा व्यक्तिगत सम्पत्ति जो पुस्तकालय सेवा की व्यवस्था के लिए दिये जायेंगे उसे अपनाया जायेगा। धर्मार्थ धनराशि का कोई भी हिस्सा अथवा सम्पूर्ण धनराशि को सार्वजनिक पुस्तकालय सेवा के लिए व्यय किया जाएगा। इसका प्रावधान नियमानुसार स्थानीय पुस्तकालय निकाय को करना पड़ेगा।

पुस्तकालय धनराशि—जो खर्च प्राधिकरण द्वारा पुस्तकालय सेवा पर किया जाएगा उसका स्त्रोत पुस्तकालय कर के रूप में समय-समय पर निर्धारित करके वसूल की जाएगी उसे पुस्तकालय धनराशि माना जायेगा। कुछ सामान्य मदों से भी प्राधिकरण इस मद में स्थानान्तरण करके खर्च के लिए दिया जायेगा। उसे भी इसी में सम्मिलित किया जायेगा। इसके अलावा किसी अन्य स्त्रोतों से प्राप्त धन को पुस्तकालय की आमदनी में शामिल किया जाएगा। राज्य सरकार तथा केन्द्रीय सरकार या स्थानीय सरकार से प्राप्त अनुदान को भी पुस्तकालय धनराशि के रूप में निर्धारित मदों पर खर्च किया जाएगा—जैसे भवन निर्माण, स्थान का खर्च अन्य सामग्रियों खरीदना आदि। स्थानीय प्राधिकरण को किसी अन्य साधनों से ऋण भी लेने के लिए समर्थ माना जाएगा।

कहीं-कहीं पर शासन की तरफ से यह प्रावधान किया गया है कि सामान्य तथा साधारणतया राज्य के आदेशों तथा कानून का उल्लंघन करने पर जो आर्थिक वसूल किए जाते हैं उसे पुस्तकालय सेवा के लिए स्थानान्तरित कर दिया जाता है। अमेरिका में पिरगिन के संविधान में इस प्रकार का प्रावधान 1835 ई. से किया गया है।

समन्वय-राज्य का तीसरा दायित्व समन्वय स्थापित करने का है जो वस्तुतः दो पारस्परिक विरोधी तत्वों : (1) समाज की सीमित वित्तीय स्थिति, तथा (2) प्रत्यक्ष रूप से **प्रत्येक पाठक/ पाठिका उसका/ उसकी पुस्तक** को प्रचुर मात्रा में सुलभ करने के लिए असीमित धनराशि की जरूरत में समन्वय करना है। पुस्तक को समन्वय तथा सहयोग की निश्चित एवं स्पष्ट योजनाबद्ध विधि से समाज के साधनों का उपयोग मिश्रित ढंग से राज्य द्वारा राष्ट्रीय अर्थव्यवस्था को दृष्टिगत रखते हुए करना चाहिए न कि पुस्तकालयों के दायित्व पर सम्पूर्ण धनराशि को खर्च करने के लिए सौंप देना चाहिए।

तीन प्रकार का समन्वय सम्भव है जिनका अनुसरण तीन अलग-अलग स्तरों पर किया जाना चाहिएः (1) स्थानीय पुस्तक क्षेत्र को निश्चित रूप से एक सीमा के अधीन होना चाहिए जो अधिक विस्तृत नहीं होना चाहिए। इसे कानून के द्वारा निश्चित किया जा सकता है; (2) पारस्परिक सहयोग, विशेषज्ञीकरण तथा अन्तर-पुस्तकालय आदान-प्रदान व्यवस्था को प्रोत्साहित करना चाहिए जो सामयिक सम्मेलनों के समय अनौपचारिक सुझावों के माध्यम से किया जा सकता है (3) किसी न किसी प्रकार के केन्द्रीय अभिकरण की व्यवस्था होनी चाहिए जिसकी अर्थव्यवस्था तथा प्रबन्ध राज्य द्वारा की जानी चाहिए।

किसी छोटे क्षेत्र में जिसका कर मूल्यांकन समुचित नहीं होता, उसे पुस्तकालय सेवा क्षेत्र के लिए चुनना सुविधाजनक नहीं होगा। क्योंकि कम आय के कारण कुशल एवं संतोषजनक पुस्तकालय सेवा उपलब्ध करना कठिन सिद्ध होगा। अतः राज्य के द्वारा समुचित जनसंख्या को मापदण्ड मानकर उपलब्ध पुस्तकालय क्षेत्र निश्चित-करना चाहिए। उत्तम प्रकार का पुस्तकालय वस्तुतः 50,000 अथवा इससे अतिरिक्त 20,000 जनसंख्या के शहरों के लिए इस प्रकार की व्यवस्था हो सकती है। ऐसे क्षेत्रों पर शहरी पुस्तक प्राधिकरण सफलतापूर्ण कार्यरत हो सकते हैं। अन्य क्षेत्रों के लिए जिला पुस्तकालय प्राधिकरण की संस्थापना की जानी चाहिए। इस प्रकार के जिला पुस्तकालय योजना के द्वारा अल्प वित्तीय व्यवस्था से भी संतोषजनक पुस्तकालय सेवा प्राप्त की जा सकती है।

भारत जैसे राष्ट्र में सभी राज्य स्तरीय प्राधिकरणों में पारस्परिक सहयोग होना चाहिए जिससे कीमती पुस्तकों की अनावश्यक पुनरावृत्ति को रोका जा सके। क्योंकि कभी-कभी उपयोग में लाई जाने वाली पुस्तकों की पुनरावृति राष्ट्रीय अर्थव्यवस्था के विरुद्ध होती है। सभी राज्य स्तरीय पुस्तकालय प्राधिकरणों को, किसी एक विशेषज्ञीकरण योजना से सहमत होकर, प्रत्येक के अलग संकलन करने चाहिए—जैसे

स्थानीय इतिहास, स्थानीय उद्योग तथा अन्य स्थानीय अभिरुचि एवं अनिवार्यता की पुस्तकें आदि। इस प्रकार की व्यवस्था का उल्लेख पहले भी किया जा चुका है।

इस प्रकार के विशेषज्ञीकरण तथा अन्तर-पुस्तकालय आदान-प्रदान की आवश्यकता को विश्व के प्रत्येक राष्ट्र में विशेषरूप से गत कई दशकों से अनुभव किया जाने लगा है। यह किसी केन्द्रीय प्राधिकरण—जैसे राज्य, स्वयं इस दिशा में उपयोगी मार्गदर्शिका निर्धारित कर सकता है। समय-समय पर आवश्यक सामन्जस्य स्थापित करने के लिए राज्य द्वारा सामयिक सम्मेलनों का आयोजन विचार-विमर्श के लिए करना चाहिए। इन सम्मेलनों में आवश्यक विचार-विनिमय उन सभी विषयों—जैसे—वर्गीकरण, प्रसूचीकरण, जिल्दसाजी, प्रचार विधि तथा अन्य समस्याओं पर किया जा सकता है जो पर्याप्त उपयोगी सिद्ध होगा। पुस्तकालय प्राधिकरणों के मध्य सहयोग तथा समन्वय स्थापित करने तथा राष्ट्रीय अर्थव्यवस्था को ठीक करने के लिए एक प्रकार की प्रत्यक्ष रूप से निश्चित राज्य कार्यव्यवस्था की अनिवार्यता होगी। इस तरह के कार्यक्रमों का आयोजन पुस्तकालय सेवा ब्यूरो के माध्यम से शिक्षा मंत्रालय द्वारा किया जाना चाहिए। इसके लिए सूचना केन्द्र का होना आवश्यक है जिसके द्वारा राज्य के सभी पुस्तकालय की एक संघ प्रसूची तैयार की जानी चाहिए जिससे किसी भी पाठक को किसी भी पुस्तकालय की पुस्तकों का कम से कम समय तथा अल्य व्यय में प्रयोग करने की सुविधा प्राप्त हो जाएगी।

एक केन्द्रीय पुस्तकालय का भी इस दृष्टि से होना आवश्यक है क्योंकि कीमती तथा अलभ्य एवं संदर्भ के लिए प्रयुक्त की जाने वाली पुस्तकें एक स्थान पर केन्द्रित हों जिन्हें जरूरत महसूस होने पर सभी पुस्तकालयों को प्रयोग हेतु प्रदान किया जा सके और पुस्तकालय प्राधिकरण स्थानीय तथा नित्यप्रति प्रयुक्त की जाने वाली पुस्तकों की खरीद पर अपनी धनराशि खर्च करें। अनुपयुक्त पुस्तकों को सभी पुस्तकालयों को इस पुस्तकालय में स्थानान्तरित कर देने की व्यवस्था होनी चाहिए। विशिष्ट पुस्तकालयों जैसे—नेत्रविहीनों के पुस्तकालय जलयानों के पुस्तकालय की भी व्यवस्था होनी चाहिए। इन कार्यकलापों के अतिरिक्त पुस्तकालय सेवा ब्यूरो के द्वारा लाइब्रेरी ऑफ काँग्रेस की तरह सहकारी प्रसूचीकरण की व्यवस्था की जानी चाहिए; समय-समय पर वांङ्मय उपकरणों तथा संदर्भ ग्रन्थ की सूचियों के प्रकाशन की व्यवस्था भी होनी चाहिए। जिस प्रकार सोवियत संघ की सरकार का सामाजिक शिक्षा विभाग पुस्तकों की आपूर्ति तथा माँग का विवरण संकलित करता है और हर व्यक्ति उसका/उसकी पुस्तक प्रदान करने के लिए आवश्यक प्रकाशनों को प्रेरित करता है, उसी प्रकार की व्यवस्था भारतवर्ष में भी अपेक्षित है।

पुस्तकालय सेवा मानक को निर्धारित किया जाना चाहिए तथा एक कोई सूचनापूर्ण पत्रिका विचारों के आवागमन हेतु प्रकाशित किए जाने का प्रबन्ध होना अवश्यक है। इसी प्रकार की राष्ट्रीय पुस्तकालय व्यवस्था की पद्धति पर विश्वविद्यालयी पुस्तकालय व्यवस्था भी सुव्यवस्थित की जानी चाहिए। कालेजों तथा विभागीय पुस्तकालयों एवं विश्वविद्यालय पुस्तकालयों में समन्वय पुस्तकालय समिति के द्वारा किया जाना चाहिए जिससे पुस्तकों की अनावश्यक पुनरावृत्ति न हो सके।

पुस्तकालय प्राधिकरण का कर्तव्य—पुस्तकालयों की सुव्यवस्था तथा संतोषजनक सेवा प्रदान करने के लिए राज्य द्वारा सुनियोजित कानून तथा समन्वित व्यवस्था एवं विधियाँ मुख्य रूप से अनिवार्य कार्यक्रम हैं। लेकिन मात्र इतना ही पर्याप्त नहीं है। राज्य धन तथा भवन प्रदान कर सकता है परन्तु इन्हें सक्रिय बनाना मुख्यतः पुस्तकालय प्राधिकरण का कार्य है, जो दो मुख्य बातों से सम्बन्धित है : (1) पुस्तकों का चुनाव; (2) स्टाफ का चुनाव।

पुस्तकों का चुनाव—स्थानीय आवश्यकता की पुस्तकों का संग्रह महत्व का उल्लेखित किया जा चुका है। हर व्यक्ति उसकी पुस्तक की धारणा को साकार करने के लिए, किसी पुस्तकालय को समृद्ध तथा उत्कृष्ट बनाने की उत्तम विधि काक्सटन (Coxton) द्वारा प्रकाशित प्रथम पुस्तक से लेकर आज तक जितनी पुस्तकें प्रकाशित की गई हैं उनका विवरण संकलित करता है। फ्रांस के प्रसिद्ध संदर्भ सूचीकार इविन्सकी (B.M.Iwinski) ने 1911 ई. में प्रकाशित पुस्तकों के विवरण का विस्तृत अध्ययन करने के बाद निश्चित किया कि तब विश्व की विभिन्न प्रकाशित पुस्तकों की संख्या 2,50,000,000 थी जिसमें विभिन्न संस्करण आदि तथा अन्य मानचित्र, संगीत, घोषणापत्र, समाचारपत्र, पंचांग आदि शामिल नहीं थे।

वर्तमान प्रकाशनों के संसार की स्थिति का उल्लेख किया जा चुका है। पुस्तकों के विशाल प्रकाशनों के संसार को दृष्टिगत रखते हुए यह आवश्यक है कि हर एक स्तर पर पुस्तकालय प्राधिकरण पारस्परिक समन्वय की नीति अपनाने का प्रयत्न करें जिससे प्रत्येक पाठक/पाठिका को उसका/उसकी इष्ट पाठ्य सामग्री सुलभ की जा सके। वस्तुतः पुस्तकालय के वृहत् आकार की अपेक्षा संकलन के चुनाव के द्वारा ही द्वितीय सूत्र के संदेश का पालन सम्भव हो सकता है। विश्वकोश तथा दूसरे सादृश्य संदर्भ कृतियों का संकलन आवश्यक है क्योंकि इनसे अधिकतर पाठकों के सामान्य ज्ञान विवरण तथा जानकारी तुरन्त प्राप्त हो जाती है। पुस्तकों के चुनाव में पाठकों की अभिरुचि तथा आवश्यकता का अनुमान, ज्ञान और परिकल्पना पर्याप्त

महत्वपूर्ण है। इसका ज्ञान पाठकों से नियमित सम्पर्क के माध्यम से होता है। अतः पुस्तकालय प्राधिकरणों को पुस्तकालयी के द्वारा इस दिशा में प्रदान किये गये विवरण पर निर्भर करना चाहिए।

स्टाफ का चुनाव—पुस्तकों के समुचित चुनाव के बाद स्टाफ का चुनाव महत्वपूर्ण है क्योंकि पुस्तकालय स्टाफ किसी भी पुस्तकालय की उपयोगिता को प्रत्येक पाठक/पाठिका की इष्ट पाठ्य-सामग्री प्रदान करने में या तो बिल्कुल नष्ट भी कर सकता है या वृद्धि भी सकता है। पुस्तकालय प्राधिकरण जो द्वितीय सूत्र—प्रत्येक पाठक और उसकी पुस्तक प्रदान करने में अभिरुचि रखते हैं उन्हें यह ज्ञात होना चाहिए कि सामान्य लोगों में अधिकांश अध्ययनशील तथा विज्ञ नहीं होते और उन्हें पुस्तकालयों अथवा पुस्तकों में क्या मिल सकता है यह भी ज्ञात नहीं होता और पुस्तकालया से जो वे चाहते हैं कैसे प्राप्त हो सकता है। गिने-चुने ही लोग ऐसे होते हैं जो अपनी जरूरत की वस्तु पुस्तकालयों से खोज लेते हैं। बहुद ऐसा देखने को मिलता है कि पर्याप्त प्रयत्न एवं परिश्रम करने पर भी कुछ पाठक इष्ट सामग्री अथवा सूचना प्राप्त करने में असफल रहते हैं जबकि प्रसूचीकरण और अनुक्रमणिका सुव्यवस्थित तरीके से प्रस्तुत की गई रहती है। अतः पुस्तकालय प्राधिकरणों को यह अनुभव होना चाहिए कि समुचित एवं कुशल स्टाफ पाठकों के मार्गदर्शन के लिए अनिवार्य है ताकि उन्हें पुस्तकों की सूचना प्राप्त करने के एक उपकरण के रूप में तथा पुस्तकालय को एक कार्यशाला के रूप में प्रयोग करने की विधि से परिचित कराया जा सके और सीमित पुस्तकालय साधनमात्र से भी प्रत्येक पाठक/पाठिका को उसका/उसकी इष्ट सामग्री मिलने में सहायता प्रदान की जा सके। यह तभी सम्भव होता हो सकता है जब कुशल, योग्य तथा समुचित स्टाफ की व्यवस्था की गई हो।

पुस्तकालय स्टाफ का दायित्व—राज्य तथा पुस्तकालय प्राधिकरण अपने दायित्व को यदि 100% पूरा कर दें और सभी तरह की सामग्री को सुलभ करने देने की व्यवस्था कर दी गयी हो तो संतोषजनक ढंग से द्वितीय सूत्र के लक्ष्य को तब तक पूरा नहीं किया जा सकता जब तक कि पुस्तकालय स्टाफ अपने कर्तव्य का कुशलतापूर्वक पालन नहीं करते हैं। द्वितीय सूत्र परिश्रमी उदार तथा कर्त्तव्यपरायण स्टाफ की माँग करता है। किस तरीके से स्टाफ को द्वितीय सूत्र के उद्देश्य को प्राप्त करने में प्रयत्न करना चाहिए उसका चतुर्थ सूत्र में वर्णन किया गया है।

पाठकों का दायित्व—पाठकों को इस तथ्य से अच्छी तरह परिचित होना चाहिए न कि केवल उनका ही एकमात्र अधिकार पुस्तकालय की सामग्रियों का

उपयोग करने का है बल्कि अन्य पाठक भी उन वस्तुओं का प्रयोग करने के अधिकारी हैं। कोई पाठक जानबूझ कर काम समाप्त हो जाने पर भी लौटाने की परवाह नहीं करता। अतः पाठकों को नियमों का पालन करना चाहिए और जब वे पुस्तकों का प्रयोग कर लें तो उन्हें तुरन्त वापस कर देना चाहिए जिससे दूसरे पाठक उन पाठ्य-सामग्रियों का उपयोग कर सकें।

पुस्तकालय नियमावली–पाठकों को अधिक आपत्ति पुस्तकों की निर्धारित संख्या पर होती है जिन्हें उन्हें घर के लिए प्रदान किया जाता है। इसकी संख्या 2, 3, 6 या 8 तक साधारणतया होती है। जहाँ तक आपत्ति का सवाल है किसी भी संख्या पर आपत्ति उठाई जा सकती है। परन्तु एक बार संख्या निर्धारित कर देने के पश्चात् द्वितीय सूत्र के परिप्रेक्ष्य में यह आशा की जंाती है कि पाठकगण इसका स्वागत करें। यदि किसी पाठक के पास नियमानुसार कुछ अधिक पुस्तकें है तो पुस्तकालय उन पुस्तकों को लौटाने का आग्रह कर सकता है जिसे अन्यथा नहीं सोचना चाहिए। प्रत्येक पाठक को यह सोचना चाहिए कि नियमावली उसकी असुविधा के लिए नहीं बनाई गयी है बल्कि उसमें सभी लोगों को लाभ पहुँचाने का उद्देश्य विद्यमान होता है। दूसरी आपत्ति पुस्तकों को लौटाने के लिए निर्धारित समय के प्रति उठाई जाती है।

सार्वभौमिक अनुभव से यह ज्ञात होता है कि इस नियम का पालन बिना किसी अर्थदण्ड के नहीं हो सका है। इसके लिए निर्धारित समय के बाद पुस्तक न लौटाने पर कुछ अर्थदण्ड जमा करना पड़ता है। इसके पीछे पुस्तकालय की आर्थिक स्थिति सुदृढ़ करने का उद्देश्य नहीं होता है। पुस्तकालयों में इससे बचने के लिए अनेक प्रकार के तरीके अपनाएं गए हैं–जैसे पुस्तकों के पीछे अथवा शीर्षक पृष्ठ के पहले एक निर्देश पत्र पर जिस दिन पुस्तक लौटानी है उस तिथि का संकेत या उल्लेख करने का प्रावधान होता है। इसके लिए स्मरणपत्र भी भेजे जाते हैं। परन्तु कुछ पाठक अर्थदण्ड देकर पुस्तकों को पर्याप्त विलम्ब के बाद लौटाते हैं। फलतः अन्य पाठकों को उन पुस्तकों के प्रयोग से वंचित होना पड़ता है।

यह प्रथा पाठकों तथा पुस्तकालय के हित के प्रतिकूल है और द्वितीय सूत्र के सिद्धान्त का अनादर है। अर्थदण्ड का उद्देश्य पाठकों को नियमावली के प्रति सजग बनाना तथा उनके अन्य बन्धुओं को पुस्तकों के उपयोग के लिए मौका प्रदान करना होता है। कुछ लोग इस पर भी आपत्ति उठाते हैं कि अर्थदण्ड देना बिल्कुल गलत है क्योंकि पाठक अपराधी नहीं होता है। लेकिन इसकी कमी में ऐसा होता है कि पुस्तकें पर्याप्त समय तक उपयोग किए बिना ही पाठकों के पास पड़ी रहती

हैं। इस प्रकार की असावधानी से पाठकों को बचना चाहिए जिससे अन्य किसी पाठक को असुविधा न हो।

कुछ ऐसी पुस्तकें होती हैं—जैसे निरन्तर संदर्भ की पुस्तकें, अलभ्य पुस्तकें, जो सुलभ न हो सकें, बड़ी तथा अधिक भार की पुस्तकें जिन्हें सरलता से ले जाया न जा सके, कलात्मक पुस्तकें जिनमें चित्र लगे हों और निर्बल अथवा शीघ्र ही नष्ट हो जाने वाली हों उन्हें घर के लिए प्रदान करना उचित नहीं होता। उनका उपयोग पुस्तकालय में ही किया जाना चाहिए।

विश्वकोश, निर्देशिकाएँ, अब्दकोश या वार्षिकी आदि नियमित पढ़ी जाने वाली कृतियाँ नहीं हैं। लेकिन इनको किसी भी समय कोई भी पाठक माँग सकता है। अतः इनका उपयोग, पाठक द्वारा पुस्तकालय में ही किया जाना चाहिए। इससे द्वितीय सूत्र के उद्देश्य में रुकावट नहीं पहुँचेगी।

सामयिक प्रकाशनों पर भी घर के लिए प्रदान करने पर कुछ प्रतिबन्ध पुस्तकालयों की तरफ से होते हैं। नये खण्डों में ही नई विषय-वस्तु मिलती है। परन्तु कुछ पाठक ऐसे होते हैं जो इन्हें घर के लिए प्राप्त करना चाहते हैं और न देने पर आपत्ति उठाते हैं। लेकिन पाठकों को ऐसा व्यवहार नहीं करना चाहिए। उन्हें ऐसी सामग्रियों का उपयोग पुस्तकालय में ही आकर करना चाहिए जिससे उनके अन्य पाठकगणों को भी उनका उपयोग करने का मौका मिल सके।

व्यावसायिक महाविद्यालयों तथा विश्वविद्यालय में बहुधा देखने को मिलता है कि सामयिकी के अनेक अंकों को अन्यत्र अनुपयुक्त पुस्तकों के ढेर के साथ मिलाकर रख दिया जाता है। परिणामतः उनका उपयोग करने से अनेक पाठक वंचित रह जाते हैं। यह एक असामाजिक आदत है। उन्हें केवल एक केन्द्रीय स्थान पर ही सीमित रखना चाहिए जिससे समय पर अन्य पाठकों को वे प्राप्त हो सकें। कुछ अदूरदर्शी पाठक ऐसे भी होते हैं जो समय, अर्थदण्ड, संदर्भ सामग्री, तथा पत्र-पत्रिकाओं से सम्बन्धित नियमावलियों का विरोध करते हैं। परन्तु कुछ ऐसे पाठक भी होते हैं जो कहते हैं कि नियम ठीक हैं।

सभी को उनका पालन करना चाहिए परन्तु उन्हें किसी कारणवश अथवा अधिकारी होने के कारण नियमों के उल्लंघन की छूट नहीं मिलनी चाहिए। डॉ. रंगनाथन इस सम्बन्ध में यह तर्क प्रस्तुत करते हैं कि द्वितीय सूत्र के परिप्रेक्ष्य में किसी पाठक को विशेष सुविधा अथवा छूट देने का आधार पाठक के किसी विशेष दर्जे का द्योतक नहीं होता। इससे अन्य पाठकों की सुविधा का हनन होता है। अतः सभी प्रकार के पाठकों का प्रधान दायित्व है कि वे नियमों का पालन करें और समानता के आधार पर ही किसी सुविधा का प्रयोग करें।

पुस्तकालय स्टाफ का दायित्व—पुस्तकालय कर्मियों का काम मात्र यह नहीं है कि कुछ गिनी-चुनी पुस्तकें निकाल कर प्रदान करने तक ही वे सीमित रहें। उनका मुख्य कार्य पाठकों को समझना, पुस्तकों की व्यापक जानकारी रखना और सक्रिय रूप से प्रत्येक पाठक/पाठिका को उसका/उसकी पाठ्य-सामग्री को सुलभ करने में सहायता करना। इस कार्य को **संदर्भ कार्य** कहा जाता है। इसका वर्णन किया जा चुका है।

जर्मनी के लेपजिक शहर की संख्या में इस प्रकार के कार्य का प्रशिक्षण विशेष रूप से दिया जाता है।

संदर्भ कार्य—संदर्भ कार्य को कुशलतापूर्वक पूर्ण करना बिना विस्तृत अनुभव तथा ज्ञान एवं विशिष्ट प्रकार के प्रशिक्षण युक्त होने से कदापि सम्भव नहीं हो सकता। कुछ लोग ऐसा सोचते हैं कि साधारण योग्यता—जैसे हाई स्कूल तथा शिक्षित व्यक्ति इस कार्य के लिए पर्याप्त सिद्ध नहीं हो सकता है। जबकि अन्य कार्यों के लिए इस योग्यता के लोगों को वही लोग अनुपयुक्त समझते हैं। वे ऐसा मानते हैं कि पुस्तकों को केवल यंत्रवत रखना तथा आदान-प्रदान करना ही पुस्तकालय का मुख्य कार्य है। उन्हें यह जानकर आश्चर्य होता है कि वर्तमान पुस्तकालयों में पाठक परामर्श की व्यवस्था पर बल दिया जाता है जिससे पाठक को पाठ्य-सामग्रियों के चुनाव आदि में समुचित सलाह दी जा सके।

पुस्तकालय कर्मियों को यह नहीं भूलना चाहिए कि उनका अस्तित्व पाठकों के लिए है। किसी पाठक को उसके इष्ट सामग्री सुलभ करने के लिए कितनी सहायता की जरूरत पड़ सकती है जिसे बिना साधारण ज्ञान की सीमा के अन्तर्गत पाठक का एक विशिष्ट मार्गदर्शन बने अच्छी तरह समझ लेना चाहिए। इस दिशा में डेटरायट सार्वजनिक पुस्तकालय की निर्देशिका का उदाहरण डॉ. रंगनाथन ने प्रस्तुत किया है जिसके अनुसार पुस्तकालय के जो लोग पुस्तकों को विस्तृत ज्ञान रखते हैं पाठकों साथ अध्ययन एवं पुस्तकों के विषय में वार्तालाप करनी चाहिए। उन्हें अपने को शिक्षक या मार्गदर्शक होने की भावना को व्यक्त नहीं करना चाहिए। इसके अलावा पाठकों को आवश्यकता पड़ने पर पुस्तकों की जानकारी तथा उन्हें खोजने के उपकरणों तथा विधियों के विषय से परिचित कराना चाहिए।

हर श्रेणी के पाठक की आवश्यकता तथा अभिरुचि के अनुसार उसकी इष्ट पाठ्य सामग्री का ज्ञान उसे ढूँढ़ने की विधि से परिचित होना, सरल नहीं है। सभी प्रकार के पाठक पुस्तकालय स्टाफ की सहायता चाहते हैं—भले ही वे विज्ञ एवं विशेषज्ञ हों अथवा अल्पज्ञ हों। पुस्तकालय में जितनी मात्रा में विभिन्न रूपों में

ज्ञान-सामग्री एकत्रित की जाती है उसका विवरण मात्र स्मृति के आधार पर सम्भव नहीं होता। फलतः पुस्तकालय स्टाफ को आवश्यक उपकरणों पर आधारित होना पड़ता है जिसके द्वारा प्रत्येक पाठक को उसकी इष्ट सामग्री को प्राप्त करने में सहायता प्रदान की जा सकती है। ऐसे उपकरणों का उल्लेख करना आवश्यक है जिनमें निम्न उपकरण बहुत आवश्यक हैं।

वांङ्मय सूची–उन प्रमुख साधनों में वांङ्मय सूची अर्थात् संदर्भ ग्रन्थ सूची प्रमुख उपकरण हैं। बिब्लियोग्राफी एक व्यापक पद है जिसके बहुत अर्थ होते हैं। **मरे** की न्यू इंगलिश डिक्शनरी के अनुसार इसके चार अर्थ होते हैं। परन्तु चौथे अर्थ से हमारा आशय है–किसी लेखक विशेष, मुद्रक, अथवा किसी राष्ट्र अथवा किसी विशेष विषय या साहित्य से सम्बन्धित कृतियों की सूची को बिब्लियोग्राफी अर्थात् वांङ्मय सूची या संदर्भ ग्रन्थ सूची कहते हैं।

आज के युग में शायद ही कोई ऐसा विषय हो जिसकी वांङ्मय सूची उपलब्ध न हो। प्रायः सभी पुस्तकों में एक परिशिष्ट संदर्भ ग्रन्थों की सूची प्रदान की जाने की प्रथा है। परन्तु इसके अलावा सामान्य तथा विशिष्ट विषयों की अनेक वांङ्मय सूचियाँ प्रकाशित की गयी हैं। जान मिन्टों (John minto) की पुस्तक संदर्भ ग्रन्थ (Reference Books) जिसका प्रकाशन 1929 ई. में हुआ था एक ऐसी स्रोत कृति है जिसमें पुस्तकालय के लिए उपयुक्त प्रमुख वांङ्मय सूचियों के चुनाव का वर्णन किया गया है।

द्वितीय सूत्र पुस्तकालय के स्टाफ के लिए ऐसी वांङ्मय सूचियों से भाषागत होने पर बल देता है।

संदर्भ कृतियाँ–कुछ ऐसी कृतियाँ होती हैं जिन्हें रिफ्रेन्स की कृतियों की कोटि में रखा गया है जिसका ज्ञान पुस्तकालय स्टाफ के लिए आवश्यक है। ऐसी कृतियों में–मान चित्रावलियाँ, शब्द कोश, विश्वकोश तथा अब्दकोश या वार्षिकी तथा निदेर्शिकाएँ आदि प्रमुख कृतियाँ मानी गई हैं। किसी भी पुस्तकालयी के लिए एक सोचनीय स्थिति उत्पन्न हो सकती है यदि उसे किसी पाठक के लिए किसी प्रकार की सूचना प्रदान करने में असामर्थनता प्रकट करनी पड़े। इस स्थिति से बचने का उपाय यह है कि ऐसी कृतियों से पुस्तकालय स्टाफ को अच्छ तरह परिचित रहना आंवश्यक है। इनके माध्यम से पर्याप्त पाठकों को इष्ठ सूचना प्रदान करने में सफलता मिल सकती है।

सूचियाँ–सूची पुस्तकालय स्टाफ तथा पाठकों की मदद के लिए एक प्रमुख एवं प्राथमिक साधन है जिस पर द्वितीय सूत्र अधिक बल देता है। पुस्तकें प्रायः मिश्रित

एवं तत्सम्बन्धित अथवा अनेक विषयों से सम्बन्धित विषयों से भरपूर होती हैं। गिनी-चुनी ही कृतियाँ एकांगी विषय होती हैं। कभी-कभी एक ही पुस्तक में अनेक प्रमुख विषयों से सम्बन्धित बड़े ही महत्वपूर्ण विषय का विवरण उपलब्ध होता है। पुस्तकालय स्टाफ का यह आवश्यक कर्तव्य है कि वे पाठकों को उनकी आवश्यक एवं इष्ट सामग्री प्राप्त करने में पुस्तकालय में उपलब्ध सभी कृतियों में उपलब्ध विवरण उन्हें प्रदान करें। यह तभी सम्भव हो सकता है जब प्रसूची को जहाँ तक सम्भव हो सके पूरी तरह विश्लेषणात्मक हो तथा विषय प्रति निर्देश प्रस्तुत किया जाए। किसी भी व्यक्ति के लिए यह कदापि सम्भव नहीं है कि वह सम्पूर्ण ज्ञान स्रोत को अपने मस्तिष्क में रखकर किसी भी समय पूर्णरूप से दूसरों को बता सके। यदि प्रतिनिर्देश संलेख को पर्याप्त मात्रा में नहीं प्रस्तुत किया जाता है तो पुस्तकालय में इष्ट सामग्री के होते हुए भी पाठकों को खाली हाथ लौटाने की सम्भावना अधिक रहेगी।

3. प्रत्येक पुस्तक और उसका पाठक

तीसरा सूत्र **प्रत्येक पुस्तक और उसका पाठक** की धारणा का विवेचन करता है। पुस्तकों को आधार मानकर जो उल्लेख पहले सूत्र के परिप्रेक्ष्य में किया गया है उससे यह साम्यता रखता है और **द्वितीय सूत्र** का पूरक भी कहा जा सकता है। दूसरा सूत्र प्रत्येक पाठक को उसकी इष्ट पुस्तक को खोजने की विधियों का उल्लेख करता है वहीं तृतीय सूत्र प्रत्येक पुस्तक का उपयुक्त पाठक खोजने पर जोर देता है और इसकी विधियों का प्रतिपादन करता है।

पहला सूत्र पुस्तकालयों की धारणा-जगत में एक क्रान्ति का संदेश देता है जिसको पूरी तरह सफल बनाने की विधियों का विवेचन तीसरे सूत्र—"प्रत्येक पुस्तक और उसका पाठक" करता है।

किन-किन विधियों से तृतीय सूत्र की विचारधारा को कार्यान्वित किया जा सकता है उसका प्रतिपादन करते हुए डॉ. रंगनाथन् ने अग्रांकित विधियों तथा साधनों का उपयोग करने की सलाह दी है।

1. मुक्त प्रवेश व्यवस्था—खुला प्रवेश व्यवस्था का अर्थ पुस्तकालय में पाठ्य-सामग्रियों के प्रयोग तथा उनके चुनाव की उस व्यवस्था से होता है जिसमें पाठकों को पुस्तकालय के किसी भी स्थान पर किसी भी संकलन को देखने, खोजने तथा चुनाव करने की पूरी स्वतंत्रता होती है जैसे किसी व्यक्तिगत पुस्तकालय में उस व्यक्ति की होती है। खुला प्रवेश व्यवस्था के महत्व तथा सुविधा का अनुभव वही पाठक कर सकते हैं जिन्होंने अवरूद्ध व्यवस्था तथा खुला प्रवेश दोनों ही

अवस्थाओं में पुस्तकालय का उपयोग किया है। मुक्त प्रवेश व्यवस्था का प्रत्यक्ष परिणाम यह है कि पुस्तकों के आदान-प्रदान की संख्या को पर्याप्त मात्रा में बढ़ा देता है। इससे महत्वपूर्ण इस प्रत्यक्ष का फल यह है कि पाठकों को पुस्तकों के खोज निकालने का मौका मिलता है जो बंद ग्रन्थागारों तथा निधानियों में कभी भी नहीं मिलता।

तीसरे सूत्र के परिप्रेक्ष्य में यह स्पष्ट हो जाता है कि पुस्तकों को तालेकुंजी में बन्द रखना तथा मुक्त प्रवेश को निरुत्साहित करना किसी भी पुस्तक के लिए न केवल अशोभनीय है बल्कि उसे प्रयोग करने से वंचित करना है। अधिकतर पाठकों को उनकी अभिरुचि की पाठ्य-सामग्री का ज्ञान नहीं होता है। जब उन्हें पूर्णरूप से सुव्यवस्थित ढंग से आंकलित पुस्तकों को देखने का मौका मिलता है तो उनकी सुप्त अभिरुचि जाग्रत हो उठती है।

ब्रिटेन में मुक्त प्रवेश व्यवस्था को 20 वीं सदी के आरंभ में शुरू नहीं किया गया जबकि इसके महत्व को संयुक्त राज्य अमेरिका में 19 वीं सदी के अन्तिम दशकों में ही समझ लिया गया था। अमेरिका में नियमानुसार मुक्त प्रवेश व्यवस्था पुस्तकालयों के लिए आवश्यक माना जाने लगा था और पाठकों को पुस्तकों को देखने तथा चुनाव करने की पूर्ण स्वतंत्रता प्रदान करना पुस्तकालय नियमावली का आवश्यक तत्व माना गया। चुनाव करने की पूर्ण स्वतंत्रता प्रदान करना पुस्तकालय नियमावली का आवश्यक तत्व माना गया। इस व्यवस्था से प्रारम्भ में पुस्तकों की अनेक प्रकार की हानि को पुस्तकालय के उपयोग की बढ़ती प्रवृत्ति की तुलना में नगण्य मात्र माना जाने लगा। लेकिन कहने का अर्थ यह नहीं कि पुस्तकों की हानि को इस व्यवस्था को लागू करके प्रोत्साहित करना है। ऐसा देखने को मिलता है जहाँ खुली प्रवेश की व्यवस्था नहीं है वहाँ से पुस्तकें भी गायब होती हैं। पुस्तकों की चोरी करने वालों की संख्या उनके उपयोग करने वालों से कम होती है। कुछ गिने चुने लोगों के कारण अधिकांश निष्ठावान पाठकों को इस सुविधा से वंचित करना उचित नहीं प्रतीत होता। पुस्तक प्राधिकारियों को चाहिए कि यदि पुस्तकों की हानि किसी एक साधारण कार्यकर्त्ता के वेतन से कम है तो उसे नगण्य मानें। कभी इस प्रकार की हानि उस हानि से कम होती है जब पुस्तकें अनुपयुक्त अवस्था में अनेक कारणों, जैसे कागज का नष्ट होना, कीड़ों के द्वारा पुस्तकों को नष्ट किया जाना और वातावरण की प्रतिकूलता से पुस्तकों का नष्ट होना आदि, से नष्ट होती हैं।

निधानी आँकलन व्यवस्था—निधानियों पर पुस्तकों की व्यवस्था वैज्ञानिक तरीके से नहीं किये जाने की स्थिति में खुली प्रवेश व्यवस्था होने मात्र से तीसरे सूत्र

के उद्देश्य की पूर्ति नहीं हो सकती है। साहित्य के अलावा लेखकों के अनुक्रम अथवा पुस्तकों के आकार तथा रंग के आधार पर व्यवस्थित पुस्तकों के आकलन किए जाने पर उन्हें योजना बद्ध करना कठिन है। सुव्यवस्थित तरीके से पुस्तकों को आंकलित करने की सर्वोत्तम विधि विषयानुसार आंकलन है तीसरे सूत्र विषयानुसार वर्गीकृत पुस्तकों को आंकलित करने पर बल देता है। यदि पुस्तकें वर्गीकृत क्रमानुसार रखी गयी हैं तो पाठकों को सम्बन्धित पुस्तकों को देखने तथा चुनाव करने का अवसर स्वतः मिल जाता है, अपेक्षाकृति उस व्यवस्था के जिसके अनुसार पुस्तकें अनुवर्णिक क्रम में रखी गयी हों। पाठकों का ध्यान आकर्षि करने के लिए केवल पुस्तकों की विषय-वस्तु के आधार पर आकलित व्यवस्था ही पर्याप्त नहीं है बल्कि नवीनता भी इसके लिए एक प्रभावशाली तत्व है।

यह एक साधारण पद्धति है कि पुस्तकालयों में वर्तमान में नई कृतियों को पृथक ग्रन्थागार के प्रवेश द्वारा पृथक निधानियों में रखा जाता है। इससे इस तरफ पाठकों का ध्यान स्वतः आकर्षित हो जाता है। परिणामतः ऐसी कृतियों को तत्काल पाठक प्राप्त कर लेते हैं। पाठकों का ध्यान आकर्षित करने के लिए दूसरी विधि जो पुस्तकालयों में अपनायी जाती है वह है आकर्षित ढंग से पुस्तकों को पोस्टरों के साथ अलमारियों में रखना। अलमारियों के ऊपर-आवश्यक पुस्तकें, सामयिक पुस्तकें, भूली हुई पर उपयोगी पुस्तकें आदि के लेबिल लगा दिये जाते हैं। इससे पाठकों का ध्यान स्वतः आकर्षित हो जाता है इसके अतिरिक्त रैक्स भी उतने ऊँचे नहीं होने चाहिए कि पाठकों को पुस्तकों को देखने तथा उतारने में कठिनाई हो 16 1/4 फीट से से ऊँचे निधानियों को नहीं रखना चाहिए।

प्रसूची संलेख—निधानियों पर पुस्तकों की वर्गीकरण व्यवस्था समुचित होने पर भी प्रत्येक पुस्तक तथा उसके पाठक को पूर्णतः सम्बद्ध नहीं किया जा सकता जिसके लिए प्रसूची एक आवश्यक एवं पर्याप्त सहायक उपकरण है। कभी-कभी आलमारियों के अवलोकन मात्र से इष्ट पुस्तक का पता नहीं लगता जिसको प्रसूची के माध्यम से निश्चित किया जा सकता है।

प्रसूची के द्वारा सामान्य सेवा उपलब्ध करने के अलावा कुछ ऐसे प्रसूची संलेख होते हैं जो तृतीय सूत्र के उद्देश्य की पूर्ति में अधिक साधक सिद्ध होते हैं। ऐसे संलेखों में डॉ. रंगानाथन् ने माला संलेखों तथा विषय निर्देश संलेखों का प्रस्तुत किया जाना अनिवार्य बताया है।

प्रसूची की माला संलेख उस संलेख को कहते हैं जिसके द्वारा किसी पुस्तक का अतिरिक्त संलेख उसे माला अनिवार्य के नाम से प्रस्तुत किया जाता है जिससे

पुस्तक सम्बन्धित होती है अर्थात् जिस माला के अधीन उसका प्रकाशन किया जाता है। इसका आकलन वगीकृत प्रसूची के अनुवर्णिक अनुक्रमणिका वाले भाग में किया जाता है। पत्रकों के अनुक्रमों में एक माला के शीर्षक के अन्तर्गत प्रस्तुत किये गये संलेख एक साथ आकलित हो जाते हैं जिससे उसे माला के नाम से प्रकाशित सभी कृतियाँ एक साथ प्रसूची में आ जाती हैं। अतः प्रसूची के अन्तर्गत माला संलेख का प्रावधान होने के कारण प्रत्येक पुस्तक को उसका पाठक मिलने में बड़ी सुविधा होती है।

इसी प्रकार विषय निर्देशी-संलेखों की भी महत्ता है। यह संलेख अनुवर्ग प्रसूची के वर्गीकृत भाग में प्रकट किया जाता है। इनका शीर्षक विशिष्ट विषय होता है और सम्बंधित पुस्तक का, जो किसी दूसरे विषय के अधीन आंकलित होती है, उल्लेख किया जाता है। उक्त पुस्तक के अधीन सम्बन्धित विषय के पृष्ठों अथवा प्रकरण का संकेत कर दिया जाता है। इस प्रकार से किसी भी पुस्तक को प्रतिनिर्देशित करके अनेक विषय को शीर्षकों के आधार पर निर्दिष्ट किया जा सकता है। इस प्रकार के नियम से अनेक पुस्तकें, जिसमें किसी पाठक की इष्ट सामग्री मिल सकती है, इसके अभाव में अनुपयुक्त रह जाएगी जिन्हें पाठक इन प्रतिनिर्देशों के द्वारा प्रसूची देखने पर स्वतः प्राप्त कर लेते हैं।

सम्पुटक कृतियों का भी इस तरह से विषय निर्देश संलेखों के द्वारा हर पुस्तक को उसका पाठक खोजने में सहायता मिलती है।

संदर्भ कार्य—खुली प्रवेश व्यवस्था, वर्गीकृत आँकलन व्यवस्था तथा विश्लेषणात्मक प्रसूचीकरण पद्धति तीन ऐसे आवश्यक साधन हैं जिनकी मदद से प्रत्येक पुस्तक के लिए उसका पाठक खोजने में सहायता मिलती है। लेकिन इस प्रकार की यांत्रिक विधियों से ही समस्या का समाधान नहीं हो जाता हैं। इनके माध्यम से व्यक्तिगत सेवा तथा पाठक सलाह जो पुस्तकालय सेवा के आवश्यक औजार है, पूरा नहीं किया जा सकता। तृतीय सूत्र में पुस्तकों का प्रचार व्यक्तियों के द्वारा किये जाने के प्रावधान पर बल दिया जाता हैं। पाठकों को प्रसूची का प्रयोग करने तथा पुस्तकों के चुनाव के लिए कुछ पुस्तकालय स्टाफ पाठकों की सहायता करने के लिए नियुक्त करने को आवश्यक समझते हैं। इस व्यवस्था को संदर्भ कार्य तथा इस सेवा को पूरा करने वाले स्टाफ को संदर्भ स्टाफ कहते हैं जिनका कार्य पाठकों को पुस्तकालय की पाठ्य सामग्रियों की व्याख्या करना होता है वर्तमान पुस्तकालयों में इस व्यवस्था को आवश्यक एवं एक शुल्क विधि माना गया है।

जिस प्रकार से ट्रैफिक कम्पनियाँ यात्रियों को अनेक विधियों से स्थानों का मार्गदर्शन की व्यवस्था तथा प्रयास करती हैं, ठीक उसी प्रकार पुस्तकालयों में पाठकों के मार्गदर्शन के लिए संदर्भ विभाग होता है। इस विभाग के होने से पुस्तकालय स्टाफ पाठकों के समीप आते हैं और उनकी अभिरूचि आवश्यकता, क्रिया तथा प्रतिक्रिया एवं इच्छा तथा इच्छा का उन्हें पूर्ण ज्ञान हो जाता है।

इस अनुभव के आधार पर संदर्भ ग्रन्थावली पाठकों को स्वतः उपयुक्त पुस्तकों से सम्बद्ध कर देता है। इस लक्ष्य की पूर्ति के लिए कुछ पश्चिमी राष्ट्रों में घर-घर जाकर सर्वेक्षण करने की व्यवस्था की गयी है जिसके अध्ययन प्रत्येक परिवार के सदस्यों की अभिरुचियों को निश्चित किया जाता है जिससे उन्हें इष्ट सामग्री प्रदान की जा सके।

लोकप्रिय विभागों का संचालन—इस प्रकार की व्यवस्था का उद्देश्य सम्भावित पाठकों को वस्तुतः नियमित पाठक के रूप में ढालना है। इसका पहला उपाय लोगों को पुस्तकालय के प्रति चैतन्य एवं आकर्षित करना है। समाचार पत्रों तथा मैगजीन कक्षों की सुविधा उपलब्ध करना इस दिशा में एक आवश्यक उपाय है। इन कक्षों में प्रायः अधिक लोग आते हैं। पुस्तकालय स्टाफ को इन कक्षों में जाकर पाठकों को ग्रन्थागार तथा अध्ययन कक्ष का उपयोग करने के लिए प्रोत्साहित करना चाहिए। इससे हर पुस्तक को उसका उचित पाठक मिल जाने की सम्भावना बढ़ जाती है।

प्रचार—पुस्तकालयों का प्रचार विभिन्न कारणों से अनावश्यक प्रतीत होता है। जब पुस्तकालय अपने कार्यक्षेत्र का विकास एवं प्रसार करने तथा कार्यविधि को नये स्वरूप देने का प्रयत्न कर रह हें हैं तो पुस्तकालय के कार्य एवं उद्दश्य से जन साधारध को पर्याप्त तरीके से परिचित कराना भी आवश्यक है जिसे प्रचार के माध्यम से ही किया जा सकता है।

वर्तमान में पुस्तकालय प्रचार विशेष रूप से प्रचार कला की एक विशिष्ट विधि बन गयी है। अमेरिकन पुस्तकालय एसोसियेशन के अधीन विशेष रूप से प्रचार समिति का निर्माण किया गया है जो इसके वार्षिक अधिवेशन के समय एक पबलसिटीराउण्ड टेबुल आयोजित करता है। पुस्तकालय प्रचार दो प्रकार से किया जा सकता है : (1) सामान्य प्रचार; तथा (2) व्यक्तिगत प्रचार। पहली विधि में पुस्तकों की गरिमा, जनमत, सूचना, प्रोत्साहन, शिक्षा के सर्वोत्तम साधन के रूप में पुस्तकों का सहयोग, पुस्तकालय सार्वजनिक संस्था है और प्रत्यक नागरिक के लिए है, आदि विषयों का प्रचार पश्चिमी राष्ट्रों में समाचार-पत्रों, पत्र-पत्रिकाओं, रेडियों

तथा सार्वजनिक व्याख्यान आदि के द्वारा प्रचार करने की व्यवस्था की जाती है जापान में हर वर्ष नवम्बर में पूरे राष्ट्रों से प्रचार करने की व्यवसथा की जाती है। जापान में हर वर्ष नवम्बर में करने की व्यवस्था सप्ताह मनाया जाता है। भारत में भी नवम्बर में प्रत्येक वर्ष भूतपूर्व प्रधान मंत्री जवाहरलाल नेहरू के जन्म दिवस के उपलक्ष में विगत कुछ वर्षों से पुस्तकालय सप्ताह मनाया जाता है।

प्रचार की दृष्टि से न्यूयार्क सार्वजनिक पुस्तकालय, अपना बुलेटिन, सार्वजनिक पुस्तकालय, रीडर्स इन्डेक्स, हारवर्ड विश्वविद्यालय पुस्तकालय–हावर्ड लाइब्रेरी नोट्स तथा मैनचेस्टर का जॉन रायलैएडफस पुस्तकालय बुलेटिन का नियमित प्रकाशन करते हैं जिससे अधिक लोग इन पुस्तकालयों के विषय में सूचना प्राप्त कर सकें।

प्रसार कार्य–वर्तमान पुस्तकालयों में प्रचार के साधनों के अलावा एक दूसरे प्रकार की विधि का अनुसूचीकरण किया जाता है जिसे प्रसार कार्य कहा जाता है। इस प्रसार कार्य का मुख्य उदेश्य पुस्तक का एक सामाजिक क्रियाकलाप के केन्द्र के रूप में परिणित करना है जिसका कार्य पठन-पाठन को प्रेरित करना है। इसका उद्देश्य विशाल समूह को पाठक बनाना, नियमित अध्ययन की अभिरुचि जागृत करना तथा इसके लिए वातावरण तैयार करना तथा पाठकों एवं पाठ्य सामग्रियों को लाना आदि है।

प्रसार कार्य की एक विधि वह है जिसके अधीन सोवियत संघ की तरह, जिसका वर्णन किया जा चुका है, पुस्तकालयों को अध्ययन की संस्था के रूप में परिवर्तित करना है। भारत में प्रौढ़ शिक्षा कार्यक्रम को इसके द्वारा सफल बनाया जा सकता है। इसके द्वारा न केवल साक्षरता का प्रसार हो सकता है बल्कि ग्रामीण लोगों के व्यावसायिक ज्ञान को भी समुन्नत बनाया जा सकता है। प्रसार कार्य को सार्वजनिक व्याख्यान मालाओं के आयोजन करके भी पूरा किया जा सकता है। इन आयोजनों से सम्बन्धित पुस्तकों की सूची तैयार करके वितरित करना चाहिए जिससे उन पुस्तकों का प्रयोग बढ़ सके। ऐसे अवसरों पर पुस्तकों की प्रर्दशनी भी आयोजित की जानी चाहिए जिससे लोगों को पुस्तकों का अवलोकन करने का मौका मिले।

समय-समय पर नाट्यकला एवं कहानियाँ सुनाने का आयोजन तथा संगीत आदि के कार्यक्रम आयेजित करने चाहिए जिससे स्थानीय बालकों के सम्पर्क में आने का मौका मिल सके। स्थानीय त्योहारों का आयोजन भी प्रसार कार्य का एक आवश्यक कार्यक्रम है। इससे आगन्तुक लोग पुस्तकालय के महत्व को समझेंगे तथा पुस्तकों के उपयोग की तरफ आकर्षित होंगे।

पुसतकों का चुनाव–तीसरे सूत्र के लक्ष्य की पूर्ति के लिए पुस्तकों का चुनाव पाठकों की अभिरुचि पर आधारित होना चाहिए। यदि पुस्तकों का चुनाव एवं संग्रह पाठकों की माँगें, संदर्भ स्टाफ के सुझाव, स्थानीय तथा राष्ट्रीय महत्व आदि तत्व पर आधारित हो तो तीसरे सूत्र के लक्ष्य प्रत्येक पुस्तक तथा उसका पाठक की समस्या का समाधान पर्याप्त मात्रा में हो सकता है।

अतः तीसरे सूत्र को सफल बनाने तथा क्रियान्वित करने के लिए इन विधियों का अनुसरण करना आवश्यक है।

4. पाठक के समय की बचत कीजिए

पुस्तकालय विज्ञान के चौथे सूत्र–**पाठको के समय की बचत कीजिए** की धारणा मूलतः पाठकों की समस्या से सम्बन्धित है। पुस्तकों का प्रयोग प्रत्येक पाठक उसकी पाठ्य सामग्री, प्रत्येक पुस्तक और पाठक की धारणा को पूरी तरह कार्यान्वित करने में सफलता मिल जाने पर समय की समस्या को उपेक्षित नहीं किया जा सकता है।

वर्तमान में पाठकों के समय को बड़ा ही मूल्यवान माना जाने लगा है। सभी सुविधा उपलब्ध होने पर यदि पाठ्य-सामग्री को प्राप्त करने में पाठक का समय बर्बाद होता है तो यह पुस्तकालय की लोकप्रियता को कम कर सकता है। अतः' पाठकों के समय की बचत करने पर चौथे सूत्र में अधिक जोर दिया गया है जिसके लिए डॉ.रंगनाथन् ने अनेक युक्तियों का प्रतिपादन किया है जो पाठकों के समय की बचत करता है।

खुला प्रवेश बनाम अवरोधपूर्ण व्यवस्था–पाठक ज्योंहीं पुस्तकालय में प्रवेश करता है उसे पुस्तकों को लौटाना होता है। इसके बाद पुस्तकों को प्राप्त करने की समस्या उत्पन्न होती है। अवरोधयुक्त व्यवस्था के कारण पाठक को पुस्तकों का चुनाव प्रसूची की सहायता से करना पड़ता है। पुस्तकालयों में प्रसूचियाँ पत्रकों, मुद्रित ग्रन्थागार अथवा किन्हीं अन्य स्वरूपों में होती है।। अतः पहली प्रक्रिया पुस्तकों को प्रसूची से इसके बाद उन्हें कागज की स्लिप पर लिखकर ग्रन्थागार से निकलने के लिए कहना पड़ता हैं। इसमें पाइक को कुछ समय तक प्रतीक्षा करना पड़ता है। ब्रिटिश म्युजियम में, जिसकी मुद्रित प्रसूची 100 से अधिक खंडों में है, पाठकों को पुस्तक का विवरण प्रसूची से प्राप्त करने के बाद पश्चात उसे निकलवाने में बहुत समय तक प्रतीक्षा करनी होती है। ऐसे ग्रन्थालयों में पाठकों को उपयुक्त पुस्तक प्राप्त करने में पर्याप्त समय बर्बाद करना पड़ता है। पुस्तक को ढूंढने की

प्रक्रिया में अनेक त्रुटियाँ भी होती हैं—जैसे अपूर्ण विवरण, वर्तनी की त्रुटि, याचना संख्या में कमी आदि। प्रसूची में पुस्तक के अन्य आवश्यक तत्व जो पाठकों के लिए चुनाव में साधन हो सकते हैं, उनका अभाव, चुनाव में बाधक होता है। इस प्रकार उपयुक्त पुस्तक को प्राप्त करने में कम से कम आधे घंटे का समय साधारणतया नष्ट हो जाता है।

जिन देशों में लोग अधिक व्यस्त होते हैं और जहाँ समय का मूल्यांकन रुपयों में और रुपये का मूल्यांकन समय में किया जाता है वहाँ इस प्रक्रिया में कितनी राष्ट्रीय हानि अवरोध पुस्तक व्यवस्था से हो सकती है उसके परिणाम को लोग स्वतः अनुभव कर सकते हैं। अतः राष्ट्रीय अर्थव्यवस्था को दृष्टिगत रखते हुए खुले प्रवेश का बड़ा ही महत्व है जिसके कारण पाठकों को किसी भी स्थान पर पुस्तकालय में जाकर पुस्तकों का अवलोकन करने, चुनाव करने तथा स्वतः प्राप्त करने में कितनी सुविधा होती है और कितना समय लगता है। अतः अवरोधपूर्ण व्यवस्था की अपेक्षा खुली प्रवेश व्यवस्था सर्वोतम एवं आवश्यक है। इससे पर्याप्त समय की बचत होती है और पाठक को झुंझलाहट नहीं होती है।

निधानी आकलन व्यवस्था—खुली प्रवेश व्यवस्था मात्र से ही चतुर्थ सूत्र का लक्ष्य पूरा नहीं हो जाता । समय की बचत की दृष्टि से पुस्तकों की निधानियों पर आँकलन व्यवस्था अधिक महत्वपूर्ण तथा समय की बचत में पर्याप्त साधक सिद्ध होती है। विषयानुसार वर्गीकृत व्यवस्था किसी भी अन्य व्यवस्था की तुलना में अधिकाधिक सुविधाजनक है। उपयुक्त वर्गीकरण पद्धति के अनुसार पुस्तकों का वर्गीकरण करने के बाद उन्हें आलमारियों में आँकलित करने से अधिक पास के विषय एक साथ एक सुगम अनुक्रम में आ जाते हैं।

पुस्तकों के सापेक्ष आकलन के अलावा समय की बचत की दृष्टि से चतुर्थ यह भी निर्दिष्ट करता है कि उन वर्गों की पुस्तकें, जिनकी माँग अधिक होती है उन्हें ग्रन्थागार में निकट रखना चाहिए। अपेक्षाकृत कम माँग की जाने वाली पुस्तकों के। इसी भाँति संदर्भ की पुस्तकों को आदान-प्रदान के स्थान के अधिक पास होना चाहिए जिससे पाठक उन्हें तुरन्त प्राप्त कर सकें।

पुस्तकगार निर्देशिका—वर्गीकृत व्यवस्था विषयानुसार पुस्तकें कितनी भी सापेक्ष स्थिति में आकलित क्यों न की गयी हो ज्यों ही पाठ्क पुस्तकागार में पहुंचते हैं तो पुस्तकों की विशाल पंक्तियों की आलमारी तक पहुंचने में उनका समय बर्बाद होता है।

पाठकों के समय की बचत की दृष्टि से इस अवस्था में पूरी तरह से पर्याप्त निर्देशिकाओं के पोस्टर अवश्य लगे होने चाहिए जिससे समस्त ग्रंथागार की व्यवस्था तथा पुस्तकों के गणना क्रम का उन्हें ज्ञान हो सके। वर्गांक द्वार पर ही पूरे कक्ष की रूपरेखा, वर्गानुसार पुस्तकों की आकलन व्यवस्था, वर्गांक तथा उसके विषय का निर्देश होना चाहिए। निर्देश प्लेट साफ-सुधरे तथा चमकीले होने चाहिए। निधानियों की संख्या भी विषयानुसार की जानी चाहिए।

प्रसूची—प्रसूची के महत्व का उल्लेख किया जा चुका है। पाठकों के समय की बचत की दृष्टि से प्रसूचीकरण विशेष प्रकार से विश्लेषणात्मक प्रसूचीकरण आवश्यक है। प्रसूचीकरण के अधीन विषय निर्देशित संलेखों को जहाँ तक सम्भव हो अवश्य प्रस्तुत किया जाना चाहिए। ताकि पाठ्कों को प्रायः सभी पुस्तकों की विषय वस्तु का ज्ञान प्राप्त होने में मदद मिलती है और अपनी इष्ट पुस्तक के चुनाव का मौका मिल जाता है।

वांङ्मय सूची—पाठकों के बहुमूल्य समय के बचत की दृष्टि से यह आवश्यक है कि सामयिकियों में मुद्रित शोधपूर्ण लेखों की भी अनुक्रमणिका तैयार की जाय। आजकल विज्ञान, टेक्नोलोजी, मानविकी तथा सामाजिक विज्ञान के क्षेत्रों में लाखों की संख्या में अनेक भाषाओं में शोधलेख प्रकाशित होते हैं। अधिकतर विश्वविद्यालयों में हजारों की संख्या में पत्र-पत्रिकाएँ मँगायी जाती हैं। किसी भी विषय दुष्कर विशेष से सम्बन्धित पर्याप्त मात्रा में लेख अनेक पत्रिकाओं में बिखरे होते है जिन्हें अनुक्रमणिकाबद्ध करना एक दुष्कर कार्य है। व्यस्त अनुसंधान के समय उनकी अनुक्रमणिका तैयार करने में समय नष्ट करना उचित प्रतीत नहीं होता है। यदि विशेष प्रकार का स्टाफ इसे तैयार करके संशोधित लोगों को उपलब्ध करे तो यह काफी मितव्ययी सिद्ध होगा। चौथा सूत्र इस कार्य को न केवल किसी विशेष पुस्तकालय तक ही सीमित रखना चाहता है बल्कि अन्तर्राष्ट्रीय संगठनों को इस कार्य को पूरा करने के लिए प्रेरित करता है।

इस दिशा में पाठकों के समय को बचाने की दृष्टि से अनेक विशेष वांङ्‌ सूचियाँ प्रकाशित की जा रही हैं। पाठकों को थोड़े ही समय में पर्याप्त पाठ्य-सामग्रियों का विवरण प्रदान करने के लिए अनेक पुस्तकालयों को प्रकाशित प्रसूचियों को पुस्तकालयों में उपलब्ध करना आवश्यक है पुस्तकों के समुचित तरीके से चुनाव के लिए वांङ्‌ प्रकाशनों का पुस्तकालयों में होना आवश्यक हैं।

संदर्भ कार्य—समय की बचत की दृष्टि से जितनी भी विधियों, उपकरणों तथा ग्रन्थात्मक साधनों के उपलबध किया जाता है उनका पूर्णरूप से उपयोग औसत

पाठक नहीं कर सकते। शुरूआती अवस्था में उनके समय को बचाने के लिए पुस्तकालय के कार्यकर्ताओं के व्यक्तिगत प्रयत्न आवश्यक है जिससे पाठकों द्वारा उन साधनों का उपयोग करना सम्भव हो सके। इन साधनों की उपयोगिता से परिचित होने पर भी पाठकों को पुस्तक सेवा के लिए संदर्भ स्टाफ की सहायता के बिना संतोषपूर्ण सेवा सुलभ नहीं हो सकता है। इसके अलावा पुस्तकालय की पाठ्य सामग्रियों का जितना ज्ञान स्टाफ को होता है उतना किसी पाठ्क से आशा नहीं की जा सकती है। अतः संदर्भ स्टाफ की समुचित व्यवस्था सभी पाठक के लिए ग्रन्थालयों में होनी आवश्यक एवं महत्वपूर्ण नहीं समझा जाता जबकि व्यापारिक संस्थाओं के लिए पुस्तकालय में होना आवश्यक एवं महत्वपूर्ण माना जाता है।

चौथे सूत्र की दृष्टि से संदर्भ को दो श्रेणियों में बाँटा जा सकता है : (1) पूर्व तैयार संदर्भ कार्य, मूलतः संदर्भ कार्य। पूर्व तैयार संदर्भ के लिए ग्रन्थालयों में सूचना किसी प्रमुख स्थान पर व्यवस्थित कर देते हैं जिससे पाठ्क वहाँ आकर कुछ पूछ सकें। सूचना डेस्क का कार्य पाठकों को पुस्तकालय के अनेक आगंतुकों को पुस्तकालय प्रयोग विधि से परिचित करना, प्रसूचियों तथा वाङ्मय सूचियों के प्रयोग विधि से साधारण प्रश्नों का उत्तर प्रदान करना, पूर्व तैयार संदर्भ ग्रंथों ग्रन्थों—विश्वकोशों, शब्दकोश निर्देशिकाओं तथा अन्य सादृश्य सामग्री का विवरण प्रस्तुत करना आदि होता है।

मूल संदर्भ ग्रंथों कार्य विशिष्ट प्रकार से विशेष पुस्तकालय स्टाफ के द्वारा किये जाने की व्यवस्था होती है जिन्हें विशिष्ट विषयों की वांङ्मय सूचियों का पूरा ज्ञान होता है। पाठक अपने विषय से सम्बन्धित समस्याओं को ऐसे संदर्भ स्टाफ के सम्मुख रखते हैं। उन्हें संदर्भ स्टाफ पुस्तकालय अनुभवों के आधार पर पर्याप्त बिवरण प्रस्तुत करता है जो निरन्तर रूप से पुस्तकालय के साधनों से परिचित होने के पश्चात किया जाना सम्भव होता है। इस कार्य से पाठकों के समय की पर्याप्त बचत होती है।

पुस्तकों को आदान-प्रदान करने की विधियाँ—घर के लिए अध्ययनार्थ प्रदत्त पुस्तको के विवरण आदि को अभिलेख तैयार करने को **चार्जिंग कार्य** कहते है। इसके प्रतिकूल पाठकों से पुस्तकों को वापस लेने तथा उन्हें पुस्तकों के लौटाने के दायित्व से मुक्त करने की प्रक्रिया को **डिसचार्जिंग** कहते हैं।

चौथे सूत्र के प्रतिपादन के पूर्व पुस्तकों के आदान-प्रदान करने की विधियों में अनेक कठिनाइयाँ थीं तथा समय बर्बाद भी होता था। वे विधियाँ कहीं-कहीं अब भी प्रचलित हैं। असुविधाजनक विधियों के कारण पुस्तकों के आदान-प्रदान करने

में पाठकों का काफी समय नष्ट होता हैं। अतः इस दृष्टि से अनेक प्रकार के तरीके अपनाए गये जिसमें कम से कम समय लगे और पाठकों को प्रतीक्षा न करनी पड़े। पुस्तकों के आदान-प्रदान करने की विधियों का उल्लेख आगे चलकर किया जाएगा जिसमें समुचित एवं समय की बचत की दृष्टि से कौन सी विधि अच्छी है और किसका अनुसरण करना सम्भव है उसका अनुमान लगाया जा सकता है।

स्टाफ के कार्यकाल का समय--पाठकों के समय की बचत की दृष्टि से संदर्भ कार्य के लिए समुचित स्टाफ की व्यवस्था का अनिवार्य रूप से उल्लेख किया जा चुका है। स्टाफ की संख्या जितनी अधिक होगी, उतना ही अधिक समय संदर्भ कार्य के लिए किया जा सकता है। अतः इस संदर्भ में यह आवश्यक होता है कि स्टाफ का जो समय नियमित कार्यों में व्यय होता है उसे जहाँ तक सम्भव हो सके कम किया जाय। चतुर्थ सूत्र की धारणा ने वस्तुतः पुस्तकालय के अभिलेखों को प्रस्तुत करने तथा उनको सुरक्षित करके रखने के क्षेत्र में एक क्रांतिकारी कदम उठाने के लिए प्रेरित किया है। **पुरातन बँधी हुई** पुस्तकाकार अभिलेखों के स्थान पर पृथक-पृथक पत्रकों (Cards) का प्रयोग अब किया जाने लगा हैं। इस बात का दावा किया जा सकता है कि औद्योगिक संस्थानों तथा कार्यालयों में पत्रक पद्धति का प्रयोग बढ़ता जा रहा है जो सामान्यतः नवीन प्रशासनिक विधियों के लिए पुस्तकालय विज्ञान का विशेष योगदान रहा है।

पत्रक पद्धति किस सीमा तक स्टाफ के समय को बचाने में कितनी प्रभावकारी सिद्ध हुई है उसका बदलाव ग्रन्थालय अभिलेखों पर मनन करने से होता है–जैसे ग्रन्थ चयन पुस्तकों के क्रय का आदेश परिग्रहण तथा प्रत्याहरण एवं प्रसूचीकरण आदि। पत्रक व्यवस्था पद्धति से पुस्तकों के पाँच अधिलेखों का कार्य निपट जाता है। जब स्टाफ का कार्य कम होगा तो समय भी बचेगा। जब स्टाफ के समय की बचत होगी तब पाठकों के समय की बचत स्वतः होगी।

केन्द्रीय प्रसूचीकरण–स्टाफ के समय की बचत के नजरिये से केन्द्रीय प्रसूचीकरण एक महत्वपूर्ण व्यवस्था है। व्यापक राष्ट्रीय दृष्टिकोण से पुस्तक की अनेक पुस्तकालय द्वारा प्रसूची तैयार करने में पर्याप्त समय बर्बाद होता हैं। पुस्तकालय कुछ प्रसूचीकरण में जो समय बर्बाद होता है उसकी बचत करने के लिए 19 वीं शताब्दी के अन्तिम दशक में अमरीकी पुस्तकालय संघ ने इस दिशा में कम स्तर पर प्रयोगात्मक ढंग से मुद्रित प्रसूची-पत्रकों के उत्पादन तथा वितरण की व्यवस्था आरम्भ की थी जिससे पुस्तकालय के स्टाफ के समय की बचत हो सके और उनका पर्याप्त श्रम बर्बाद होने से बचाया जा सके। लेकिन पर्याप्त मात्रा में

प्रसूची-पत्रक के उत्पादन के लिए केन्द्रीय प्रसूचीकरण व्यवस्था का आरम्भ सक्रिय तरह से 1901 ई. में हुआ।

पुस्तकालय विज्ञान के चौथे सूत्र के लक्ष्य की पूर्ति के प्रयत्न में वह वर्ष एक कीर्तिमान वर्ष रहा जब लाइब्रेरी ऑफ कांग्रेस सबसे पहले अक्टूबर 1901 ई.में प्रसूची पत्रकों के नियमित रूप से ग्राहक बने थे चीन तथा रूस ने भी इनका क्रय समय के बचत की दृष्टि से करना शुरू किया। इससे पत्रकों के खर्च पर पर्याप्त प्रभाव पड़ा। पहले इन पत्रकों पर लाइब्रेरी ऑफ कांग्रेस के वर्गीकरण पद्धति के वर्गांक मुद्रित थे। परन्तु कालान्तर में दशमलव वर्गीकरण के वर्गांकों को मुद्रित किया जाने लगा। पुस्तकालय स्टाफ के समय के बचत को दृष्टिगत रखते हुए इस प्रकार की केन्द्रीय प्रसूचीकरण की व्यवस्था को दूसरे राष्ट्रों में अमरीकी परीक्षण की पद्धति पर शुरू किया गया। सोवियत संघ, जर्मनी में पहले से ही मुद्रित पत्रकों के उत्पादन तथा वितरण की व्यवस्था की जा चुकी है। चेकोस्लोवाकिया तथा स्पेन में भी मुद्रित पत्रकों का प्रचलन शुरू किया जा चुका है। ब्रिटिश म्यूजियम के अधीन सार्वजनिक पुस्तकालय समिति ने केन्द्रीय प्रसूचीकरण की व्यवस्था को बहुत पहले संस्तुत कर दिया था। अन्तर्राष्ट्रीय स्तर पर सहकारी प्रसूचीकरण की व्यवस्था इस दिशा में पर्याप्त सहायक सिद्ध हो सकती है जिसकी बड़ी जरूरत है।

पुस्तकालय की स्थिति—अब तक पाठकों के समय की बचत की समस्या तथा उसके उपाय का विवेचन पुस्तकालय में उनके प्रवेश के बाद किया गया है। परन्तु चौथे सूत्र पाठकों को पुस्तकालय तक पहुँचने के समय की समस्या का समाधान करने का भी प्रयत्न हैं कि पुस्तकालय का स्थान पाठकों की पहुँच के अधीन होना चाहिए जिससे उनके समय की बचत हो सके।

इस नजरिये से किसी कालेज का पुस्तकालय कालेज परिसर के केन्द्रीय स्थान पर निर्मित होना चाहिए जिससे सभी श्रेणी के पाठक सरलता से वहाँ तक पहुँच सकें। परन्तु किसी भी नगर के सार्वजनिक पुस्तकालय को किसी केन्द्रीय स्थान पर व्यवस्थित करना, जहाँ शहर के प्रत्येक कोने के लोग पहुँच सकें, उतना सरल नहीं है। पश्चिमी राष्ट्रों में चतुर्थ सूत्र के उद्देश्य की पूर्ति की दृष्टि से केन्द्रीय पुस्तकालय की अनेक शाखाओं तथा पुस्तकों के वितरण केन्द्रों की व्यवस्था शहर के प्रमुख भागों में की गयी है। लेकिन ग्रामीण क्षेत्रों के पाठकों को पुस्तकालय की स्थिति के कारण कठिनाइयों का सामना करना पड़ता है। प्रत्येक गाँव में पुस्तकालय संस्थापित करना मितव्ययी प्रतीत नहीं होगा। समय के बचत के नजरिये से मात्र एक ही साधन सम्भव प्रतीत होता है कि चल वाहनों की व्यवस्था की जाय। अनुभवी स्टाफ उपयुक्त

पुस्तकों का चुनाव कर चल पुस्तकालय के माध्यम से वाहनों द्वारा वितरण केन्द्रों तथा एकान्ततः स्थित गांवों में पुस्तकों के आदान-प्रदान की व्यवस्था करें। पश्चिमी राष्ट्रों में चल पुस्तकालयों की व्यवस्था का बाहुल्य है।

पाठक और पुस्तकालय स्टाफ दोनों का समय मूल्यवान है और कुशल एवं सन्तोषजनक पुस्तकालय सेवा प्रदान करने तथा प्राप्त करने में चौथे सूत्र कम से कम समय लगे इस पर अधिक जोर देता है। डॉ. रंगनाथन द्वारा प्रतिपादित तथ्यों का अनुसरण करने से इस दिशा में सफलता अवश्य मिलती है।

पुस्तकालय एक वर्धनशील तंत्र है

पहले चार सूत्रों की धारणा पुस्तकालयों की कार्यपद्धति, व्यवस्था तथा उनके कुशल संचालन से सम्बन्धित रही है। पाँचवां सूत्र पुस्तकालयों को एक संस्था के रूप में इसकी महत्वपूर्ण एवं स्थायी विशेषताओं के परिप्रेक्ष्य में उन सिद्धान्तों की विवेचना करता है जिससे उनके निरन्तर समायोजन में सहायता मिलती है और उनकी रूपरेखा के प्रति हमारी क्या धारणा होनी चाहिए उसके मूल तत्वों का प्रतिपादन करता है। पंचम सूत्र उन मूल तत्वों पर भी प्रकाश डालता है जो पुस्तकालय के सुनियोजन, व्यवस्था तथा संगठन से सम्बन्धित होते है। पहले चार सूत्रों की धारणा स्वतः परिलक्षित हो जाती है परन्तु पाँचवां सूत्र अव्यक्त प्रतीत होता है।

पाँचवा सूत्र–**पुस्तकालय एक वर्धनशील संस्था है,** जीव विज्ञान के उस सिद्धान्त का अनुभव देता है कि सशक्त एवं विकासशील तत्वों की ही सत्ता कायम रहती है और जिनमें विकास की क्षमता नहीं होती वे जड़वत बनकर लुप्त हो जाते है। जिस प्रकार कोई जीवित और विकासशील संगठन पुराने आवरण का परित्याग कर नई अवस्था में परिवर्तित होता है उसके आकार में परिवर्तन होता है तथा नवीन रूप धारण करता है। ठीक उसी प्रकार पुस्तकालय की भी स्थिति है। अनेक प्रकार से पुस्तकालय के आकार, कार्यक्रम, समस्याओं आदि में परिणामतः वृद्धि तथा बदलाव होता है। उन्हें समझ लेना कुशल प्रशासन व्यवस्था तथा संतोषपूर्ण सेवा आदि की दृष्टि से आवश्यक है।

आकार विस्तार–किसी भी पुस्तकालय के आवश्यक अवयव पुस्तकें पाठक तथा स्टाफ होते हैं। अतः वर्तमान पुस्तकालय को इन्हीं तीन प्रमुख कारणों के कारण तीनमूर्ति कहते हैं। किसी भी पुस्तकालय का संकलन जिसका उपयोग करने के लिए पाठक न हों तो वह आधुनिक परिप्रेक्ष्य में पुस्तकालय कहे जाने के उपयुक्त नहीं प्रतीत होता है। केवल पुस्तकों के संकलन तथा पाठकों के संयोग मात्र से बिना

किसी प्रकार की सेवा व्यवस्था के लिए स्टाफ की कमी में जिनके माध्यम से पाठकों से सम्पर्क स्थापित कर वास्तविक पाठक को वास्तविक पुस्तक, समुचित समय पर प्रदान किया जाता है, तो उसे भी वास्तविक पुस्तकालय की संज्ञा नही दी जा सकती है। इस तथ्य से बहुत लोग अपरिचित होते है।

कोई भी पुस्तकालय का छोटा आकार जो आज सुविधाजनक है कुछ दिनों के बाद जब पुस्तकालय की वृद्धि होती है तो समस्यामूलक बन जाता है। अतः पुस्तकालय का आकार, रचना तथा निर्माण विधि ऐसी होनी चाहिए जिससे भविष्य में आवश्यकता पड़ने पर किसी भी दिशा में वृद्धि बिना किसी बाधा के सम्भव हो सके।

पुस्तकें—किसी भी सक्रिय एवं सजीव पुस्तकालय में पुस्तकों की संख्या में वृद्धि पुस्तकालय के आकार को किस रूप में प्रभावित करती है उसे जान लेना अनिवार्य है। इससे मुख्य रूप से प्रभावित होने वाले पुस्तकालय भवन का वह भाग होता है जहाँ पुस्तकों को निधानियों पर व्यवस्थित करके आकलित किया जाता है। इसे ग्रन्थागार कहते है। इसका आकार, इसकी सापेक्ष स्थिति, पुस्तकों को आकलित अवस्था में रखने के लिए स्टैक रूप की इकाइयाँ हैं जिनमें स्टैक रूप निर्मित किया जाता है। पुस्तकों के रखने के लिए रैकों, अलमारियों, दराजों, लेबिल होल्डर तथा अन्य वस्तुओं जो पुस्तकों की आकलन व्यवस्था से सम्बन्धित होती है उनकी जाँच संकलन की वृद्धि की दृष्टि से अनिवार्य है क्योंकि पुस्तकों के संकलन की वृद्धि के साथ **स्टैक रूप** में भी वृद्धि स्वाभाविक है अतः इसकी आकार रचना इस तरह की होनी चाहिए कि किसी भी समय पर बिना किसी अवरोध के विस्तार आसानी से किया जा सके। इसकी नींव इस दृष्टि से सुदृढ़ बनानी चाहिए। प्रत्येक रैक की इकाई समान तथा साम्य होनी चाहिए जिससे उनमें नये रैकों को स्थापित करने में कठिनाई पैदा न होने पावे तथा इनमें किसी भी प्रकार का समायोजन किया जा सके।

सामयिकी कक्ष—पुस्तकालय के अधीन दूसरा कक्ष सामयिकियों अर्थात् पत्र-पत्रिकाओं का होता है जो आकार रचना की दृष्टि से महत्वपूर्ण होता है। इसका आकार तथा इस कक्ष के फर्नीचर आदि का विचार पत्र-पत्रिकाओं की वृद्धि को दृष्टिगत रखते हुए करना आवश्यक है जिससे भविष्य में आवश्यकतानुसार विस्तार तथा समायोजन सम्भव हो सके। पत्र-पत्रिकाओं को बढते हुए मूल्यों के कारण भारत के पुस्तकालयों में इनकी संख्या पर प्रभाव पड़ा है।

प्रसूची-कक्ष—पुस्तकों की वृद्धि के साथ ही साथ प्रसूची के आकार में भी विस्तार स्वाभाविक है। अतः प्रसूची कक्ष का निर्माण तथा व्यवस्था जिस स्थान अथवा कक्ष में की जाती है उसमें भी विस्तार की सम्भावना अवश्य होनी चाहिए।

प्रसूची—पुस्तकों की वृद्धि के साथ ही साथ प्रसूची की वृद्धि पुस्तकों की वृद्धि की छः गुनी होती है। यदि पूर्ण प्रसूचीकरण नहीं किया जाता है तो भी कम से कम चौगुनी बढ़ोतरी होती है। यदि अनुवर्ग प्रसूची की प्रथा है तो बढ़ोतरी और अधिक होगी। परिणामतः प्रसूचीकरण का खर्च बढ़ना स्वाभाविक है। अतः प्रसूची के वाह्य आकार तथा प्रसूची के प्रकार को दृष्टिगत रखते हुए प्रसूची को निर्मित करना आवश्यक है।

वर्गीकरण योजना—वर्गीकरण पद्धति द्वारा पुस्तकें सुगम एवं सुविधाजनक तरीके से विषयानुसार वर्गीकृत करके रखी जाती हैं। ये वर्गीकरण योजना भी विस्तारशील एवं सुविधाजनक होनी चाहिए जिससे नई पुस्तकों को उनके सापेक्ष स्थान पर पूर्व पुस्तकों के साथ व्यवस्थित किया जा सके। डॉ. रंगनाथन द्वार निर्मित वर्गीकरण योजना कोलन क्लासीफिकेशन इस दिशा में अद्वितीय वर्गीकरण योजना है। जिसका निर्माण डॉ. मेल्विल ड्यूवी ने किया है अब 18 वें संस्करण से पर्याप्त उपयोगी बना दी गयी है। अतः वर्गीकरण पद्धति का अनुसरण उसकी उपयोगिता की दृष्टि से पुस्तकालय के विस्तार के अनुसार कार्य करने में सहायक सिद्ध होनी है।

पाठक तथा पुस्तकों का आदान-प्रदान—पाठकों तथा पुस्तकों की वृद्धि से निम्नांकित के विस्तार पर विचार आवश्यक है जो पाठकों की बढ़ोत्तरी के साथ स्वतः विस्तृत होने की स्थिति में आ जाते हैः (1) अध्ययन कक्ष का आकार (2) पुस्तकों के आदान-प्रदान करने की विधि तथा (3) आवश्यक सुरक्षा व्यवस्था।

अध्ययन कक्ष—जहाँ पाठकों को पुस्तकालय में बैठकर पढ़ने तथा अनेक प्रकार की आवश्यक पुस्तकें अध्ययन व्यवस्थित तरीके से रखी जाती है उसे अध्ययन कक्ष कहते हैं। जितने पाठकों को बैठकर पढ़ने तथा पुस्तकों के रख-रखाव की व्यवस्था की गयी होती है वह कालान्तर में असुविधाजनक प्रतीत होने लगती है, क्योंकि पाठकों तथा पुस्तकों की संख्या में वृद्धि होने लगती है। अतः इस कक्ष को इस तरीके से निर्मित होना चाहिए कि कुछ वर्षो तक बिना किसी विस्तार के पाठकों को बैठकर पढ़ने तथा पुस्तकों के रखने में कोई बाधा स्थानाभाव के कारण उत्पन्न न होने पाये। तदुपरांत विस्तार करने में ऐसी स्थिति उत्पन्न न हो कि विस्तार करने में कठिनाई उत्पन्न होने लगे। विस्तार आसानी से हो सके उस दृष्टि से इस कक्ष का निर्माण किया जाना चाहिए।

पुस्तकों को प्रदान करने की विधि—पाठकों तथा पुस्तकों की संख्या में बढ़ोत्तरी होने पर प्रदान की जाने वाली पुस्तकों की संख्या में वृद्धि होती है। यह एक

अनुभवसिद्ध तथ्य है। पुस्तकों के आदान-प्रदान करने की विधि का नियोजन करना चाहिए। जब सौ से अधिक प्रतिदिन पुस्तकों के प्रदान करने की संख्या में वृद्धि होती है तो पुरानी आदान-प्रदान की विधि का प्रयोग करने से अधिक से अधिक पुस्तकालय सहयोगियों की आवश्यकता पड़ती है। पुरानी रजिस्टर विधि, जो पुस्तकों को प्रदान करने के अभिलेख के रूप में प्रयोग की जाती हैं, असुविधाजनक सिद्ध होने लगती है।

रजिस्टर विधि से पुस्तकें प्रदान करने में पुस्तकों तथा पाठकों की संख्या को देखते हुए अधिक पुस्तकालय सहायकों की आवश्यकता पड़ेगी और जब पुस्तकों को खोजने के समय भीड़ होती है तो पुस्तकों को उपलब्ध करना एक समस्या बन जाती है। इसके विपरीत रीडर्स टिकट का प्रयोग पुस्तकों के प्रदान करने के लिए किया जाये तो बड़ी तीव्रता के साथ यह कार्य किया जा सकता है। रीडर्स टिकट से पाठकों को अभिज्ञान भी हो जाता है और प्रदान करने वाले पुस्तकालय सहायक का दायित्व भी पाठकों को स्थानान्तरित हो जाता है क्योंकि टिकट पर प्राप्त पुस्तक का दायित्व पाठक का हो जाता है और टिकट को इस तरह से रखना कि दूसरा पाठक उसका दुरुपयोग न कर सके, इसका भी दायित्व पाठक का ही होता है। इससे निर्धारित पुस्तकों के अलावा अधिक पुस्तक प्रदान करने की सम्भावना भी नहीं रहती है। टिकट के साथ पुस्तक पत्र लगा दिया जाता हैं। इससे दिन प्रतिदिन प्रदान की जाने वाली पुस्तकों तथा विषयानुसार प्रदत पुस्तकों की सांख्यिकी भी तैयार करने में सुविधा होती है और वापस करने में भी कम समय लगता है।

समतल फर्श—पुस्तकों के आदान-प्रदान की संख्या बढ़ोतरी के कारण लौटाई गयी पुस्तकों को पुनः उनके समुचित स्थान पर व्यवस्थित करने की समस्या उत्पत्र होती है। पुस्तकों के ले जाने के लिए बुक ट्राली का उपयोग करना पड़ता है। अतः ग्रन्थागार के फर्श बिल्कुल समतल होने चाहिए जिससे ट्राली को सरलता से प्रयोग में लाया जा सके।

सुरक्षा व्यवस्था—ज्यों-ज्यों पाठकों की संख्या बढ़ती है और निरन्तर पर्याप्त संख्या में पाठक पुस्तकालय में आते-जाते हैं तो पुस्तकों के गायब होने की समस्या भी पैदा होती है। विशेषतः जब खुली प्रवेश होता है तो यह समस्या अधिक बढ़ जाती है। इसकी सुरक्षा के लिए बाहर जाने का दरवाजा केवल एक होना चाहिए जहाँ पर एक सतर्क सहायक नियुक्त हो जो पाठकों पर निगाह रखे। सुरक्षा की विधियाँ अग्रलिखित है—

प्रवेश द्वारा तथा बाहर जाने का द्वार केवल एक-एक होना चाहिए। इसमें यंत्रयुक्त बन्द होने की व्यवस्था होनी चाहिए जिससे द्वार स्वतः आने-जाने पर बन्द हो जाय। दरवाजों में तार की जाली लगी होनी चाहिए। पाठकों को पुस्तकों को निधानियों में रखने के लिए प्रोत्साहित नहीं करना चाहिए।

स्टाफ—सुरक्षापूर्ण मुक्त प्रवेश व्यवस्था तथा सुविधाजनक पुस्तकों के आदान-प्रदान की पद्धति के कारण इन विभागों के स्टाफ की समस्या कम अवश्य हो जाती है परन्तु ग्रन्थ चुनकर पत्र-पत्रिका विभाग, प्रसूचीकरण विभाग संदर्भ सेवा विभाग तथा जिल्दसाजी विभाग में पुस्तकालय के विकास और वृद्धि के साथ भी वृद्धि स्वाभाविक हो जाती है। पहले तीन विभागों की बढ़ोत्तरी पुस्तकों की संख्या में वृद्धि तथा अन्य दोनों विभागों की वृद्धि पाठकों तथा संकलन की बढ़ोत्तरी के कारण होती है। अतः समुचित एवं संतोषजनक पुस्तकालय सेवा उपलब्ध करने के लिए पुस्तकालय प्रबन्धकों को आवश्यक स्टाफ प्रदान करना अनिवार्य है।

स्टाफ की कार्य-कुशलता पुस्तकालय सेवा को संतोषपूर्ण तरह से प्रदान करने के लिए आवश्यक है। एक तो कुशल व्यक्ति से ज्यादा कार्य किए जाने की सम्भावना रहती है और दो होने की स्थिति में दोगुने की। परन्तु जब दस व्यक्ति हो जाते हैं तब दस गुना कार्य होने में भ्रम रहता है। ऐसी स्थिति में कार्य व्यवस्थापक अथवा कार्य नियोजक, जो प्रधान होता है को चाहिए कि वह कार्य का अनुपात ज्यादा से ज्यादा रखे। इसके लिए जो जिस कार्य में कुशल है उसे ही उस कार्य का दायित्व देना चाहिए। अतः पुस्तकालय के प्रत्येक कार्य को उसकी प्रकृति की दृष्टि से बँटा होना चाहिए। इसी प्रकार कार्य का दायित्व भी सौंपना चाहिए। समय-समय पर स्थानान्तरण भी आवश्यक है।

स्टाफ परिषद्—कुशलतापूर्वक पुस्तकालय का संचालन करने के लिए यदि स्टाफ की संख्या अधिक है तो एक स्टाफ परिषद् का निर्माण किया जाना चाहिए। इसमें पुस्तकालयी इसका अध्यक्ष हर विभाग से उसके प्रभारी तथा विभाग के प्रतिनिधि होने चाहिए। परिषद का कार्य पुस्तकालयी को सलाह देना है जो प्रत्येक विभाग के कार्य को सुव्यवस्थित ढंग से समय तथा श्रम की बचत की दृष्टि से ज्यादा कार्य की क्षमता बढ़ाने, विभागों के पारस्परिक समन्वय तथा सम्बन्ध में ताल-मेल रखने, पाठ्य सामग्रियों को उपयोगी बनाने, पाठकों की सेवा विधि को उन्नत बनाने एवं प्रसार कार्य के आयोजन आदि से सम्बन्धित होते हैं। स्टाफ काउन्सिल का निर्माण होने से स्टाफ में नेतृत्व की भावना का विकास होता है।

पारस्परिक मधुर सम्बन्ध—पुस्तकालय के स्टाफ में पारस्परिक सम्बन्ध बडे मधुर होने चाहिए। उनसे आपस में एक-दूसरे को सहयोग एवं सहायता की भावना प्रगाढ़ रूप से होनी चाहिए। शत्रुता तथा पारस्परिक जलन की प्रवृति बिल्कुल नहीं होनी चाहिए। ऐसी भावना होनी चाहिए कि बिना किसी पारितोषिक एवं प्रशंसा के भी सभी प्रकार का कार्य मौन रूप से किया जाये। जिन विभागों में समयानुसार स्टाफ की कार्य अवधि में परिवर्तन होने पर दूसरे स्टाफ को दायित्व लेने के कार्य के आभास पाठकों को नहीं होना चाहिए और पाठकों की सेवा भी इस बदलाव से प्रभावित नहीं होनी चाहिए।

डॉ. रंगनाथन ने इस तरह पुस्तकालय विज्ञान के पाँच सूत्रों का प्रतिपादन करके उन प्रमुख एवं मौलिक सिद्धान्तों तथा विधियों का विवेचन किया है जो वर्तमान पुस्तकालयों को शिक्षा तथा संस्कृति एवं सूचना प्रसार केन्द्र के प्रमुख साधन एवं संस्था के रूप में व्यवस्थित करने में सहायक सिद्ध होते हैं और मार्गदर्शन करते हैं।

पुस्तकालय विज्ञान के पाँच सूत्रों की व्यापक व्याख्या तथा अभिप्राय

पुस्तकालय विज्ञान के जिन पाँच सूत्रों की व्याख्या की गयी है उन्हें डॉ. रंगनाथन ने एक व्यापक और सार्वभौमिक परिप्रेक्ष्य में प्रतिपादित किया था। ये उपसूत्र इतने मौलिक, दूरदर्शी उपयुक्त तथा प्रभावशील हैं कि वर्तमान सूचना समाज उद्योग के समय मे भी पुस्तकालयों के बदलते आयामों में उन्हें उपयुक्त दिशा प्रदान करने एवं उद्देश्यात्मक भूमिका निभाने में उतनी ही उपादेयता रखते हैं जो 1928 ई. में इनकों विकसित करने वाले समय में अपेक्षित था। मानव समाज में तब से अब तक विशाल बदलाव प्रत्येक दिशा में उत्पन्न हुआ है। ज्ञान और सूचना समाज में हमेशा महत्वपूर्ण रहा है और समाज की भौतिक उन्नति एवं समृद्धि में इन्हें बड़ा ही सशक्त साधन एवं शक्ति माना गया है। लेकिन विगत छः दशकों में न केवल इसको एक वस्तु के रूप में अधिक महत्वपूर्ण माना गया बल्कि सूचना एवं ज्ञान के अभिगम, उपलब्धता और प्रसार में भी प्रचुर विकास हुआ है। इसका मुख्य कारण सूचना प्रौद्योगिकी का प्रादुर्भाव एवं अनुप्रयोग रहा है। ज्ञान एवं सूचना के अभिप्रायः में अब समय और दूरी उतने बाधक नहीं रहे और किसी भी स्थान पर एक ही साथ कम्प्यूटर नेटवर्क एवं कम्प्यूटर के पर्दे पर असंख्य संग्रहण एवं प्रसारण ने इसे और विस्तृत एवं सरल बना दिया है। सूचना और ज्ञान को जिस अपार एवं विशाल मात्रा में प्रसारित किया जाता है और जिसमें वैविध्यता भी ज्यादा होती है, अभिगम एवं

उपलब्धता की दृष्टि से समस्यामूलक नहीं होते हैं तथापि प्रयोग करने और उपयोगकर्त्ताओं को पुस्तकालय एवं सूचना सेवाओं को सुलभ करने की मूल समस्या में कोई परिवर्तन नहीं हुआ है। मात्र उनके मापदण्ड स्थिति तथा विधियों में बदलाव हो गया है। अतः यह आवश्यक प्रतीत होता है कि डॉ. रगनाथन् द्वारा प्रयुक्त पद "पुस्तकें" जो ज्ञान/सूचना का प्रतिनिधित्व करते हैं उनके स्थान पर सूचना और पुस्तकालय के बदले में सूचना प्रणाली का उपयोग किया जाय जो परिवर्तनशील समाज में उपयुक्त प्रतीत होते हैं।

इस परिप्रेक्ष्य में पाँच सूत्रों की निम्नांकित वाक्याशों में अभिव्यक्ति की जानी चाहिए–

(1) प्रलेख/सूचना उपयोग के लिए है,

(2) प्रत्येक उपयोगकर्त्ता/उसका प्रलेख/सूचना

(3) प्रत्येक प्रलेखक/सूचना और उसका उपयोगकर्ता

(4) उपयोगकर्ता के समय की बचत करो

(5) प्रलेखन/सूचना पद्धति एक वधर्नशील अंग हैं

प्रथम सूत्र "प्रलेख/सूचना उपयोग के लिए हैं" में सम्पूर्ण सूचना स्थानान्तरण प्रक्रिया शामिल है जिसमें सूचना को एक आवश्यक संसाधन एवं उपयोगी वस्तु माना गया जो किसी भी गैर-संसाधन वस्तु को सशक्त संसाधन में बदलने की क्षमता रखती है। लेकिन इस सशक्त संसाधन से लाभ लेने के लिए इसकी सुरक्षा एवं व्यवस्था करनी पड़ती है। पूरी तरह लाभान्वित होने के लिए इसका अनेक प्रकार से उपयोग करना पड़ता है। अतः इस उपसूत्र में राष्ट्रीय विकास एवं उन्नति में सूचना एक उपादेय एवं सशक्त संसाधन है और महत्वपूर्ण भूमिका पूरी करता है, को पूर्णतः अभिकल्पित किया गया है।

दूसरा सूत्र "प्रत्येक उपयोगकर्ता उसका प्रलेख/सूचना" का लक्ष्य एवं संकेत प्रत्येक उपयोगकर्ता की उपयुक्त सूचना अनिवायर्ता से सम्बन्धित सामग्रियों/प्रलेखों/सूचना का संकलन, प्रसार एवं उपलब्ध करना आवश्यक है। सूचना का अधिग्रहण और आपूर्ति उपयोगकर्ताओं की श्रेणी एवं आवश्यकता करने में किसी प्रकार का भेदभाव नहीं होना चाहिए। सूचना के संग्रह एवं उपयोगकर्ताओं की सेवा के प्रति प्रलेखन एवं सूचना विशेषज्ञों /प्रबन्धकों, कर्मियों में किसी भी तरह का पूर्वाग्रह नहीं होना चाहिए। इसमें उपयोगकर्ताओं को केन्द्रबिन्दु मानकर पुस्तकालय एवं सूचना सेवाओं एवं पद्धतियों को सुसंगठित

किया जाना चाहिए। इस उपसूत्र में पुस्तकालय एवं सूचना केन्द्र की व्यवस्था एक सुनिश्चित उद्देश्य की पूर्ति हेतु करने का संकेत एवं निर्देश है वह पाठक/उपयोगकर्ता की सूचना जरूरी है।

तीसरा सूत्र ''प्रत्येक प्रलेख/सूचना तथा इसका उपयोगकर्ता'' इस लक्ष्य का संकेत करता है कि हर प्रलेख/सूचना का उपयुक्त पाठक/उपयोगकर्ता जरूर मिलना चाहिए, अर्थात् जिन सूचना सामग्रियों का संग्रह किया जाता है उन्हें उपयोगकर्ता को दृष्टिगत रख कर किया जाना चाहिए जिससे उनका प्रयोग होता रहे। साथ ही यह उपसूत्र यह भी निर्दिष्ट करता है कि उपयुक्त सूचना उपयुक्त उपयोगकर्ता को प्रदान की जानी चाहिए। अपेक्षाकृत उसे ऐसे उपयोगकर्ता को प्रदान किया जाय जो उसका उपयोग करने में असमर्थ हों इससे अन्य उपसूत्रों का भी आदर होगा। सूचना के उत्पादन से लेकर उसका सदुपयोग करने तक उसे उपयोगकर्ता की आवश्यकतानुसार प्राप्त करने की व्यवस्था तथा प्रक्रियाकरण किया जाना चाहिए।

चौथा सूत्र ''उपयोगकर्ता के समय की बचत कीजिए'' से एक उपसिद्धान्त भी उत्पन्न होता है कि ''सूचना व्यवसायियों के समय की बचत कीजिए'' का आशय एवं उद्देश्य है कि ऐसी व्यवस्था पद्धति एवं सेवाओं तथा उनकी विधियों को विकसित एवं अनुसरण करना चाहिए, जिससे उपयोगकर्ताओं एवं सूचना कर्मियों को बचाया जा सके और सेवाएँ भी तीव्रतापूर्वक निष्पादित की जा सके। वर्तमान सूचना प्रौद्योगिकी इस उपसूत्र के उद्देश्य की पूर्ति में सहायक सिद्ध होती है जिसके अनुसरण से समय की बचत अधिकाधिक होती है और कार्य कुशलता और समता में वृद्धि होती है।

पाँचवां सूत्र ''प्रलेख/सूचना प्रणाली एक वर्धनशील अंग है'' से यह संकेत और निर्देश प्राप्त होता है कि सूचना व्यवस्था पद्धति एवं संस्थान वर्धनशील होते हैं जो अति आयामीय होता है। अतः सूचना संस्थानों एवं पद्धतियों को सूचना उपयोगकर्ताओं की विविध एवं बदलावशील आवश्यकताओं को दृष्टिगत रखते हुए उनकी पूर्ति हेतु स्वतः तदनुसार क्षमता विकसित करने की एक पद्धति एवं व्यवस्थागत उपागम को अपनाना चाहिए।

सूचना की अति आयामी वृद्धि एवं विकास में तथा परिवर्तनशील सूचना आवश्यकताओं एवं उपयोगकर्ताओं की भिन्नता तथा माँग की तीव्रता एवं स्तर के परिप्रेक्ष्य में किस तरह की व्यवस्था पद्धति एवं उपागम अपनानी चाहिए उसमें इस उपसूत्र से एक दिशा प्राप्त होती है।

सूचना जगत की विशालता एवं वैविध्यता और सूचना स्रोतों को इस तरह से एकीकृत एवं सम्बद्ध करना चाहिए कि सूचना संस्थानों के विकास एवं वृद्धि के अनुरूप इसे सुंसगठित एवं स्थापित किया जा सके।

3

पुस्तकालयाध्यक्ष एवं पुस्तकालय कर्मचारी

ग्रन्थालय के संगठन के लिए तीन बातें जरूरी होती हैं–

1. पाठक,
2. अध्ययन सामग्री,
3. पुस्कालयाध्यक्ष एवं पुस्तकालय कर्मचारी।

इन तीनों बातों में से यदि किसी एक को निकाल दिया जाय तो पुस्तकालय की कल्पना ही नहीं की जा सकती। इन्हीं बातों पर पुस्तकालय की लोकप्रियता तथा सफलता आश्रित है। इन तीनों बातों पर पुस्तकालय कर्मचारियों द्वारा दी गयी सेवा का विशेष महत्त्व है। कर्मचारियों को निष्ठा तथा कर्मठता पुस्तकालय सेवा को पाठकों के अनुकूल, लोकप्रिय एवं सफल बनाती है। कल्पना कीजिए, कि किसी पुस्तकालय में बहुत ही अच्छी, दुर्लभ एवं बेशकीमती पुस्तकें संगृहीत हैं, किन्तु उसके कर्मचारी अशिष्ट, अयोग्य एवं अदूरदर्शी हैं तो ऐसी स्थिति में क्या ग्रंथालय से अच्छी सेवा की आशा की जा सकती है। पुस्तकालयाध्यक्ष एवं पुस्तकालय कर्मचारी वे व्यक्ति हैं, जो पाठक और पठनसामग्री को परस्पर समीप लाते हैं। अतः यह जरूरी है कि वे योग्य हों ताकि वे पाठकों का सफलतापूर्वक मार्गदर्शन कर सकें। श्री क्लारा डब्ल्यू हरबर्ट ने पुस्तकालय सेवा में योग्य कर्मचारियों के योगदान को अत्यन्त जरूरी बताते हुए कहा हैं कि कोई भी ग्रंथालय पर्याप्त संख्या में योग्य कर्मचारियों के अभाव में सफल पुस्तकालय सेवा नहीं प्रदान कर सकता। पुस्तकालय पाठकों के लिए

पूर्वाग्रह विहीन तथा निष्पक्ष सूचना-केन्द्र के रूप में तभी कार्य कर सकता है, जब कि अति योग्य तथा ईमानदार कर्मचारी पुस्तकालय में उपलब्ध हों। सार्वजनिक सेवा के कार्य में संलग्न किसी भी संस्था के लिए प्रशिक्षित कर्मचारियों का चुनाव तथा संगठन ऐसी बातें हैं, जिसको स्मरण में रखना अत्यन्त आवश्यक है। एक अन्य पुस्तकालय वैज्ञानिक के अनुसार पुस्तकालय सेवा का प्रभावी होना प्रधानतः इस बात पर निर्भर करता है कि कर्मचारियों में समुचित योग्यता हो। वे सहृदयता प्रदर्शित करते हों। पाठकों को पुस्तकालय के संसाधनों का उपयोग करने के लिए प्रोत्साहित करते हों। तथा पुस्तक सामग्री की व्यख्या करते हों। इन विचारों के संदर्भ में श्री कृष्ण राव का यह विचार अति महत्वपूर्ण है कि पुस्तकालयाध्यक्ष प्रशासक होने के साथ विद्वान् तथा प्रतिबद्ध सिद्धान्तवादी भी हो और उसे पुस्तकों से प्रेम होने के अलावा मानवता में भी रुचि हो।

पुस्तकालय कर्मियों का वर्गीकरण

पुस्तकालय कर्मचारी मुख्यतः दो भागों में बाँटे जा सकते है–

1. प्रशिक्षित कर्मचारी,
2. अप्रशिक्षित कर्मचारी।

1. प्रशिक्षित कर्मचारी–प्रशिक्षित कर्मचारी से आशय उस व्यक्ति से है, जो एक वर्ष के प्रशिक्षण के दौरान पुस्तकालय विज्ञान में उपाधि प्राप्त कर चुका है, ऐसे प्रशिक्षित/स्नातक कर्मचारियों को सुविधा हेतु अर्धप्रशिक्षित कर्मचारी माना जाता है। इन्हें प्रशिक्षित कर्मचारियों के वर्ग में ही शामिल कर लिया जाता है।

2. अप्रशिक्षित कर्मचारी–अप्रशिक्षित कर्मचारी वे होते हैं, जो प्रशासनिक कार्यों में पुस्तकालयाध्यक्ष और अन्य तकनीकी कर्मचारियों को मदद देते हैं। लिपिक वर्गीय कर्मचारी, दफ्तरी, चौकीदार, भृत्य इसी श्रेणी में आते हैं।

पुस्तकालयाध्यक्ष

पुस्तकालयाध्यक्ष पुस्तकालय के संगठन एवं संचालन के लिए मुख्य रूप से उत्तरदायी होता है। वह पुस्तकालय कर्मचारियों की कार्यकलापों का जाँच करता है तथा पाठकों का दिशानिर्देशन करता है। संक्षेप में कहा जा सकता है कि उसका कार्य अपने सहयोगी कर्मचारियों की दिशानिर्देश और कार्यकलापों को संगठित करते हुए पुस्तकालय के लिए निर्धारित उद्देश्यों की प्राप्ति करना है। इसकी प्राप्ति के लिए उसे निम्नलिखित कर्तव्यों का पालन करना पड़ता है–

1. पुस्तकालय का सामान्य प्रशासन करना—पुस्तकालयाध्यक्ष को प्रबन्धक के रूप में पुस्तकालय का कुशल प्रशासन करना पड़ता है। इसके लिए वह पुस्तकालय समिति के आदेशानुसार कार्य करता है, और पुस्तकालय सेवा की व्यवहारिकता एवं उपयोगिता बनाये रखता है।

2. प्रेरणा—पुस्तकालयाध्यक्ष अपने अधीनस्थ कर्मियों की कार्य-कुशलता का ध्यान रखते हुए उनसे ज्यादा कार्य कराने के लिए उन्हें आवश्यक प्रेरणा प्रदान करता है, ताकि वे अपनी मर्जी से अधिकतम कार्य करने के लिए तैयार हो जाँय। प्रेरणा मिलने से अधीनस्थ कर्मचारियों में सफलतापूर्वक कार्य करने की मनोवृत्ति बढ़ती है।

3. आयोजन—पुस्तकालयाध्यक्ष पुस्तकालय सेवाओं के संचालन के लिए योजना बनाता है।

4. अधीनस्थों की भावना को समझना—पुस्तकालयाध्यक्ष को अन्य अधीनस्थ कार्य करने वाले कर्मियों की भावनाओं को समझना पड़ता है। ऐसा करने पर ही वह उनसे कोई भी कार्य करा लेने में सफल होगा।

5. अनुशासन बनाये रखना—पुस्तकालय में पाठक एवं कर्मचारी अनुशासन बनाये रखें, इस दिशा में भी पुस्तकालयाध्यक्ष को विशेष ध्यान देना पड़ता है। अनुशासन वह दिशा निर्देश है, जो किसी व्यक्ति या समूह को नियम, नियन्त्रण एवं कार्यकलापों को पालन करने के लिए जागृति पैदा करता है।

6. संस्था के प्रति निष्ठा बनाये रखना—पुस्तकालयाध्यक्ष का कर्तव्य है कि वह अपने सहायकों में पुस्तकालय सेवा के प्रति अपूर्व निष्ठा बनाये रखे। यह कार्य अनेक प्रकार से किया जा सकता है, जैसे पुस्तकालय सेवाओं के निहित उद्देश्यों की समुचित व्याख्या करना तथा परिवर्तन करते समय उनसे परामर्श लेना आदि, ताकि वे अपने को पुस्तकालय सेवाओं का अंग मानने लगें। साथ ही वे अपना कार्य पूर्ण साहस एवं अपनी इच्छा से करें, इसके लिए भी विभिन्न कार्य किये जा सकते हैं, जैसे अधीनस्थों में पारस्परिक मतभेद न होने देना। अनुशासन भंग करने वाले कर्मचारियों के विरुद्ध दंड देने की कार्यवाही करना।

7. पुस्तकालय की अर्थव्यवस्था को नियंत्रित रखना—पुस्तकालयाध्यक्ष पर ही पुस्तकालय के संचालन का उत्तरदायित्व होता है एवं अर्थव्यवस्था पर उसे पूर्ण नियंत्रण रखना चाहिए तथा वार्षिक प्रतिवेदन भी उसी को तैयार करना चाहिए।

8. पुस्तकालय सामग्री के विष में जानकारी—पुस्तकालयाध्यक्ष को अपने पुस्तकालय में सम्मिलित पाठ्य सामग्री तथा अलग से सम्मिलित सामग्री के विषय में पूर्ण एवं अधिक ज्ञान होना चाहिए।

9. पुस्तकालय की तकनीकी सेवाओं का संचालन तथा निष्पादन करना—पुस्तकालयाध्यक्ष को वर्गीकरण, सूचीकरण आदि तकनीकी कार्य स्वयं अथवा अपनी दिशानिर्देश में करवाना चाहिए। उसे सेवा-प्रचार और प्रसार, संबंधी आदि के विषय में पूर्ण जानकारी होनी चाहिए।

10. पुस्तक चयन—पुस्तकालयाध्यक्ष को पुस्तक चयन के सिद्धान्तों के विषय में विस्तृत जानकारी तथा अपने पाठकों की रुचियों का अच्छा अध्ययन होना चाहिए।

11. पाठकों में मिलान पुस्तकालय सेवाओं के विषय में अभिरुचि जागृत करना—पुस्तकालयाध्यक्ष का सबसे महत्त्वपूर्ण कार्य पाठकों और पुस्तकालय में जमा सामग्री के बीच मिलान का कार्य करना है। ऐसा करने के लिए उसे अन्य सामान्य साधनों के अतिरिक्त पुस्तक प्रदर्शनी, गोष्ठी व व्याख्यान माला आदि संबंधी नियमों को उपयोग में लाना चाहिए, विभिन्न आयोजन करना चाहिए, और सुनियोजित ढंग से ग्रंथालय सेवाओं का प्रचार करना चाहिए।

12. पुस्तकालय सहयोग—आधुनिक युग में पाठकों की आवश्यकताएँ इतनी बढ़ गयी हैं कि किसी एक पुस्तकालय से उनका कार्य नहीं चल सकता। अतः अनेक पुस्तकालय मिलकर आपसी लेन-देन द्वारा पाठकों की समस्याएँ हल करते हैं। पुस्तकालयाध्यक्ष का कार्य है कि वह अन्य पुस्तकालय से सम्पर्क बनाये रखे तथा पाठकों की आवश्यकता के अनुसार उनसे सम्पर्क करके सामग्री इकट्ठा करे तथा पाठकों को प्रदान करे। इसके अतिरिक्त उसे अन्य पुस्तकालयों को भी उनकी आवश्यकतानुसार साहित्य प्रदान करने के लिए तैयार रहना चाहिए।

उक्त कर्तव्यों के संबंध में हम यह देख सकते हैं कि पुस्तकालयाध्यक्ष के निम्न चार प्रकार के दायित्व हैं—

1. अधिकारीगण अथवा पुस्तकालय समिति के प्रति दायित्व—पुस्तकालयाध्यक्ष पुस्तकालय समिति अथवा पुस्तकालय के व्यवस्थापक मण्डल द्वारा निर्धारित उद्देश्यों और नीतियों की पूर्ति के लिए कार्यकलाप बनाता है तथा उस पर ध्यान केन्द्रित करता है। पुस्तकालयाध्यक्ष पुस्तकालय समिति का पदेन सचिव होता है। एक सफल पुस्तकालयाध्यक्ष पुस्तकालय समिति को पुस्तकालय के सफल संचालन, प्रशासन और स्पष्ट नीति-निर्धारण में परामर्श और सहयोग देता है। वह पुस्तकालय समिति अथवा पुस्तकालय अधिकारीगण के प्रति निम्नलिखित कर्तव्यों का पालन करता है—

1. नीतियों तथा कार्यक्रमों का क्रियान्वयन करना।
2. पुस्तकालय समिति अथवा अधिकारीगण की ओर से जनसम्पर्क करना।
3. पुस्तकों का चयन करना अथवा खरीद करना।
4. पुस्तकालय का वार्षिक आय-व्यय तैयार करना तथा उसे समिति अथवा अधिकारियों को प्रस्तुत करना।
5. पुस्तकालय के भावी विकास के लिए, योजनाएँ तैयार करना तथा उन्हें पुस्तकालय की गतिविधियों के परिप्रेक्ष्य में समिति अथवा अधिकारियों के सम्मुख प्रस्तुत करना।
6. वार्षिक संग्रह-परीक्षण करना तथा समिति को उसका प्रतिवेदन प्रस्तुत करना।
7. पुस्तकालय की सम्पत्ति की सुरक्षा के लिए प्रबन्ध करना।
8. समिति की बैठकों में पदेन सचिव की हैसियत से भाग लेना।
9. पुस्तकालय के कर्मचारियों की माँगों तथा उनकी पदोन्नति आदि के सम्बन्ध में निर्णय हेतु प्रतिवेदन प्रस्तुत करना।
10. राज्य एवं राष्ट्रीय स्तर पर आयोजित पुस्तकालय सम्मेलनों अथवा गोष्ठियों में पुस्तकालय समिति अथवा उच्चअधिकारियों का प्रतिनिधित्व करना।
11. तकनीकी परामर्शदाता के रूप में प्रशासन और नीति-निर्धारण में सहयोग देना व कर्मचारियों की नियुक्ति, संगठन आदि कार्य करना।

2. अधीनस्थ कर्मचारियों के प्रति दायित्व—पुस्तकालयाध्यक्ष की सहायता करने के लिए पुस्तकालय में अनेक कर्मचारी होते हैं। पुस्तकालयाध्यक्ष कर्मचारियों की नियुक्ति में परामर्श देने से लेकर उनके लिए कार्य निर्धारित करने, उनसे कार्य लेने, उनके कार्य का मूल्यांकन करने तक सब बातों के लिए जिम्मेवार होता है। वह पुस्तकालय के कर्मचारियों का कार्य-विभाजन और बँटवारा करता है तथा यह ध्यान में रखता है कि कौन-सा कर्मचारी किस कार्य को अधिक कुशलता से कर सकता है। वह अपने अधीनस्थ कर्मचारियों को प्रोत्साहित करता है तथा उन्हें आवश्यक प्रेरणा प्रदान करता है। वह कार्य की पद्धति तथा कार्यनिर्धारण में अधीनस्थों का राय-विचार-विमर्श लेता है। वह अपने अधीनस्थों के संगठन का प्रतिनिधित्व करता है। वह पुस्तकालय का उच्चकोटि का तकनीकी कर्मचारी होता है। उसे अपने अधीनस्थों को आदेश देने पड़ते हैं तथा कर्मचारियों पर नियंत्रण रखना पड़ता है। यह कार्य प्रशासनिक कुशलतापूर्वक किये जाने पर ही पुस्तकालय अपने कार्यों से पाठकों की सेवा कर सकता है। प्रशासनिक कुशलता में निम्न बातों को सम्मिलित किया जाता है—

1. कार्य के सम्पादन में अधीनस्थों का सहयोग प्राप्त करने की कला आदि। इन प्रशासनिक कुशलताओं के अतिरिक्त पुस्तकालयाध्यक्ष में अपने अधीनस्थों की क्षमता को समझने और विकसित करने की योग्यता, सामाजिक संवेदनशीलता, fu"i{krk] lkewfgd Hkouk¼team spirit) से काम लेने की क्षमता भी होनी चाहिए। इस प्रकार पुस्तकालयाध्यक्ष अपने अधीनस्थ कर्मचारियों के प्रति अपने दायित्व को पूर्ण कर सकता है।
2. नियंत्रण स्थापित करने की क्षमता,
3. अधीनस्थों में उत्पन्न होने वाले असन्तोष को दूर करने की योग्यता,
4. व्यवहार कुशलता,
5. आदेशों की स्पष्टता एवं कुशलता,
6. अनुशासनिक व्यवस्था तथा
7. अधीनस्थों में उत्पन्न होने वाले असन्तोष को दूर करने की योग्यता।

3. पाठकों के प्रति दायित्व--पाठक पुस्तकालय के वे सूक्ष्म अंग हैं जो पुस्तकालय का उपयोग करते हैं। उनकी रुचियों के विषय में जानकारी प्राप्त कर इच्छानुसार सामग्री प्रदान करना पुस्तकालाध्यक्ष का कार्य है। उसका यह कार्य भी है कि वह अपने पाठकों की व्यक्तिगत सहायता करे तथा उन्हें उनकी रुचि के मुताबिक हर उपलब्ध समग्र सामग्री से परिचित कराये तथा यदि पाठक को किसी पुस्तक-विशेष को खोज पाने में कठिनाई हो तो उसकी सहायता करे। उसका कर्तव्य है कि वह पुस्तकालय में विभिन्न प्रसार प्रविधियों, प्रचार साधनों का उपयोग करे तथा पाठकों को सन्दर्भ सेवा प्रदान करे। जहां तक सम्भव हो बाल, महिला, प्रौढ़ आदि वर्गों को आकर्षित करने के उद्देश्य से विशेष साहित्य इकट्ठा करे। निष्कर्ष में कहा जा सकता है कि पुस्तकालयाध्यक्ष पाठकों को स्वस्थ विचाराधारा सृजित करने का अवसर प्रदान करता है।

4. समुदाय अथवा समाज व्यवसायी के प्रति दायित्व—पुस्तकालय स्वशिक्षा के मुख्य केन्द्र हैं। ये नागरिकों को व्यवसायी, शिक्षित एवं चिंतनशील बनाने में योगदान देते हैं। अतः किसी भी राष्ट्र के विकास के लिए देश में अनुकूल पुस्तकालय सेवा होना अत्यन्त आवश्यक है, क्योंकि राष्ट्र में जितनी संख्या में शिक्षित, प्रशिक्षित व्यवसायी और छोटे व्यापारी नागरिक निर्मित होंगे, उतना ही राष्ट्र का सर्वांगीण विकास होगा। पुस्तकालयों की उपयोगिता यह है कि वे अध्ययन एवं शोध में नागरिक की सहायता करें। पुस्तकालयाध्यक्ष अपने वर्तमान एवं भविष्य के पाठकों की अभिव्यक्तियों को समझकर उनकी आवश्यकताओं को समझ सके तो

वह उनके अनुकूल साहित्य पुस्तकालय में इकट्ठा कर उसके उपयोग को बढ़ा सकता है तथा नये पाठकों को पुस्तकालय की ओर ध्यान आकर्षित कर सकता है। वह भिन्न-भिन्न प्रसार नियमों तथा प्रचार के साधनों को अपनाकर नागरिकों में राष्ट्रीयता की भावना जागृत करने की दिशा में कार्य कर सकता है तथा अशिक्षा को दूर करने में योगदान दे सकता है। इसके अतिरिक्त ज्ञान, विज्ञान के क्षेत्र में होने वाली आधुनिकतम उपलब्धियों के सम्बन्ध में साहित्य प्रदान कर तथा नागरिकों को देश-विदेश की समस्याओं एवं घटनाओं से अवगत कराकर उन्हें सफल बनाने में योगदान दे सकता है। इस प्रकार पुस्तकालयाध्यक्ष समाज के प्रति अपने उत्तरदायित्व को पूरा कर सकता है।

पुस्तकालयाध्यक्ष की योग्यताएँ

पुस्तकालयाध्यक्ष पुस्तकालय संगठन और संचालन के लिए मुख्य रूप से जिम्मेवार होता है, तथा उसे एक योग्य कुशल एवं प्रशिक्षित व्यक्ति होना चाहिए। उसे तकनीकी प्रक्रियाओं जैसे-वर्गीकरण सूचीकरण आदि कार्यों का पर्याप्त तथा व्यावहारिक ज्ञान होना चाहिए। भारत में पुस्तकालयाध्यक्षों के लिए तीन प्रकार के प्रशिक्षण कार्यक्रम उपलब्ध हैं, जैसे–

1. पुस्तकालय विज्ञान में प्रारम्भिक प्रमाण-पत्र,
2. पुस्तकालय विज्ञान में स्नातक उपाधि, तथा
3. पुस्तकालय विज्ञान में स्नाकोत्तर उपाधि।

पुस्तकालय के स्तर के आधार पर, पुस्तकालयाध्यक्ष की तकनीकी योग्यता पर विचार किया जाना चाहिए। जैसे विद्यालय पुस्तकालय अथवा किसी कस्बे के छोटे सार्वजनिक पुस्तकालय के लिए प्रारम्भिक प्रमाण-पत्र प्राप्त पुस्तकालयाध्यक्ष ही पर्याप्त है। किन्तु विश्वविद्यालय में स्नातकोत्तर उपाधि प्राप्त व्यक्ति अथवा पर्याप्त अनुभव सहित पुस्तकालय विज्ञान में स्नातक उपाधि प्राप्त व्यक्ति ही योग्य हो सकते हैं। पुस्तकालयाध्यक्ष की योग्यता के सम्बन्ध में भारत सरकार को पुस्तकालय सलाहकार समिति, विश्वविद्यालय अनुदान आयोग की पुस्तकालय समिति अपनी विचारधारायें दे चुकी हैं। पुस्तकालयाध्यक्ष को अपने पाठकों की रुचियों एवं उनके सामाजिक एवं सांस्कृतिक वातावरण की पूर्ण जानकारी होनी चाहिए। जैसा कि डॉ. रंगनाथन् ने कहा है यदि पुस्तकालयाध्यक्ष को सफलता हासिल करनी है तो उसमें मनोवैज्ञानिक ध्येय होनी चाहिए, पुस्तकालयाध्यक्ष का यह कर्तव्य है कि वह हर प्रकार के पाठकों की सेवा करे, न केवल उनकी, जो जल्दी ही पृथक हो जाते हों।

वास्तव में सफल पुस्तकालयाध्यक्ष वह है जो समय-समय पर पाठकों की सेवा कर सके।

पुस्तकालयाध्यक्ष तथा अन्य कर्मचारीगण की नियुक्ति

पुस्तकालयाध्यक्ष पुस्तकालय के संगठन और संचालन के लिए उत्तरदायी होता है। तथा उसकी नियुक्ति करते समय इस बात का विशेष ध्यान रखना चाहिए कि वह व्यक्ति, जिसको पुस्तकालयाध्यक्ष पद पर नियुक्ति का विचार किया जा रहा है, अपनी योग्यताओं और अनुभव की दृष्टि से पुस्तकालय-विशेष के लिए उचित होगा अथवा नहीं।

तकनीकी कर्मचारी एवं सहायक पुस्तकालयाध्यक्ष, कैटेलागर, क्लासीफायर, संदर्भ सहायक का पद भरते समय पुस्तकालय के स्तर के अनुसार तकनीकी योग्यता प्राप्त कर्मचारी का चुनाव किया जाना चाहिए। अन्य कर्मचारियों की नियुक्ति उनकी पुस्तकालय के लिए कुशलता को परख कर करना चाहिए।

पुस्तकालय कर्मचारियों के चयन सम्बन्धी प्रक्रिया को आगे की तालिका में दर्शाया गया है।

कर्मचारियों की संख्या

पुस्तकालय को सफल रूप से चलाने के लिए अनेक प्रकार के कर्मचारियों की आवश्यकता पड़ती है। किसी पुस्तकालय में कुल कितने कर्मचारी हों, यह निर्धारित करने के लिए विभिन्न पुस्तकालय विद्वानों तथा समितियों ने विभिन्न सिद्धान्त अनुमोदित किये हैं। अमरीकी पुस्तकालय संघ द्वारा सार्वजनिक पुस्तकालयों के युद्धस्तर पर आयोजन के लिए नियुक्त समिति ने इस सम्बन्ध में निम्न सिद्धान्त प्रतिपादित किया है—

किसी सार्वजनिक पुस्तकालय में इतने कर्मचारी होने चाहिए कि जब तक जनता के लिए पुस्तकालय खुला रहे तब तक वे सतत् सेवा प्रदान कर सकें। वे पुस्तकालय के लिए सामग्री इकट्ठा करने, संगठित करने तथा उसे पाठकों को प्रस्तुत करने की कलाओं मे निहित कार्यों को कर सकें। किसी पुस्तकालय अथवा पुस्तकालय प्रणाली के लिए कितने कर्मचारी हों, इस बात पर निर्भर करता है कि पुस्तकालय किस प्रकार की सुविधाऐं प्रदान करता है, पुस्तकालय क्षेत्र का आकार तथा उसकी जनसंख्या क्या है, पुस्तकालय के आर्थिक स्रोत क्या हैं तथा विशेष रूप से विभागों की संख्या, शाखाओं तथा भागों की संख्या, दैनिक पुस्तक निर्गत संख्या

तथा सन्दर्भ सेवा के लाभ उठाने वाले पाठकों की संख्या क्या है, पुस्तकालय भवन का निर्माण कैसा है, पुस्तकालय कितने समय खुलता है आदि। ऐसे विभागों में जहाँ आवश्यक हो, जब तक पुस्तकालय खुला रहे तकनीकी कर्मचारी को मौजूद रहना चाहिए।

पुस्तकालय में कर्मचारियों की संख्या पुस्तकालय सेवाओं की कार्यकुशलता एवं जटिलता पर भी निर्भर करती है। इस दृष्टिकोण से पुस्तकालय संघ द्वारा नियुक्त उक्त समिति ने कोई विशेष तर्क-वितर्क नहीं किया। पुस्तकालय सार्वजनिक संस्था होती है, क्या पुस्तकालय के पाठकों की इच्छाओं को भी आधार मानना चाहिए। उदाहरण के तौर पर किसी पुस्तकालय के निकटवर्ती क्षेत्रों की जनसंख्या अधिक, किन्तु अशिक्षित। दोनों ही स्थितियों में पुस्तकालय के निकटवर्ती क्षेत्रों की जनसंख्या कम, किन्तु अधिक जागरूक हो सकती है, किन्तु अन्य किसी पुस्तकालय के निकटवर्ती क्षेत्रों की जनसंख्या अधिक, किन्तु अशिक्षित। दोनों ही स्थितियों में पुस्तकालय कर्मचारियों की चुनौती का सामना करना पड़ेगा। जागरूक जनसंख्या वाले क्षेत्र के नागरिक पुस्तकालय से अच्छी और उत्कृष्ट सेवा चाहेंगे और दूसरे क्षेत्र के लोगों को शिक्षित करने के लिए पुस्तकालय को अनेक मूल कार्यों से हटकर प्रसार प्रविधियों का उपयोग करना पड़ेगा, जिसमें अधिक कुशलता के साथ कार्य करना सफल होगा और उसके लिए अधिक कर्मचारियों की आवश्यकता भी होगी।

डॉ. एस. आर. रंगनाथन ने विभिन्न तत्वों पर विचार करने के पश्चात् कर्मचारियों की संख्या निर्धारित करने के लिए एक नियम निर्मित किया है। इस नियम के आधार पर किसी भी पुस्तकालय के लिए कर्मचारियों की संख्या निर्धारित की जा सकती है। नियम रूप में अपना सिद्धान्त प्रकट करने के लिए उन्होंने निम्न वर्णाक्षरों का प्रयोग सूचक चिन्हों के रूप में किया है जिनकी व्याख्या निम्नानुसार है–

A. प्रतिवर्ष पुस्तकालय में नवीन पुस्तकों के पंजीयन की संख्या,

B. वार्षिक बजट रुपयों में,

D. प्रलेखित पत्रिकाओं की संख्या,

G. प्रतिवर्ष मुख्य द्वार खुले रहने के समय (पुस्तकालय मुख्य द्वार तथा आदान-प्रदान कक्ष के द्वार को समान महत्त्व दिया जाय),

H. प्रतिदिन पुस्तकालय खुलने के समय,

P. वर्तमान वर्ष में खरीद की जाने वाली पत्रिकाओं की संख्या,

R. प्रतिदिन पाठकों की संख्या,

डॉ. रंगनाथन् ने विभिन्न पुस्तकालयों कें लिए कर्मचारियों की संख्या निर्धारित की है। सार्वजनिक पुस्तकालयों के लिए उनका सूत्र निम्नानुसार है–

तकनीकी/विभाग	कर्मचारी
1. पुस्तक विभाग	प्रतिवर्ष पुस्तकालय में नवीन पुस्तकों के पंजीकरण हेतु प्रति 6,000 पुस्तकों के लिए एक व्यक्ति।
2. पत्रिकाएँ कक्ष	प्रति एक हजार पत्रिकाओं का पंजीकरण एवं अभिलेखन के लिए एक व्यक्ति।
3. वर्गीकरण तथा सूचीकरण विभाग	वर्ष में खरीद की जाने वाली प्रति दो हजार पुस्तकों के लिए एक व्यक्ति
4. सुनयोजित विभाग	पुस्तकालय में नवीन क्रय की गयी 2,000 पुस्तकों के लिए एक व्यक्ति तथा प्रति 50,000 पुस्तकों की व्यवस्था के लिए एक व्यक्ति।
5. प्रचार विभाग	कम से कम एक कलाकार।
6. प्रशासनिक विभाग	कम से कम एक लेखापाल, आशुलिपिक तथा पत्राचार के लिए एक लिपिक।
7. सन्दर्भ कक्ष	प्रतिदिन 50 सन्दर्भ कक्ष का उपयोग करने वाले पाठकों के लिए एक कर्मचारी (इन पाठकों में वे लोग सम्मिलित नहीं हैं, जो पाठ्य-पुस्तकें, पत्रिकाओं तथा पत्रों के अंक पढ़ने के लिए पुस्तकालय में आते हैं)।
8. पुस्तक निर्गम विभाग	प्रति 1500 घण्टे निर्गमन कक्ष का द्वार खोले रहने के लिए एक व्यक्ति।
9. निरीक्षण कक्ष	एक पुस्तकालयाध्यक्ष तथा एक सहायक पुस्तकालयाध्यक्ष।

पुस्तकालय का प्रकार

क्र. सं.	कर्मचारीगण	1	2	3	4	5	6	7	8
1.	पुस्तकालयाध्यक्ष	1	1	1	1	1	1	1	1
2.	उप-पुस्तकालयाध्यक्ष	1	1	1	1	-	-	-	-
3.	सहायक पुस्तकालयाध्यक्ष	1	1	1	1	1	1	-	-
4.	व्यवस्थापक सहायक	18	14	12	10	7	4	3	2
5.	जिल्दसाज	4	3	2	1	-	-	-	-
6.	लिपिकीय वर्ग	7	6	5	4	3	2	2	2
7.	चतुर्थ श्रेणी (बुक लिफ्टर, चपरासी, चौकीदार आदि)	35	31	27	23	18	15	11	8

कर्मचारी प्रशिक्षण

प्रशिक्षण किसी संस्था के कुशल प्रबंध की आधार शिला है। कर्मचारियों को अपने कर्तव्यों का पालन करने योग्य बनाने क लिए उन्हें प्रशिक्षित करना अत्यन्त आवश्यक है।

प्रशिक्षण का अर्थ एवं परिभाषा

किसी भी संगठन की कार्यकलापों के सफल निष्पादन हेतु एवं संचालन के लिए एक विशेष प्रकार के सैद्धान्तिक एवं व्यावहारिक ज्ञान, योग्यता एवं कौशल की आवश्यकता होती है। प्रशिक्षण के द्वारा कर्मचारियों को सौंपे जाने वाले कार्य की उत्पति का ज्ञान हो जाता है तथा वे कार्य को आसानी से कर पाने में सफल हो जाते हैं। प्रशिक्षण को इस दृष्टि से किसी कार्य को विशिष्ट ढेग से करने की एक शिक्षण विधि माना जा सकता है। प्रशिक्षण को यदि हम परिभाषित करना चाहें तो कह सकते हैं कि प्रशिक्षण एक ऐसी कला है जिसके द्वारा विशिष्ट कार्यों के सम्पादन हेतु कर्मचारियों की मनोवृत्तियों, निपुणताओं एवं योग्यताओं में विकसित की जाती है अथवा प्रशिक्षण किसी विशेष कार्य को करने हेतु एक कर्मचारी के ज्ञान एवं कौशल में विकसित करने की एक क्रिया है।

उपर्युक्त परिभाषाओं के विश्लेषण एवं निष्कर्ष के आधार पर यह कहा जा सकता है कि प्रशिक्षण शब्द का अर्थ विधिवत् शिक्षा-प्राप्ति या अधिगम (formalized training) तक ही सीमित रखा गया है। शिक्षा प्राप्ति या अधिगम पूर्ण अनुभव के परिणामस्वरूप व्यवहार में परिवर्तन को बतलाता है। यह अधिगम या शिक्षा प्राप्ति साभिप्राय, अर्थात् अभिप्राय अधिगम या शिक्षा प्राप्ति को ही प्रशिक्षण कहा गया है। व्यवहार में, जब हम किसी व्यक्ति के व्यवहार में परिवर्तन लाने के लिए कुछ कार्य करते हैं, तो यह कहा जाता है कि हम उसे प्रशिक्षित कर रहे हैं। इस प्रकार किसी विशिष्ट कार्य को विशिष्ट ढंग से सम्पन्न करने की कला, ज्ञान एवं कौशल का अभिप्राय शिक्षण ही प्रशिक्षण है।

प्रशिक्षण का उद्देश्य

प्रशिक्षण का अभ्यास प्रक्रिया (Continuing process) है जो कर्मचारियों के ज्ञान, योग्यता एवं कौशल में जागरुकता पैदा करती है। प्रशिक्षण से कर्मचारियों को न केवल तकनीकी जानकारी प्राप्त होती है बल्कि उनके व्यक्तित्व का भी विकास होता है।

प्रशिक्षण का मुख्य उद्देश्य संगठन के सभी बिंदुओं पर वांछनीय ज्ञान, कौशल एवं अभिवृत्तियों के विकास हेतु अवसर प्रदान कर योग्य कर्मचारियों का निर्माण करना तथा संगठन के उद्देश्यों की प्राप्ति में सहयोग देना है।

प्रशिक्षण की आवश्यकता

कर्मचारियों के अधिकतम व्यक्तित्व विकास एवं कार्यकुशलता वृद्धि के लिए प्रशिक्षण की जरुरत होती है, वैज्ञानिक एवं तकनीकी विकास के कार्य-प्रणालियों एवं संचालन नियमों में अनेक परिवर्तन किये हैं। इस प्रगति से अवगत होने के लिए प्रशिक्षण ही एक मात्र उपाय है। पुराने कर्मचारियों को नये तकनीकी ज्ञान से परिचित कराना एवं नये कर्मचारियों को कार्य-सम्पादन के लिए ज्ञान, योग्यता एवं कौशल प्रदान करना प्रशिक्षण द्वारा ही सम्भव है। कर्मचारी प्रशिक्षण की आवश्यकता के मुख्य आधार सारांश में निम्नांकित हैं—

1. कर्मचारियों के मनोबल का विकास करने हेतु—प्रशिक्षण कर्मचारियों को कार्यसम्पादन हेतु आवश्यक धैर्य एवं मनोबल की प्रवृति प्रदान करता है। यह धैर्यता कर्मचारियों के कार्य को सरल बनाता है तथा उनकी आत्म-सन्तुष्टि जैसी मानवीय आवश्यकताओं की पूर्ति में सहायता प्रदान करता है। प्रशिक्षण के द्वारा

कर्मचारियों में कार्य के प्रति लगन एवं निष्ठा की भावना उत्पन्न होती है।

2. कर्मचारियों की कार्यकुशलता में वृद्धि करने हेतु—जैसा कि स्पष्ट किया जा चुका है कि प्रशिक्षण कर्मचारियों को विशेष कार्यों के सम्पादन के लिए विशेष नियमों का ज्ञान प्रदान करता है। यह ज्ञान एवं कौशल उनकी कार्यकुशलता में वृद्धि करता है। कार्यकुशलता में वृद्धि के परिणामस्वरूप संगठन की सर्वांगीण कार्यक्षमता में वृद्धि होती है।

3. पर्यवेक्षण एवं निर्देशन में कमी लाने हेतु—प्रशिक्षित कर्मचारी स्वयं ही अपने कार्यों का निरीक्षण करने तथा स्वयं से कार्य करने में सक्षम होते हैं, तथा उनके कार्यों का निरीक्षण करने के लिए पर्यवेक्षकों एवं निर्देशकों की आवश्यकता नहीं रहती। पुस्तकालय विज्ञान में जिन राष्ट्रों में प्रशिक्षण की सुविधा है, उन राष्ट्रों में पुस्तकालयों की स्थिति में सुधार हुआ है तथा पर्यवेक्षकों और निर्देशकों की आवश्यकता भी घटी है। पहले की स्थिति में पुस्तकालयों में अप्रशिक्षित कार्यकर्ता कार्य करते थे तथा उनके कार्यों का अप्रशिक्षित व्यक्ति ही पर्यवेक्षण करते थे। प्रशिक्षण के द्वारा पर्यवेक्षण एवं निर्देशन सम्बन्धी योग्यताओं का विकास हुआ है। तथा कर्मचारी स्वतन्त्रतापूर्वक अपना कार्य करने लगे हैं। कर्मचारियों की पर्यवेक्षकों पर निर्भरता समाप्त होने लगी है।

4. कर्मचारियों की गतिशीलता में विकास करने हेतु—प्रशिक्षण के द्वारा कर्मचारियों में व्यक्तिगत गुणों का विकास होता है तथा वे कार्य के अनुकूल बनते हैं। प्रशिक्षण के द्वारा कर्मचारियों की पदोन्नति के रास्ते खुलते हैं। पुस्तकालय के विभिन्न विभागों में उन्हें पदस्थापित किया जा सकता है।

5. संगठनात्मक स्थिरता एवं लचीलेपन में वृद्धि करने हेतु—प्रशिक्षण संगठनात्मक स्थिरता एवं अनुकूलन क्षमता को बढ़ाता है। भविष्य के लिए पर्याप्त संख्या में प्रशिक्षित कर्मचारियों की उपलब्धि को सुलभ बनाता है।

संक्षेप में यह कहा जा सकता है कि प्रशिक्षण के द्वारा मानवीय तथा भौतिक साधनों के दुरुपयोग में कमी होती है, कार्यप्रणालियों में सुधार होता है। आधुनिक (वर्तमान) कार्यविधियों का प्रयोग सम्भव होता है, कार्यकुशलता एवं मनोबल बढ़ता है, पर्यवेक्षण तथा निर्देशन में कमी होती है, कर्मचारियों की अनुपस्थिति में कमी होती है, कर्मचारियों की परेशानियाँ दूर होती हैं, तथा कर्मचारी अपने कार्य को अधिक गुणवत्ता से कर पाते हैं। इन उद्देश्यों के प्रकाश में प्रशिक्षण की आवश्यकता प्रमाणित हो जाती है।

प्रशिक्षण के विभिन्न स्तर

प्रशिक्षण विभिन्न स्तर के कर्मचारियों के लिए विभिन्न प्रकार का होता है। प्रशिक्षण के विभिन्न स्तर इस प्रकार हैं–

1. व्यावसायिक प्रशिक्षण–अप्रशिक्षित व्यक्तियों को पुस्तकालय विज्ञान के क्षेत्रों से अवगत कराने तथा पुस्तकालय की कार्यशैली का व्यावहारिक ज्ञान कराने के लिए प्रशिक्षण दिया जाता है। यह प्रशिक्षण पुस्तकालय विज्ञान में स्नातक उपाधि पाठ्यक्रम द्वारा दिया जाता है।

2. अर्द्ध-व्यावसायिक प्रशिक्षण–पुस्तकालय विज्ञान के प्रमुख क्षेत्रों से अवगत कराने के लिए अर्द्ध-व्यावसायिक प्रशिक्षण दिया जाता है। यह प्रशिक्षण पुस्तकालय विज्ञान में प्रारम्भिक प्रमाण-पत्र (Certificate Course in Library Science) के द्वारा दिया जाता है। इस प्रशिक्षण पाठ्यक्रम को भली-भांति कराने के उपरान्त प्रशिक्षित व्यक्ति अर्द्ध-व्यावसायिक (Semi professional) कहलाता है।

3. व्यावसायिक व्यक्तियों के लिए प्रशिक्षण–व्यावसायिक व्यक्तियों को पुस्तकालय विज्ञान के व्यापक दृष्टिकोण से परिचित कराने तथा पुस्तकालय कार्यशैलियों का तुलनात्मक अध्ययन कराने की दृष्टि से पुस्तकालय विज्ञान में स्नातकोत्तर पाठ्यक्रम चलाये जाते हैं। इस प्रशिक्षण को पूर्ण करने के उपरान्त मास्टर आफ लाइब्रेरी एण्ड इन्फार्मेशन साइंस की उपाधि प्राप्त होती है।

4. अन्य प्रशिक्षण–उपर्युक्त पाठ्यक्रमों के अतिरिक्त प्रलेखन, कम्प्यूटर संचालन आदि में कुशल करने के लिए पाठ्यक्रम चलाये जाते हैं। भारत में प्रलेखन प्रशिक्षण दिल्ली और बैंगलोर में तथा कम्प्यूटर संचालन सम्बन्धी पाठ्यक्रम जादवपुर विश्वविद्यालय में उपलब्ध है।

पुस्तकालय प्रशिक्षण के उद्देश्य

पुस्तकालय प्रशिक्षण के उद्देश्य मुख्य रूप से तीन भागों में विभक्त हैं–

1. संगोष्ठी, सेमीनार, संक्षिप्त पाठ्यक्रमों के द्वारा पुस्तकालय विज्ञान की समस्याओं एवं उपलब्धियों के प्रति सजग रखना।
2. पुस्तकालय विज्ञान में स्नातकोत्तर उपाधि के लिए तैयार करना,
3. पुस्तकालय विज्ञान में प्रथम उपाधि के लिए तैयार करना,

इन उद्देश्यों की प्राप्ति के लिए पुस्तकालय प्रशिक्षण कार्यक्रमों से यह अपेक्षा की जाती है कि उनके द्वारा प्रशिक्षणार्थी को निम्नलिखित लाभ होंगे–

1. अपने राष्ट्र में पुस्तकालयों एवं पुस्तकालय सेवाओं के विकास एवं विस्तार तथा पुस्तकालय सेवाओं के प्रतिमानों के सम्बन्ध में जानकारी होना।
2. पुस्तकालय विज्ञान के क्षेत्रों में पश्चिमी देशों में हुए अनुसन्धानों तथा उपलब्धियों से परिचित होना।
3. पुस्तकालय की कार्यपद्धति के सम्बन्ध में व्यावहारिक एवं सैद्धान्तिक ज्ञान प्राप्त होना।
4. पुस्तकालयाध्यक्षता नामक व्यवसाय के प्रति जागरुक पैदा होना।
5. क्षेत्रीय, प्रान्तीय, राष्ट्रीय तथा अन्तर्राष्ट्रीय स्तर पर पुस्तकालय सहयोग के लिए अवसर प्रदत करना।

पुस्तकालय प्रशिक्षण के मुख्य अंग

पुस्तकालय प्रशिक्षण से की गयी इन अपेक्षाओं को पूर्ण करने के उद्देश्य से पुस्तकालय प्रशिक्षण के मुख्य अंग निम्नलिखित होना चाहिए–

1. **पुस्तक वर्गीकरण**–पुस्तकालय विज्ञान का मुख्य उद्देश्य से पुस्तकालय प्रशिक्षण के मुख्य अंग निम्नलिखित होना चाहिए।

2. **पुस्तकालय सूचीकरण**–पुस्तकालय का मुख्य कार्य पाठकों को कम-से-कम समय में पाठन सामग्री उपलब्ध कराना हैं सूचीकरण का उद्देश्य पुस्तकालय में पुस्तक की स्थिति दर्शाना है। यदि पाठक को पुस्तक का शीर्षक, लेखक का नाम, सह लेखक का नाम, पुस्तक का विषय सम्पादक का नाम, पुस्तक माला का नाम, आदि कुछ भी ऐसा विवरण ज्ञात है, जिसके द्वारा पुस्तक ढूँढ़ी जा सकती हो तो सूचीकरण के द्वारा पुस्तक प्राप्त करने की समस्या हल की जा सकती है। पुस्तकालय प्रशिक्षण कार्यक्रम में सूचीकरण को भी वही स्थान मिलना चाहिए जो कि पुस्तक वर्गीकरण को दिया जाता है।

3. **पुस्तकालय विज्ञान का दर्शनात्मक पक्ष**–इसके अन्तर्गत ज्ञान के प्रसार में पुस्तकालयों का योगदान तथा शिक्षा के प्रसार के लिए चलाये जा रहे राष्ट्रीय कार्यक्रमों के सम्बन्ध में जानकारी प्रदान करना एवं पुस्तकालयाध्यक्षों को व्यावसायिक आचरण संहिता से परिचित करना आता है।

पुस्तकालय संगठन तथा प्रबन्ध–पुस्तकालय संगठन तथा प्रबन्ध के निम्नलिखित पहलुओं की जानकारी करानी चाहिए।

1. पुस्तकालय आयोजन के सिद्धान्त तथा पद्धतियाँ जिनके आधार पर क्षेत्र-विशेष में पुस्तकालय सेवाओं का संगठन किया जा सके,

2. भवन, प्रकाश, संवातन, वातानुकूल-फर्नीचर तथा उपकरण
3. पुस्तक चयन, आवंटित तथा पठन सामग्री को उपयोगार्थ तैयार करना,
4. पठन सामग्री के संरक्षण की विधियाँ,
5. रिप्रोग्राफी (प्रतिलिपिकरण) (Reprography),
6. पुस्तकालय प्रौद्योगिकी-जिसमें विद्युत उपकरणों, कम्प्यूटर आदि का प्रयोग सम्मिलित है,
7. पुस्तकालय प्रबन्ध के सिद्धान्त,
8. पुस्तकालय प्राधिकरण की संरचना तथा उसके कार्य,
9. तकनीकी सेवाएँ, पाठकों के लिए सेंवाएँ तथा प्रशासकीय सेवाएँ,
10. बजट तैयार करना तथा लेखा कार्य करना,
11. कार्मिक सम्बन्ध का ज्ञान,
12. सेवी-वर्गीय प्रबन्ध,
13. कार्य अध्ययन पद्धतियाँ,
14. आपरेशन शोध,
15. पद्धति-विशलेषण,
16. पुस्तकालय सांख्यिकी तथा प्रतिवेदन तैयार करना,
17. जन-संचार विधियाँ,
18. सन्दर्भ सेवा,
19. जन सम्पर्क,
20. प्रचार प्रविधियाँ तथा प्रसार सेवाएँ,
21. पुस्तकालय सहयोग।

पुस्तकालय-समिति शासकीय प्रधान ग्रन्थालयी होता है इसलिए पुस्तकालय के प्रत्येक क्रिया-कलाप पर उसे ध्यान रखना होता है। पुस्तकालय तथा पुस्तकालय समिति का कार्य एक-दूसरे पर निर्भर करता हैं। अतः दोनों एक-दूसरे के पूरक होते है। पुस्तकालय का विकास दोनों की सूझ-बूझ, परस्पर सहयोग एवं सम्बन्धों पर निर्भर करता है। इसलिए पुस्तकालय-समिति के प्रति ग्रन्थालयी के कुछ आवश्यक कर्त्तव्य एवं उत्तरदायित्व होते है, वे निम्न प्रकार हैं–

1. पुस्तकालय के लिए नीति-निर्धारण करने में पुस्तकालय-समिति को सुझाव देना।
2. समिति द्वारा निर्धारित नीतियों एवं उद्देश्य को क्रियान्वित करवाना।
3. पुस्तकालय में आवश्यकतानुसार कर्मचारियों की नियुक्ति में सहायता करना।

4. समिति के परामर्श एवं निदेशों के अनुसार पुस्तकालय का वार्षिक बजट तैयार करना।
5. ग्रन्थ चयन कर पुस्तकालय समिति से अनुमोदन कराना।
6. पुस्तकालय की भण्डार सत्यापन की पूर्ण जाँच की रिपोर्ट समिति को प्रस्तुत करना।
7. ग्रन्थों तथा अन्य पठनीय-सामग्री की सुरक्षा का उत्तरदायित्व निभाना।
8. कर्मचारियों की विभिन्न माँगों को अपनी माँगों के साथ समिति के समक्ष प्रस्तुत करना।
9. पुस्तकालय समिति की प्रत्येक बैठक की कार्यवाही तैयार करना और कार्यवाही से समिति को अवगत कराना।
10. समिति की सभी बैठकों में भाग लेना तथा अपने सुझाव देना।
11. विभिन्न स्तरों पर आयोजित पुस्तकालय सम्बन्धी सम्मेलनों एवं गोष्ठियों में भाग लेना तथा इस सम्बन्ध में समिति को अवगत कराना।
12. परामर्शदाता के रूप में पुस्तकालय समिति को विभिन्न प्रकार के परामर्श देना।

4

पुस्तकालय भवन, उपकरण और उपस्कर प्रबन्ध

पुस्तकालय भवन

पुस्तकालय किसी न किसी रूप में प्राचीन काल और मध्यकाल में भी विद्यमान था। ज्ञान को लिपिबद्ध करने की प्रक्रिया जब से आरम्भ हुई तब से भावी पीढ़ी हेतु उसे सुरक्षित रखने के हेतु उपकरण एवं जगह की व्यवस्था होने लगी। प्रारम्भ में ग्रन्थ लेखन का उद्देश्य संग्रहित ज्ञान को सुरक्षित रखना था। उस समय जनता के कल्याण से उसका कोई संबंध नहीं था। इसलिए अभिव्यक्ति का जो भी भौतिक माध्यम उपल्बध, उन्हें बकसों में बंद कर या बंद कमरे में फलकों पर रखा जाता था। मध्यकाल तक साधारणतः गन्थालय का यही रूप था। इस तरह कक्षा पुस्तकालय से पुस्तकालय का उद्‌भव होता है। कुछ अपवादों को दौड़कर मध्य युग के अन्त तक पुस्तकालय का ब्राह्म रूप यही था। विकासशील देशों में विशेषतः विद्यालय और महाविद्यालयों में ऐसे कक्षा पुस्तकालयों का दर्शन आज भी किया जा सकता है।

आधुनिक युग में सबसे पहले महाकक्ष (हॉल) पुस्तकालय का उद्‌भव होता है। एक बड़े हाल में पुस्तकालय की सारी व्यवस्था की जाने लगी। दीवार के चारों ओर ऊँची-ऊँची निधनियों पर पुस्तकें संयोजित की जाती थी। अवशिष्ट स्थान में अध्ययन तथा प्रबंध सम्बन्धी कार्य किये जाते थे। ऐसे पुस्तकालय आज भी देखे जा सकते है।

सन् 1840 के पश्चात् प्रजातंत्र से प्रभाव को साक्षरता एवं शिक्षा को एक अंग समझा जाने लगा ग्रन्थालयों में पाठकों की मांग बढ़ती गई और अधिकाधिक ग्रंथों के खरीदे जाने से एक हालत में पुस्तकालय प्रकाश में आने लगे क्योंकि ये कक्षा पुस्तकालय के कार्य के कार्यों नहीं बने होते थे। इसलिए कक्षों के आकार प्रकार के अनुसार पुस्तकालय के कार्यों को करना पड़ता था। इसी प्रकार निवास गृहों को पुस्तकालय के रूप में परिवर्तित कर लिए जाने की परम्परा शुरू हुई। इस शताब्दी के आरम्भ तक पुस्तकालय भवनों का यही ब्रह्म रूप रहा है।

इसके बाद पुस्तकालय के लिए स्वतंत्र भवन बनाये जाने का कार्य जोरों से शुरू हुआ। लेकिन द्वितीय विश्व युद्ध के समाप्त होने तक जितने पुस्तकालय भवन बने, उनमें अधिकांश कार्यानुसारी नहीं बनाये जाते थे। भवन के निर्माण के कार्य में ग्रन्थावाली का मदद बिलकुल नहीं लिया जाता था। पुस्तकालय के विशिष्ट कार्यों से अनभिज्ञ यंत्री उसे सामान्य वास्तुकला के अनुसार बनाता था। फलतः देखने में पुस्तकालय भवन तथा संग्रहालय या स्मारक भवन दोनों में कोई खास अन्तर नहीं होता था। बड़े-बड़े वाचन-कक्ष, भवन के भीतर अनेक पक्की दीवारें, कई सोपानों (टायर्स) के बने ऊँचे-ऊँचे फलक, आदि इन पुस्तकालयों की कतिपय विशेषताएं रही है। इन भवनों का मुख्य दोष यह होता था कि वे पहले से निर्धारित कार्यों के लिए बनाया जाता था। उनमें किसी तरह का आरम्भिक बदलाव अथवा समायोजन करना संभव नहीं था। लेकिन द्वितीय विश्वयुद्ध से उत्पन्न विनाश विभिन्न भविष्य में उसे बचाने के लिए क्षेत्रों में कई नये कार्य आरम्भ किए गए। उनमें शिक्षा सम्बंधी निम्नलिखित नई बातों ने शिक्षाधिकारियों एवं गन्थालयों को नये ढंग से पुस्तकालय भवन बनाने के लिए प्रेरित किया–

1. शैक्षणिक कार्यक्रम एवं शिक्षा पद्धति,
2. संग्रह पुस्तकालय एवं अन्तर पुस्तकलाय केन्द्रों में बढोत्तरी,
3. प्रलेखन एवं ग्रंन्थ सूची विज्ञान के कार्यों में सहकारिता का विस्तार,
4. छायांकन अथवा फोटोग्राफी एवं सूक्ष्मचित्रों का उद्भव,
5. अभिव्यक्ति के नये-नये माध्यम,
6. प्रोद्यौगिकी (टेकनालॉजी) एवं भवन निर्माण की नई विधि और डिजाइन का विकास, भवन निर्माण की अभिनव सामग्रियाँ
7. पुस्तकालय विज्ञान का चहुमुखी विकास।

आज पुस्तकालय भवन का मुख्य उद्देश्य उसके अग्रलिखित कार्यों को प्रभावशाली ढंग से करना है–

1. प्राविधिक कार्य,
2. गन्थ संयोजन, संरक्षण एवं पाठकों को शीघ्र उनकी अवाप्ति,
3. विकेन्द्रीकरण अथवा सेवा सम्बन्धी कार्य,
4. अध्ययन एवं शोध और
5. प्रशासनिक कार्य।

पुस्तकालय विज्ञान के मौलिक सूत्र

यद्यपि पुस्तकालय विज्ञान के मौलिक सूत्रों का उद्‌भव इस शताब्दी में हुआ है, तथापि नवशिक्षित एवं जाग्रत ग्रन्थावलियों के वैचारिक क्षेत्र में उनके अभिप्राय एवं आशय सन् 1850 के बाद विभिन्न यपों में आन्दोलित होने लग गये थे। फलस्वरूप आज हम जितनी नई प्रविधि एवं प्रक्रियाएँ इन सूत्रों के अध्ययन से प्राप्त करते हैं, सदृश तकनीक और उपायों के उन्नींसवीं शताब्दी के अन्त एवं इस शताब्दी के प्रथम और द्वितीय दशकों में विश्व के अग्रगण्य शिक्षाशास्त्री और ग्रन्थालयियों ने जन्म दे दिया था। परिणामस्वरूप सीमित क्षेत्रों में आधुनिक ग्रंन्थालय की विंचारधाराएँ मृर्तरूप धारण कर क्रियात्मक रूप लेने लग गई थी। पुस्तकालय भवन के सम्बन्ध में भी इसी प्रकार नये विचार एवं सिद्धान्त सन् 1890 से प्रकट होने लगे गये थे। पंचसूत्र ने इन अर्धविकसित कई पुस्तकालय सिद्धान्तों मान्यताओं एवं प्राविधियों को वैज्ञानिक आधार प्रदान किया तथा उन्हें पूर्ण रूप से विकसित होने के लिए मार्ग प्रशस्त किया है। पुस्तकालय जीवन के सम्बन्ध में विशेषतः पुस्तकालय एक विकासशील संस्था हैः इस पांचवे सूत्र ने निम्नलिखित सिद्धान्तों को मूर्त रूप दिया है।

मान्यता या परिवर्तनशीलता का सिद्धान्त—पुस्तकालय भवन के सम्बन्ध में नम्यता का अभिप्राय आन्तरिक परिर्वतनशीलता है। मेटकाफ के शब्दों में जहां तक संभव हो भवन के पर्श का अधिकांश स्थान पुस्तकालय के मौलिक कार्यों यथा पाठकों को बैठने के लिए स्थान, उनकी बौद्धिक सेवा, कर्मचारियों के लिए स्थान तथा ग्रन्थों को रखने हेतु प्रयोग में लाना चाहिए।

मानकीकरण का सिद्धान्त—यह सिद्धानत पुस्तकालय के सभी कार्यो को प्रभावशाली ढंग से करने के लिए जरूरी प्रत्येक सामग्री, साधन और क्रियाकलों में यकरूपता मितव्ययिता और कुशलता लाने में मददगार सिद्ध होता है।

व्यापकता और विस्तार का सिद्धान्त—जरूरत के अनुसार भवन के क्षेत्र को मदद पुस्तकालय के कार्यों को विस्तृत करने में यह नियम कराता है।

इन सिद्धान्तों के आधार पर पुस्तकालय भवन के निर्माण के लिए निम्न चार विधियों को मूर्तरूप दिया गया है–

1. सरलीकरण्ध (सिम्प्लिफिकेशन),
2. प्रमापीय निर्माण ,
3. शुष्क निर्माण (ड्राई कन्स्ट्रकशन), और
4. एक समतल फर्श (युनिलेवल)।

भवन परियोजना के सिद्धान्त–उपरोक्त सामान्य सिद्धान्त और विधियों के आधार पर विद्वान् ग्रन्थालियों ने विस्तार के साथ पुस्तकालय भवन के सिद्धान्तों का विकास किया है। सन् 1891 में सबसे पहले सी चार्ल्स सोले ने संक्षेप में पुस्तकालय वास्तुकला पर नूतन विचार प्रस्तुत किए। उसके कई सिद्धान्त आज भी सर्वमान्य हैं। इसके बाद कुमारी हेन्ले, हवीलर, बर्चर्ड, गालाविन, रंगनाथन, मेटकाफ, थामसन, लेविस, एलसवर्थ, कौल, शर्मा आदि ने इस विषय पर मानक ग्रन्थ एवं लेख प्रस्तुत किए है। पी. एन. कौल ने इस विषय पर विशेष प्रकाश डाला है। अमेरिका के मानक संसथान का भी इस दिशा में महत्वपूर्ण योगदान रहा है। इन लेखकों एवं संस्थाओं के प्रकाशनों के आधार पर विशेषतः पी एन. कौल के प्रतिपादन के मतानुसार पुस्तकालय भवन के प्रमुख सिद्धान्त निम्नांकित हैं–

1. उपयोगिता, सुविधा अथवा सुगमता, क्षमत एवं सुरक्षा की दृष्टि से भवन का स्थान निर्धारित करें;

2. भवन का ढांचा एवं उसका भौतिक स्वरूप कार्यानुसारी हो। पुस्तकालय के कार्यों को प्रभावशाली ढंग से करने के लिए भवन में उपर्युक्त स्थान हो।

3. आन्तरिक व्यवस्था की योजना बाह्य भगों की योजना एवं निर्माण के पूर्व करनी चाहिए। अन्यथा बाद में बदलाव करने में असुविधा होगी;

4. अध्ययन स्थान एवं वाचन कक्ष, संग्रहगार तथा ग्रन्थ निधानियों के पास हों, ताकि पुस्तकों के खोजने एवं निकालने में पाठकों का अधिक समय व्यर्थ न हो;

5. अध्ययन स्थानों की व्यवस्था इस प्रकार की जाए कि निगरानी हेतु वहां कम से कम सहायकों को रखना पड़े एवं अध्ययन में रत पाठकों की दृष्टि आवागमन स्थानों की और न जाए;

6. भौतिक सुविधाओं की व्यवस्था पाठकों एवं कर्मचारियों की संख्या एवं प्रकृति के मुताबिक हों। दूसरे शब्दों में जलपान गृह, विश्रामकक्ष, मूत्रालय, शौचालय आदि का निर्माण उनकी सुविधाओं के अनुसार हो;

7. परियोजन संभाव विकास के लिए अनुकूल बनाएं। दूसरे भवन के भावी विस्तार हेतु समुचित सथान सुरक्षित रहे। इसके लिए प्रथमतः 25 वर्षों की जरूरतों के हेतु भवन का निर्माण करें एवं भावी पच्चीस से पचास वर्ष की जरूरतों के लिए भवन के चारों तरफ खाली स्थान छोड़ रखें। रोगर्स एवं वेबर्स के अनुसार 30 से 60 साल तक के लिए खाली स्थान रिक्त छोड़ना चाहिए। इसलिए परियोजना निर्मित करते समय 50 से 100 साल तक की बढोत्तरी और विकास को ध्यान में रखें। प्रारंभिक पच्चीस वर्ष की अवधि में जरूरत के मुताबिक अनुभाग के क्षेत्रफल में बदलाव करने के लिए निम्न बातों की व्यवस्था करें;

(क) सभी मंजिल की सभी फर्शों को समतल बनाएँ अर्थात कहीं देहली अथवा अवरोधक न हो; और

(ख) विभाग और अनुभागों के चारों तरफ स्थान विभाजक अस्थायी दीवार हो। ऐसी दीवार बनाने हेतु कांच, प्लाइवुड और एल्युमिनियम का प्रयोग किया जाए;

8. पुस्तकालय देखने में सादगी एवं साधारणता को लिए हुए हो। दूसरे शब्दों में केवल वास्तुकला के प्रदर्शन के लिए संयोजन व्यवस्था की सुविधा को त्याग न दें। परन्तु ज्यादा-से-ज्यादा पाठकों को पुस्तकालय की ओर आकृष्ट करने के लिए भवन का बाह्य स्वरूप अर्थात् बाहरी दीवार, अनुभाग, ऊँचाई, छत के ऊपर का भाग, यथा–बुर्ज, गुम्बज, टावर आदि भव्य तथा स्मारक हों। वातावरण सुन्दर, आर्कषक एवं शानदार हो। अन्दर का ढांचा एवं स्थान केवल कार्यानुसार होना चाहिए, क्योंकि भवन के भीतरी भाग का शान्त बौद्धिक प्रयोगशाला साबित करना है;

9. भवन प्रशासन अथवा कार्यों में मितव्ययी सिद्ध हो। इसके लिए भवन का निर्माण सरलीकरण, प्रमाणिय अथवा इकाई निर्माण, शुष्क निर्माण एवं एक समतल पद्धति से करें। अर्थात् भवन के क्षेत्र की लम्बाई-चौड़ाई स्थिर करने के लिए जरूरी निर्माण सामग्री छोटी-छोटी एवं समान आकार-प्रकार अथवा एक नाप की इकाइयां (यूनिटस) हों। यू. जी. सी. पुस्तकालय समिति के अनुसार पुस्तकालय भवन के विविध स्थानों और वहां के लिए जरूरी समस्त साज-सामान तथा उपस्कारों का निर्माण क्रमशः तीन फुट या एक मीटर और 10 सेमी इकाई सामग्रियों (युनिट मेटिरेएल्स) से करना चाहिए। प्रमापीय निर्माण विधि में समान आकार के इकाई स्तम्भों (करलम्स) से भवन की फर्श बनाई जाती है। कभी-कभी भवन के कई हिस्सों में भिन्न-भिन्न आकार की इकाई स्तम्भों का प्रयोग किया जाता है। हर वर्गफुट फर्श 150 पौण्ड भार सहन करने में समर्थ होना चाहिए प्रमापीय निर्माण विधि में समान आकार के इकाई स्तम्भों (कालम्स) से भवन की फर्श बनाई जाती है। कभी-कभी

भवन के कई हिस्सों में भिन्न-भिन्न आकार की इकाइ स्तम्भों का प्रयोग किया जाता है। हर स्तम्भ की भार वर्गफुट फर्श 150 पौएड भार वहन करने में समर्थ होना चाहिए। प्रमापीय निर्माण (माडुलर कन्स्ट्रकशन) का उद्देश्य सभी कार्यों के लिए भवन के सब स्थानों को उपर्युक्त बनाना है। इससे निर्माण के खर्च में कमी और भविष्य भवन के क्षेत्र को बढ़ाने में आसानी होती है। संक्षेप में परियोजना प्रमाषीय (माडुलर) होनी चाहिए;

10. भावी आनुपातिक विस्तार तैयार करें! पुस्तकों, पाठकों एवं कर्मचारियों की वर्तमान संख्या एवं प्रतिवर्ष बढ़ने वाली उनकी औसत संख्या को ध्यान में रखते हुए परियोजना के विभिन्न पक्षों पर विचार करना चाहिए; और

11. पुस्तकों को सुरक्षित रखने, पाठकों को अच्छी तरह अध्ययन करने कर्मचारियों को प्रभावशाली तरीके से अपना कार्य करने के लिए भवन में जरूरी सब सुविधाएं उपलब्ध हों।

संक्षेप में पुस्तकालय की प्रसारणशीलता को दृष्टि में रखते हुए मितव्ययिता के साथ उसके विभिन्न कार्यों को प्रभावशाली ढंग से करने के लिए भवन में उपलब्ध स्थान का सदुपयोग होना चाहिए। इसके लिए डिजाइन में लोचपन एवं निर्माण में सामंजस्य या समायोजन (एडजस्टमेण्ट) के लिए पूरा अवकाश होना जरूरी है। यह तभी संभव है कि परियोजकों एवं डिजाइन तैयार करने वाले व्यक्तियों को पुस्तकालय के समस्त कार्यों का अच्छा ज्ञान हो एवं इनके सफलज क्रियान्वयन हेतु भवन में सर्वोत्कृष्ट ढंग से वे विभिन्न विभागों का व्यवस्थापन या विन्यास करें।

मानक

उपरोक्त सिद्धान्तों के अनुसार उपयोगी एवं प्रभावशाली भवन का ढांचा एवं उसका निर्माण करने के लिए स्वीकृत मानकों को अपनाना चाहिए। इस कार्य हेतु मुख्यतः निम्नांकित विषयों से सम्बद्ध मानक तथा विनिर्देशनों का प्रयोग करना जरूरी है—

1. निर्माण सम्बन्धी साधन सामग्रियों का मूल आयाम (बेसिक डाइमेन्शनस्);
2. उपकरण एवं उपस्करों की जरूरत और उनका आकलन; और
3. स्थानों की जरूरत और आकलन।

संक्षेप में भवन, उसके विभिन्न क्षेत्र, वहाँ की व्यवस्था, सुविधा एवं उसके विस्तार को उपयोगी, टिकाऊ, सुलभ, परिर्वतनशील एवं मितव्ययी बनाने के लिए मानक एवं निर्माण विधियां स्थिर की गई है। वे भवन के प्राथमिक तत्व कहलाते

हैं; अथवा, स्थान यथा स्थिति, आकर, आयाम, संग्रहागार (स्पेस), धारकता यथा समाई, मुक्तप्रवेश आदि वाचन कक्ष एवं अन्य विभग ताा अनुभाग, विभिन्न कमरों की सापेक्ष स्थिति, भौतिक सुविधाएं, भवन का विस्तार और उपकरण, उपस्कर, साधन, साज-सज्जा।

जरूरी आंकड़े

भवन की आंतरिक संरचना तैयार करने के लिए निम्न विषयों से संबद्ध आंकड़े जरूरी होते हैं–

1. पुस्तकालय के प्रमुख कार्यों के मुख्य विविध विभाग,
2. ग्रन्थ संग्रह का आनुमानिक (एप्राक्सिमेन्ट) आकार अर्थात् संग्रहणीय ग्रन्थों एवं पत्र-पत्रिकाओं की संख्या;
3. कितने पाठकों के लिए स्थान शीटस उपलब्ध करना है,
4. विविध प्रकार के कक्ष जिनकी जरूरत है,
5. कर्मचारियों की संख्या,
6. कई नियमार्णात्मक साधन सुविधाएं उपलब्ध करनी हैं, और
7. प्रत्येक कक्ष, साज-समान एवं उपस्करों के मूलभूत आयाम (लम्बाई चौड़ाई)।

नीति निर्देशक तत्व

परियोजना सम्बन्धी नीतियों को उपयोगिता , सुलीता एवं कार्यकुशलता की दृष्टि से प्रभावशाली होना जरूरी है। इसलिए उनका निर्धारण निम्नांकित तत्वों को ध्यान में रखते हुए करें अर्थात् समस्त नीतियां इन बिन्दुओं को सामूहिक रूप से गतिशील बनाये रखने में पूर्ण सहायक सिद्ध हो–

1. उपभोक्ता प्रवाह;
2. सेवा प्रवाह;
3. कार्य प्रवाह;
4. सामग्री प्रवाह;
5. संचयन और संग्रह प्रवाह; और
6. नियंत्रण एवं निरीक्षण प्रवाह।

पुस्तकालय भवन उसके आधारभूत तत्त्व पाठ्य-सामग्री का संकलन, संगठन, संग्रह तथा संयोजन करने में सुविधाजनक हो। योग्य पाठक तथा उपर्युक्त पुस्तकों में

यथासमय सम्पर्क सस्थापित करने हेतु वहां समुचित स्थान होना जरूरी है। साथ ही प्रशासकीय, तकनीकी एवं सेवा सम्बन्धी समस्त क्रियाकलापों को प्रभावशाली ढंग से कार्यन्वित करने के लिए भवन कारगर साबित हो। संक्षेप में भवन को पुस्तक पाठक एवं कर्मचारी की त्रयी को सदा गतिशील बनाये रखने में मददगारी सिद्ध होना चाहिए।

अभियनता का चयन

उपयोगी तथा कार्यनुसारी पुस्तकालय भवन के निर्माण के लिए पुस्तकालय की वास्तुकला से अच्छी तरह परिचित अभियन्ता का चुनाव करना चाहिए। मेटकाफ के अनुसार नियुक्त अभियन्ता का प्रथम दायित्व एक कार्यनुसारी भवनल बना देना है, जो देखने में सुन्दर और विशिष्ट बजट भी हो, जो अच्छी सेवा, आनन्द एवं आराम ला देगा और जिसे स्वीकृत बजट सीमा में बनाया जा सकता है। स्वातन्त्रोतर भारत में देश के प्रमुख नगरों में कई विश्वविद्यालय पुस्तकालय भवन बनाये गये हैं, जैसे–अमृतसर, अलीगढ़, आगारा, उज्जैन, कुरूक्षेत्र, दिल्ली, धाारवाड़, पंजाब, पटियाला, पूना, मैसूर, बड़ौदा, लुधियाना, रायपुर, रूड़की, वाराणसी, सागर इत्यादि। फलस्वरूप पुस्तकालय भवन की वास्तुकला से परिचित कई इंजीनियर देश में उपलब्ध हैं। इस ग्रन्थ के अध्याय 'एक' में प्रस्तावित यू. जी. सी. पुस्तकालय विभाग को इस प्रकाश के विशेषज्ञ अभियंताओं की एक सूची तैयार कर रखनी चाहिए, ताकि नवीन विश्वविद्यालयों द्वारा मांग किए जाने पर वह अभियन्ता के चुनाव में उन्हें परामर्श दे सके।

भवन परियोजना सहभागी

पुस्तकालय भवन के निर्माण के कार्य में निम्नांकित सहभागियों का सहयोग जरूरी होता है–

1. प्रबंध समिति;
2. अभियन्ता एवं निर्माता;
3. ग्रन्थालयी अथवा परामर्शदाता;

विश्वविद्यालय के सन्दर्भ में प्रबन्ध समिति उनकी कार्यकारिणी परिषद है। परिषद भवन के निर्माण हेतु धन उपलब्ध करती है एवं भवन परियोजना को स्वीकृति प्रदान करती है। ग्रन्थालयी या व्यावसायिक परामर्शदाता पुस्तकालय के उद्देश्यों, कार्यों एवं आवश्यकताओं से अभियनता को अच्छी तरह अवगत करता है। अनुभवी ग्रंन्थालयी के अभाव के महत्वपूर्ण ग्रन्थालयी को परामर्शदाता के रूप में नियुक्त किया जात हैं अभियनता व्यापक परियोजना बनाता है एवं स्वीकृत होने पर उसके अनुसार भवन निर्माण करता है।

भवन निर्माण समिति

परियोजना को वैज्ञानिक रूप देने एवं मितव्ययिता के साथ अच्छा भवन बनाने हेतु आजकल साधारणतः एक भवन निर्माण समिति गठित की जाती है। निम्नलिखित व्यक्ति उसके सदस्य होते हैं–

1. ग्रन्थालयी या पारमर्शदाता;
2. कार्यकारिणी परिषद का प्रतिनिधि;
3. आवश्यतानुसार शिक्षकों एवं छात्रों के प्रतिनिधि एवं
4. अभियन्ता।

विश्वविद्यालय की शैक्षणिक योजनाओं को दृष्टि में रखते हुए यह समिति ग्रन्थालयी एवं इंजीनियर द्वारा निर्मित परियोजना के विविध पक्षों का अच्छी तरह से अध्ययन करती है एवं आवश्यक संशोधनों के साथ उसे प्रस्तुत करती है। भवन का सथान, आन्तरिक ढांचा, भीतरी एवं बाहरी साज-समान एवं इन सबकों आर्थिक पहलू पर यह विशेष ध्यान देती है। इस समिति में पुस्तकायध्यक्ष का प्रमुख स्थान होता है। वह परियोजनाओं की पूर्वोक्त दोनों अवस्थाओं में तीव्रता के साथ का उद्देश्य, विविध कार्य, सेवा, उनको प्रभावशली तरीके सम्पादित करने हेतु उपर्युक्त स्थान पुस्तकों को संगठित करने एवं सुरक्षित रखने के लिए व्यवस्थित स्थान, पुस्तकालय सम्बन्धी विविध प्रकार के मानक, पाठकों का भेद उनकी सुविधाएं, पाठकों एवं पुस्तकों में यथासमय सम्पर्क स्थापितउकरने के लिए जरूरी वातावरण तथा उपाय, उसके फलस्वरूप गंभर अध्ययन शोध कार्यें के द्वारा का विकेन्द्रीकरण मात्र विश्वज्ञान की सीमा की वृद्धि, कर्मचारियेां की सुविधा आदि विषयों का अच्छा परिचय मात्र उसे ही रहता है। उपर्युक्त भवन के होने पर ही ये सारे कार्य पुस्तक में अच्छी तरह परिचित कर प्राथमिक एवं जरूरतों अन्तिम परियोजना की स्वीकृत कराने में वह महती भूमिका निभाना है।

परियोजना के विभिन्न चरण

गेलफैण्ड के अनुसार भवन की परियोजना निम्नांकित तीन चरणो में पूरी होती है–

1. विकास और प्राथमिक योजनाओं की स्वीकृति;
2. भवन निर्माण का कार्यक्रम तैयार करना; तथा
3. अन्तिम योजनाओं और विनिर्देशों की स्वीकृति।

निर्माण का कार्यक्रम

परियोजना बनाने की यह शुरूआती अवस्था है। इस अवस्था का नायक ग्रंन्थापवली होता है। वह कार्यनुसारी भवन हेतु अपनी आवश्यकताओं को स्पष्ट, रूवस्थित अपनी आवश्यकताओं को स्पष्ट, व्यवस्थित एवं लिखित रूप से प्रस्तुत करता है। कौल के शब्दों में भवन निर्माण का कार्यक्रम पुस्तकालयों की आवश्यकता का स्पष्ट एवं विस्तृत कथन है। यह भवन के ढांचे का प्राथमिक तत्व, विविध आन्तरिक स्थानों का पारस्परिक सम्बन्ध, उनका संभावित आकार एवं प्रत्येक स्थान की उपर्युक्त अवतसिथति का वर्णन करता है और प्रासाद की प्रमुख बातों को विस्तार से बतलाता है।

अभियन्ता एवं भवन समिति के समक्ष ग्रन्थालयी अपनी जरूरतों के अनुरूप जो परियोजना या भवन निर्माण का कार्यक्रम प्रस्तुत करता है, उसमें निम्नलिखित बातों पर अच्छी तरह प्रकाश पड़ना चाहिए।

उद्देश्य एवं कार्य

विश्वविद्यालय का उद्देश्य एवं उसके क्रियान्वयन के लिए सुसंगठित पुस्तकालय की आवश्यकता, उसका लक्ष्य, विविध कार्य एवं सेवाओं के विवरण पर प्रकाश डालना चाहिए।

पाठक

विश्वविद्यालय एवं महावित्रलय में निमन चार प्रकार पाठक आते हैं–

1. छात्र-छात्राएं;
   (अ) स्नातक पूर्व,
   (आ) स्नातकोतर,
   (इ) शोध छात्र,
2. आकस्मिक पाठक।
3. शिक्षक; तथा
4. अधिकारी और कर्मचारी;

पूर्वोपाधि स्तर के छात्र विशेषः पाठ्य तथा संस्तुत ग्रन्थों के अध्ययन के लिए पुस्तकालय जाते हैं। लेकिन उनमें अध्ययन के प्रति रुचि उत्पन्न करने एवं उनके सामान्य ज्ञान् को बढ़ाने के लिए पुस्तकालय विविध प्रकार से उनका अध्ययन सामान्य, शिक्षाप्रद तथा मनोरंजक साहित्य की ओर आकृष्ट करता है। इसलिए उनके लिए वहां उपयुक्त और सुसज्जित वाचनकक्ष का होना जरूरी है।

स्नातकोतर स्तर के छात्र कक्षाओं में बतलाई गई बातों के आधार पर अपने विषय के विभिन्न पक्षों से अच्छी तरह अवगत होन के लिए पुस्तकालय जाते हैं उन्हें ग्रन्थों के अलावा समय-समय पर शोध पत्रिकाएं देखनी पड़ती है। जिन्हें लघु प्रबंध (डिजर्टेशन) लिखना होता है, उन्हें अन्य प्रकार के साहित्य का अध्ययन करना जरूरी होता है। वे पुस्तकालय में अधिक समय व्यतीत करते हैं और उनके अध्ययन को रोचक बनाने के लिए विशेष रूप से मार्गदर्शन अपेक्षित होता है।

पुस्तकालय शोध छात्रों की प्रयोगशाला है।

उनके अध्ययन को सफल बनाने के लिए विशिष्ट स्थान और अन्य सुविधाओं के अलावा पुस्तकालय को अधिक समय तक खुला रखना चाहिए।

विविध संप्रयोजनों (प्राजेक्ट्स) एवं शोध कार्यों को पूरा करने एवं दैनांदिन अध्यापनीय विषय से सम्बद्ध नवीनतम बातों से अवगत होने हेतु शिक्षक पुस्तकालय अक्सर जाते रहते हैं। वे जहां अपना बहुत सथा समय व्यतीत करते हैं।

सामाजिक, शैक्षणिक एवं अपने कार्यों से सम्बद्ध आवश्यक सूचनाओं के संकलन और अध्ययन हेतु अधिकारी, कर्मचारी तथा दूसरे संस्थानों से आकस्मिक पाठक समय-समय पर पुस्तकालय जाते रहते हैं। अध्ययन के लिए जितनी अधिक सुविधा वहां उपलब्ध रहती हैं, पाठकों की संख्या में निरन्तर बढोत्तरी होती रहती है।

आशुनिक ग्रंथालय एक साथ स्वच्छन्द अध्ययन के लिए निःशुल्क शिक्षा केन्द्र, विविध बातों से सद्यः अवगत करने में समर्थ विशिष्ट सार्वजनिक सुचना केन्द्र और नाना तरह के मनोंरंजक साधनों के माध्यम से लोगों को हमेशा कर्तव्यपरयण बनाये रख्ने वाला जागृत प्रहारी है। इसलिए आजकल पुस्तकालय में समय-समय पर चलचित्र प्रदर्शन, सार्वजनिक भाषण, सम्मेलन एवं पुस्तक प्रदर्शिनी का आयोजन किया जाता है। विश्वविद्यालय पुस्तकालय अपने स्तर के अनुरूप इन कार्यक्रमों का आयोजन करता है। अतः इसके लिए वहां उपयुक्त स्थान सुविधा और व्यवस्था का होना अनिवार्य करता है। भवन की परियोना बनाते समय पुस्तकालय में पाठकों क विविध कार्य और उनकी सुविधाओं को स्मरण रखना चाहिए।

कर्मचारी

ग्रन्थालय के निर्माता और उसको हमेशा महान् बनाये रखने वाले उसके कर्मठ कर्मचारी होते हैं। इसलिए उनकी कार्यक्षमता को बढ़ाने के लिऐ ग्रन्थालय में उनके लिए जरूरी सब सुविधाएं उपलब्ध हों।

नीति

पुस्तकालय को आवश्यक नवीनतम साधन और सामग्रियों से सम्पन्न कर उसे उपयोगी, मितव्ययी एवं सवंसुलभ बनाने के लिए भवन की परियोजना बनाने के पूर्व निम्नलिखित विषयों से सम्बद्ध नीति निर्धारण कर लेना लाभप्रद होता है—

1. **संग्रह में वृद्धि, परिणाम और उसका नियंत्रण**—पुस्तकालय एक विकासशील संस्था होने से दिन उसके संग्रीह में बढोत्तरी होती रहती है। यदि इस वृद्धि को नियंत्रित करने का उपाय न किया गया तो पुस्तक, पाठक तथा कर्मचारियों लिए वहां हमेशा पर्याप्त स्थान उपलब्ध नहीं रहेगा, और फलस्वरूप सीमित साधनों के अंदर पुस्तकालय को उपयोगी साबित करना संभव न होगा। इसीलिए ग्रन्थों के संकलन को नियंत्रित और उन्हें नवीनतम बनाये रखने के सम्बन्ध में ठोस नीति निर्धारित हो। एक निर्धारित संख्या से अधिक पुस्तकें पुस्तकालय में नहीं रखनी चाहिए। डॉ. रंगनाथन का मत है कि विश्वविद्यालय और महाविद्यालय पुस्तकालयों में क्रमशः चार लाख और पचास हजार से ज्यादा पुस्तकें न रखी जाएं। इस सीमा को बराबर बनाये रखने के लिए अधेनिर्दिष्ट व्यवस्था की जाए—

(1) प्रत्याहरण—अनुपयोगी ग्रन्थों को समय-समय पर प्रत्याहरण (विड्रान) करना;

(2) संगत संयोजन—पुरानी एवं कम उपयोग में आने वाली पुस्तकों को फलकों पर संगत या ठोस (काम्पेक्ट) ढंग से संयोजित करना; और

(3) सहकारिता—पुस्तकालय सहकारिता और मांग के अनुसार खास-खास विषयों के ग्रन्थों का विशेष संग्रह रखना चाहिए।

2. **विशिष्टीकरण**—जरूरत और मांग के अनुसार खास-खास विषयों के ग्रन्थों का विशेष संग्रह रखना चाहिए।

3. **भवन का विस्तार**—पुस्तकालय के क्षेत्रफल को बढ़ाने के लिए उसका विस्तार अधिकाधिक समस्तरीय (हारिजंटल) ढंग से किया जाए।

ऊर्ध्वस्तरीय (वार्टिकल) विस्तार एवं उसके भार को वाहन करने हेतु भवन की बुनियाद गहरी एवं मजबूत हो।

4. **केन्द्रीकरण एवं विकेन्द्रीकरण**—केन्द्रीय पुस्तकाय में सर्वदा शांति और व्यवस्था बनाये रखने, पाठकों की सुविधाओं को बढ़ाने एवं प्रशासकीय कार्यों को कुशल और मितव्ययी बनाने के लिए केन्द्रीकरण और विकेन्द्रीकरण के सम्बन्ध में निम्नानुसार नीति निश्चित करें—

(1) पूर्वोपाविस्तार के छात्रों हेतु स्वतंत्र भवन और शाखा पुस्तकालय की व्यवस्था हो। जब तक यह संभव नहीं है तब तक केन्द्रीय पुस्तकालय के तलघर में उनके लिए पृथक से प्रबन्ध किया जाए;

(2) विश्वविद्यालय से सम्बन्ध महाविद्यालय यथा—चिकित्सा, कृषि, इंजीनियरिंग और प्रौद्योगिकी (टेक्नाली) महाविद्यालयों के लिए पुस्तकालय को विकेन्द्रित करें अर्थात् उन महाविद्यालयों में ही उनके लिए पुस्तकालय स्थापित किए जाएं। इसी प्रकार विश्वविद्यालय के परिक्षेत्र अथवा केन्द्रीय पुस्तकालय से बहुत दूर पर स्थित संघटक महाविद्यालय एवं उच्च अध्ययन केन्द्रों का भी स्वतंत्र पुस्तकालय हो। इनके जरूरत के मुताबिक दात्रों और विश्वविद्यालय के परिक्षेत्र के निवास करने वालों की सुविधा और जरूरत के मुताबिक छोटे-छोटे विभागीय पुस्तकालय, अध्ययन केन्द्र, छात्रावास पुस्तकालय और चल पुस्तकालय की व्यवस्था करनी चाहिए।

यहां यह बात दोहराने की आवश्यकता नहीं है कि इस प्रकार के विकेन्द्रित पुस्तकालय पद्धति में सभी क्रियाकलापों में एकरूपता बनाये रखने के विचार से विश्वविद्यालय से सम्बद्ध समस्त पुस्तकालय मुख्य पुस्तकालयी के प्रत्यक्ष निर्देशन और नियंत्रण में काम करेंगे।

5. सुलभता—सभी पाठक को अपनी पुस्तक यथा शीघ्र प्राप्त होने के लिए पांठाकों स्वतंत्र रूप से संग्रहार के अन्दर जाने की अनुमति प्राप्त होनी चाहिए। इसके अभाव में प्रभावशाली ढंग से ज्ञान का विकेन्द्रीकरण संभव नहीं है। इसीलिए विशेषतः शैक्षणिक ग्रन्थालयों में खुली प्रणाली की व्यवस्था हो। इसके लिए संग्रहगार एवं अध्ययन कक्षों का निर्माण विशेष ढंग से करना जरूरी है। उनके अन्दर आवगमन और एवं के लिए पर्याप्त स्थान, प्रकाश, हवा तथा सुरक्षा की अच्दी व्यवस्था की जाए। दूसरी बात तत्तद् प्रमुख विषयों में सम्बद्ध विविध प्रकार की पाठ्य सामग्रियां यथा, ग्रन्थ शोध पत्रिकाओं के जिल्दबंद खण्ड और सन्दर्भ ग्रन्थ पाठाकों की सुविधा हेतु पास-पास यथा होना चाहिए।

6. आवागमन की बाधा से बचाव—अध्ययन कक्षों के प्रवेश द्वार, यातायात के स्थानों की तरफ न हो। अन्यथा पाठकों के गंभीर अध्ययन में लगातार व्यवधान उत्पन्न होगा।

7. यांत्रिक साधन एवं उपाय—सब कार्यों को कम-से-कम खर्च में एकरूप, सूक्ष्म तथा विस्तार के साथ शीघ्र करने हेतु आजकल यंत्रों का साहरा अधिकाधिक लिया जा रहा है। विकसित देशों के पुस्तकालय में अनेक प्रशासनिक,

प्राविधिक और सेवा सम्बन्धी कार्य यंत्रों द्वारा किए जा रहे हैं। विकासशील देश के कई पुस्तकालय उनका अनुकरण करने के लिए भरसक प्रयत्न कर रहे हैं। अतः नये पुस्तकालय भवन में जरूरी आधुनिक यत्रं, जैसे—संगणक, प्रतिनिर्माण यंत्र, टेलेक्स आदि की स्थापना के लिए उपर्युक्त स्थान उपलब्ध होना चाहिए।

आकार

पुस्तकालय का आकार या साइज निम्नलिखित तत्वों के आधार पर स्थिर किया जाता है—

1. संग्रहणीय ग्रन्थों की संख्या—विश्वविद्यालय के केन्द्रीय पुस्तकालय में शुरुआती ग्रन्थ संग्रह की सीमा 50,000 और उसकी अधिकतम सीमा 4, 00, 000 निर्धारित की गई है। डारमेटरी पुस्तकालय में 1,00,000 घनफुट तथा 50,000 एन रखने हेतु स्थान उपलब्ध हो। एन का अर्थ स्थानान्तरण की संख्या से है। पुराना जीर्णशीर्ण और अनुपयोगी ग्रन्थों का समय-समय पर प्रत्याहरण (विड्रावल) तथा ग्रन्थों की बढ़ोत्तरी को प्रभावशाली ढंग से नियंत्रित करने के लिए अपनाये जाने वाले अन्य उपायों के आधार पर इस संख्या को लगातार बनाये रखा जा सकता है। पाठ्य सामग्रियों के लिए जरूरी स्थान निश्चित करने के लिए पुस्तकालयाध्क्षों ने अधोनिर्दिष्ट मानक स्थिर किए हैं—

मेटफाक	:	फर्श के प्रति वर्गफुट पर 15 पुस्तकें (गेंगवे को लेकर)
थामसन	:	60 वर्गफुट पर 100 पुस्तकें
हेण्डरसन	:	प्रतिवर्गफुट पर 15 क्यू बुक्स (क्यू बुक्स-निधानी के सामर्थ्य की इकाई अर्थात् औसत पुस्तक को रखने हेतु आवश्यक स्थान का आयतन)
शंकु	:	प्रतिरेखीय (लीनीयर) वर्गफुट पर 6 से 7 पुस्तकें।
शर्मा	:	मानक निधानी का आकार, ऊँचाई 84 इंच चौड़ाई, 36 इंच, गहराई 10 इंच, 7 फलक (खाने) की निधानी एवं प्रत्येक फलक पर औसत 21 पुस्तकें।

इस प्रकार संग्रहणीय ग्रन्थों की अकितम सीमा तथा औसत पुस्तक के लिए जरूरी स्थान के आकार पर कुल स्थान का आकलन करें।

2. पाठकों के लिए सुरक्षित स्थान की सीमा—भारलय मानक संस्थान एवं यू. जी. सी. पुस्तक समिति पुस्तकालय समिति (1959) ने विश्वविद्यालय और महाविद्यालय पुस्तकालयों अग्र स्थान निश्चित करने की संस्तुति की है—

(1) कुल छात्रों के 15 के लिए स्थान;

(2) कुल शिक्षकों के 10 के लिए स्थान; एवं

(3) विभागीय पुस्तकालय में 10 से 20 पाठकों के लिए स्थान।

कोल के अनुसार विश्वविद्यालय में पुस्तकालय में कुल पाठकों के लिए जरूरी स्थान का आकलन आजकल निम्न मानकों में से किसी एक के अनुसरण करें—

मेटकाफ	:	प्रति छात्र के लिए 25 वर्गफुट प्रत्येक स्नातक छात्र के लिए 35 वर्गफुट, प्रत्येक शिक्षक के लिए 75 वर्गफुट।
शंकु	:	हर पाठक के लिए 25 से 30 वर्गफुट ।
थामसन	:	हर पाठक के लिए 25 वर्गफुट 24
कौल	:	हर छात्र 30 वर्गफुट हर शोध छात्र 50, वर्गफुट।
शर्मा	:	वाचन कक्ष में पाठक के लिए 25 वर्गफुट, अध्ययन स्थान (क्युबिल) 150 वर्गफुट, अध्ययन कक्ष, अध्ययन कक्ष (करेल) 4 फुट 4 इंच, सन्दर्भ कक्ष में प्रति पाठक 3 वर्गफुट।

इन मानकों को ध्यान में रखते हुए विश्वविद्यालय पुस्तकालय में एक समय कम-से-कम 500 पाठाकों को बैठने के लिए जगह उपलब्ध होना चाहिए।

3. कर्मचारियों हेतु स्थान की सीमा—यू. जी. सी. के मानक के अनुसार विश्वविद्यालय पुस्तकालय से 100 कर्मचारियों हेतु स्थान उपलब्ध हेतु स्थान उपलब्ध होना चाहिए। इसके लिए स्थान का आकुलन जरूरत के मुताबिक निम्न मानकों में से किसी एक के आधार पर किया जा सकता है—

मेटफाक	:	हर कर्मचारी 100 वर्गफुट
रोगर्स और बेबर	:	कार्यकक्ष में हर व्यक्ति 160 वर्गफुट, अन्यत्र 135 वर्गफुट;
शर्मा	:	पुस्तकालयी 300 वर्गफुट, उपपुस्तकालयी 250 वर्गफुट, प्राविधिक कर्मचारी 125 वर्गफुट, वाचन कक्ष का प्रभारी 35 वर्गफुट;
जिल्दसाज 4 व्यक्ति	:	100 वर्गफुट
सूक्ष्मचित्र निर्माता 3 व्यक्ति	:	600 वर्गफुट
प्रलेखक 4 व्यक्ति	:	800 वर्गफुट

सूक्ष्मचित्र निर्माता 3 व्यक्ति	:	800 वर्गफुट
विशेषज्ञ	:	800 वर्गफुट
कर्णिक प्रति व्यक्ति	:	80 वर्गफुट
कौलः पुस्तकालयी एवं उपपुस्तकालयी	:	30 वर्गफुट
अध्यापक	:	15 वर्गमीटर
वर्गीकार, सूचीकार, अधिग्रहण तथा व्यवस्थापन पुस्तकालयी	:	9 वर्गमीटर प्रति व्यक्ति
सचिव पुस्तकालयाध्यक्ष	:	15 वर्गमीटर
आगत अन्य प्रशासनिक एवं व्यवसायिक कर्मी	:	5 वर्गमीटर प्रति व्यक्ति
समिति कक्ष	:	20 वर्गमीटर
अन्य कक्ष	:	जरूरत के अनुसार

गेलफेण्ड ने विभिन्न स्थानों के आकार के आकलन के लिए मेटफाक के मत को उचित माना है। कुल स्थान का आकलन पाठकों के लिए हर एक समूह के आधार पर करना चाहिए। जितना स्थान पुस्तक, पाठक एवं कर्मचारियों के लिए आवश्यक है, उससे 40 प्रतिशत ज्यादा स्थान अन्य कार्यों एवं वस्तुओं के लिए उपलब्ध हो।

मंजिल

विश्वविद्यालय पुस्तकालय के भवन को एक तलधर के अलावा कम-से-कम तीन मंजिल का बनाया जाए। पूर्वोपाविस्तर के छात्रों हेतु केन्द्रीय पुस्तकालय में व्यवस्था करनी है तो उनके लिए तलवर में पृथक से प्रबंध किया जा सकता है। उस अवस्था में केन्द्रीय पुस्तकालय के अन्दर प्रवेश किए बिना उन्हें अपने पुस्तकालय में जाने का मार्ग एवं उनके लिए वहां स्वतंत्र परिचालन अनुभव हो। केन्द्रीय पुस्तकालय के प्रमुख विभागों एवं अनुभागों को पहली मंजिल में स्थापित करना चाहिए।

आकलित खर्च

भवन के निर्माण के खर्च का आकलन भवन का भौतिक स्वरूप, जमीन का क्षेत्रफल एवं प्रतिवर्ग अथवा क्युबिक वर्गफुट के निर्माण के खर्च के अनुरूप किया जाता है। निर्माण के खर्च का हिसाब जरूरी करना चाहिए। इस खर्च में भवन,

साज-सामान, उपस्कर, शुरुआती दौर के ग्रंथ संग्रह का खर्च इंजीनियर, परामर्शदाता पुस्तकालयी मजूदरों का पारिश्रमिक शामिल रहता है। निर्माण के खर्च का निर्माण कार्य, संचयागार का निर्माण, साहुल अथवा गहराई (प्लानिंग), वामायनीकरण, विद्युत सामग्री, लिफ्ट एवं सज्जाकरण के आधार पर किया जाता है। सन् 1965 में डॉ. रंगनाथन ने विश्वविद्यालय पुस्तकालय भवन के निर्माण काखच। बीस लाख रुपये आंका था। आज यह धन दुगना नहीं तो डयोढा अवश्य हो गया है। इसलिए धन की उपलब्धि के अनुसार भवन का निर्माण दो या तीन चरणों में किया जाता है। शर्मा के भवन के निर्माण के विभिन्न मदों पर खर्च का प्रतिशत निम्न प्रकार से संस्तुत किया है–

(1) सामान्य रचना –57 प्रतिशत

(2) बिजली, तापन (हीटिंग) –13 प्रतिशत

(3) उपकरण तथा उपस्कर –20 प्रतिशत

(4) निर्माताओं की मजदूरी आदि –10 प्रतिशत

स्थान

विश्वविद्यालय के परिक्षेत्र (कैम्पस) में पुस्तकालय को विभिन्न शैक्षणिक विभागों के मध्य में स्थापित करना चाहिए, ताकि वहां जाने में सबके लिए दूरी एक बराबर हो। उसका स्थान प्रधान सड़क के पास एवं उत्तर अथवा पूर्व की ओर हो। आस-पास में दूसरा कोई भवन न हो और चारों तरफ पर्याप्त स्थान छूटा रहे। जमीन पक्की तथा ऊपर उठी हो, ताकि अच्छी तथा ठण्डी हवा अंदर आए एवं वर्षा के दिनों में भवन के पास पानी जमा न होने पाए। नये विश्वविद्यालय के लिए विभिन्न भवन बनाते समय मास्टर प्लान में पुस्तकालय के लिए इस प्रकार के भवन का प्रावधान होना चाहिए।

अन्यथा बाद में विश्वविद्यालय के पारिक्षेत्र में पुस्तकालय के लिए उपर्युक्त और पर्याप्त स्थान उपलब्ध होना असंभव है।

विभागीकरण

सुलभता, उपयोगिता एवं कार्यकुशलता के आधार पर विभागीकरण करना चाहिए। भारतीय मानक संस्थान ने विश्वविद्यालय पुस्तकालय में निम्नलिखित विभाग, अनुभाग और कक्षों की व्यवस्था करने की सिफारिश की है–

1. संग्रहागार
2. सूचीकक्ष
3. वाचन कक्ष
4. पत्रिका विभाग
5. विशिष्ट अध्ययन कक्ष
6. शोध स्थान
7. समूह अध्ययन कक्ष
8. संगोष्ठी कक्ष
9. प्रदर्शन कक्ष
10. पुस्तकालयी कक्ष
11. उपपुस्तकालयी
12. अधिग्रहण एवं प्रक्रमण विभाग
13. कार्यालय और भण्डार कक्ष
14. समिति कक्ष
15. प्रवेश द्वार के पास प्रदर्शन स्थान
16. चौकीदार का कक्ष
17. पुस्तकालय का विज्ञान विभाग
18. सूक्ष्मचित्र अध्ययन कक्ष
19. प्रतिनिर्माण विभाग

इनके अलावा आधुनिक पुस्तकालय में अधोनिर्दिष्ट विभाग भी रहते हैं—

1. सन्दर्भ और प्रलेखन विभाग
2. दैनिक पत्र कक्ष
3. दुर्लभ ग्रन्थ विभाग
4. अभिलेख एवं हस्तलिखित ग्रन्थ विभाग
5. पाठ्य-पुस्तक विभाग
6. स्वच्छन्दानुशीलन विभाग
7. सूचना केन्द्र
8. चलचित्र प्रदर्शन एवं सम्मेलन कक्ष
9. विश्राम कक्ष (पाठक और कर्मचारी दोनों के लिए)
10. सूक्ष्मचित्र तथा श्रव्यदृश्य विभाग
11. संगणक अनुभाग

12. परिचालन विभाग
13. अनुरक्षण और जिल्दी बंदी अनुभाग
14. विस्तार सेवा विभाग
15. मानचित्र कक्ष
16. कार, स्कूटर और साइकिल स्टैण्ड
17. सामग्री पटल (पटल कौण्टर)
18. भौतिक सुविधाओं के लिए स्थान
19. जलपान गृह
20. पुस्तकालयी के व्यक्तिगत सचिव का कक्ष
21. खुला वाचन कक्ष (ओपन एयर रीडिंग रूप)
22. शोध प्रबन्ध कक्ष

अग्रिम पंक्तियों में इन विविध विभागों, अनुभागों एवं कक्षों के संगठन पर प्रकाश डाला गया हैं अधिक जनसम्पर्क में आने वाले विभागों को यथासंभव भवन के निचले मंजिल में एवं अध्ययन स्थानों को जनसम्पर्क के स्थानों से दूर स्थापित करना चाहिए।

प्रवेश द्वार

प्रवेश द्वार प्रासाद का मुख होता है। इसे मुख्य अथवा निचले मंजिल में होना चाहिए। इसे दक्षिण दिशा की तरफ बनाएँ। प्रवेश द्वार एवं उसके अगल-बगल में ज्ञान मन्दिर की दृष्टि से वास्तुकाल का जरूरी चित्रण किया जा सकता है। पुस्तकालय के सन्दर्भ में प्रवेश द्वार के साथ विचारणी उसके अन्य अंग निम्नवत हैं–

1. अर्धमण्डल अथवा अन्तराल (वेस्टिबुल);
2. सामग्री पटल (प्रापर्टी कौण्टर);
3. बाह्य कर्म के कक्ष (लेवेटरी);
4. सूचना केन्द्र;
5. दालान (लॉबी); तथा
6. जीना और लिफ्ट।

अन्तराल में सामग्री पटल रहता है। उससे थोड़ा हटकर एक ओर पुरुषों के लिए और दूसरी तरफ महिलाओं के लिए बाह्य कर्म के कक्ष या उसके तरफ जाने

का मार्ग बना रहे। सामग्री पटल के अन्दर पाठकों के निजी सामान, जैसे—छाता, ओवरकोट, ब्रीफकेस, पुस्तकें इत्यादि रखने के लिए कपबोर्डस रखे हों एवं वहाँ समान रखने, टोकर देने, निगरानी करने एवं सामान लौटाने हेतु कार्यकाल में साक्षर चतुर्थ वर्ग के एक कर्मचारी को हमेशा मौजूद रहना चाहिए। अन्तराल के पश्चात् क्रमशः नियंत्रण द्वार, चक्राकार परिचालन पटल एवं हाल या दाल्लान आरम्भ होता है। प्रवेश एवं निर्गम हेतु पास-पास में दो नियंत्रण द्वार हों एवं जब भीड़ न हो तब एक द्वार से काम लिया जा सकता है। सामग्री पटल प्रवेश द्वार पास में रहता है। कहीं-कहीं दालान के शुरू के आधे भाग में मध्य में परिचालन पटल बना रहता है। इस पटल की दाहिनी तरफ सूचना केन्द्र और बायीं और परिचालन अनुभाग का एक कक्ष हो। परिचलन से हेतु पुराने अभिलेख रखने और उसे अनुभाग से सम्बद्ध टेबुल वर्क अच्छी रह करने हेतु इस प्रकार का अतिरिक्त कक्ष उपयोगी होता है। परिचलन पटल के अगल-बगल का स्थान (गेंगवेस) अन्दर जाने और बाहर आने के काम में आता है। इन स्थानों का आयाम दो मीटर से अधिक न हो। सूचना केन्द्र परिचलन पटल एवं उसके कक्ष के बाद लाबी के अवशिष्ट भाग की दीवर की तरफ नई पुस्तकों के प्रदर्शन हेतु पटल या फलक रखने की व्यवस्था हो। नवीन सूचना तथा शिक्षाप्रदा सुभाषितों की तरफ पाठकों का ध्यान आकृष्ट करने हेतु वहीं आसपास सूचना पट्ट अथवा नोटिस बोर्ड, बुलेटिन, बोर्ड ओर श्यापमट रखें।

परिचालन अनुभाग

जैसा कि ऊपर लिखा जा चुका है इस अनुभाग को नियंत्रण द्वार के बाद ठी उसके सामने 4-5 मीटर हटकर स्थापित करना चाहिए। यह वृत्ताकर हो। सामने के भाग को छोड़कर बाकी भागों में घेरे के ऊपर की तरफ पुस्तकों के लेन-देन के लिए पटल (कौण्टर) बनें हों। विभिन्न आवश्यकताओं के लिए इनमें 4-5 काउण्टर बने हों। अवशिष्ट भाग में लोहे की मजबूत जाली के फ्रेम लगे हों, ताकि आने जाने वालों पर वहाँ के कर्मचारी दृष्टि रख सकें। अभिलेख रखने के लिए काउण्टर के नीचे खुली और बन्द अलमारियां हों। लौटाई गई पुस्तकें रखने, उन्हें विषयानुसार अलग करने, ट्राली में भरकर ले जाने एवं काउण्टर के बगल एवं बीच में टेबुल एवं कुर्सियां रखने हेतु अन्दर पर्याप्त की मंजिल में ले जाने के लिए लिफ्ट होना चाहिए। लौटाई गई पुस्तकों को ऊपर की मंजिल ले जाने के लिए लिफ्ट होना चाहिए। लौटाई गई पुस्तकों को जमा कर विषयानुसार छांटने के लिए बगल में एक पृथक् कक्ष हो तो अधिक सुविधाजनक होता है।

प्रशासकीय विभाग

इसके अन्तर्गत निम्न कक्ष आते हैं–

1. पुस्तकालयी कक्ष;
2. व्यक्तिगत सचिव कक्ष;
3. उपपुस्तकालयी (प्रशासन) कक्ष;
4. कार्यालय;
5. भण्डार कक्ष (स्टोर); एवं
6. अभिलेख कक्ष।

ये कक्ष लॉबी एवं हाल के बायीं ओर बनाये जाएं। पुस्तकालयी के कक्ष के पीछे अवशिष्ट पांचों कक्ष हों। उनमें जाने के लिए पुस्तकालयी कक्ष के बगल में गलियारा हो। पुस्तकालयी एवं उपपुस्तकालयी कक्ष के क्षेत्रफल का आकलन प्रति व्यक्ति 30 वर्गमीटर के हिसाब से करें।

अधिग्रहण एवं प्राविधिक कक्ष

लाबी के दाहिनी तरफ ये कक्ष हों। वहीं इन कार्यों से सम्बद्ध उपपुस्तकालयी का कक्ष भी हो। वर्गीकरण एवं सूचीकरण के लिए अगल-बगल में अस्थायी दीवार के आधार पर अलग-अलग स्थान हों। उनमें सहायक साधन, उपकरण, पुस्तकें एवं भावी विकास हेतु समुचित स्थान छोड़ रखें। जरूरी यांत्रिक उपकरण लगाने और उनमें काभ लेने के लिए यहीं स्थान उपलब्ध होना चाहिए। उपकरणों को रखने के अलावा कम-से-कम 80 वर्गमीटर स्थान प्रत्येक कर्मचारी के लिए यहाँ उपलब्ध हो।

स्वच्छानुशी कक्ष

लॉबी के बाद एक तरफ सूचना, शिक्षाप्रद अथवा मनोरंजक अध्ययन हेतु स्वच्छन्दानुशील (ब्रौजिंग) कक्ष की व्यवस्था हो।

सन्दर्भ और प्रलेखन विभाग

सन्दर्भ विभाग पुस्तकालय का हृदय होता है। हर विभाग और अनुभागों को वह गतिमान बनाये रखता है। हर जिज्ञासु पाठक को उस विभाग से काम पड़ता है। इसलिए इस विभाग को पहली मंजिल में मुख्य स्थान पर स्थापित करना चाहिए। तत्तद् विषयों के उपलबध अद्यतन सन्दर्भ ग्रन्थों को आगे विवेचित विषय खण्डों में रखें। अवशिष्ट पुराने और सामान्य सन्दर्भ ग्रन्थ एवं वाङ्मय सूचियों को इस विभाग

में संयोजित करें। सन्दर्भ विभाग में पुस्तकों को व्यवस्थित रूप से संयोजित करने, पाठकों एवं सन्दर्भ पुस्तकालयी को बैठने तथा तथा वाङ्मय सूची निर्माण हेतु कार्यशाला के हेतु पर्याप्त स्थान रहना चाहिए।

संग्रहगार

स्थान और संयोजन पद्धति

संग्रहगार पुस्तकालय का अन्नागार है। उसमें उसका आधारभूत तत्व पुस्तकें रहती हैं। उपयोगिता को लगातार बढ़ाने तथा पाठकों के अध्ययन को सुविधाजनक बनाने के विचार से पुस्तकालय में संग्रहगार का स्थान निर्धारित करना चाहिए। दूसरे शब्दों में उसका स्थान करते समय उसका एवं अध्ययन स्थानों का सम्बन्ध सामीप्यता को ध्यान में रखना जरूरी है।

ऐतिहासिक और विकासात्मक दृष्टि से पुस्तकालयों में ग्रन्का संयोजन (अरैंजमेण्ट) की व्यवस्था निम्नलिखित पांच प्रतिरूपों में देखने में आती हैं—

1. अध्ययन स्थानों के नीचे (उध्वी);
2. भवन के बीच में (केन्द्रीय स्थान);
3. अध्ययन स्थान के चारों तरफ (परिधीय स्थान);
4. भवन का पृष्ठभाग (पृष्ठ स्थान); एवं
5. अध्ययनस्थान के चारों एवं (परिधीय स्थान)

प्रथम, द्वितीय एवं चतुर्थ पद्धतियां बन्द प्रणाली (क्लोस्ड एक्सेस) हेतु उपयुक्त हैं और तृतीय एवं पंचम प्रमिान खुली प्रणाली पुस्तकालय के लिए अनुकूल है। विश्वविद्यालय अनुदान आयोग द्वारा गठित पुस्तकालय समिति ने भवन के मध्य में संग्रहगार बनाने की संस्तुति की है। लेकिन संयोजन व्यवस्था में लचीलापन, उपयोगिता एवं सुविधा की दृष्टि से अधिकाधिक पद्धति में कुछ गुण हैं तो दोष भी हैं। अतः उनके दोषों से अधिकाधिक बचने के लिए मिश्रित प्रतिमानों उपयोग अधिक सुविधाजनक है।

मिश्रित संयोजन व्यवस्था

प्रस्तावित मिश्रित व्यवस्था की विशेषताएं निम्नवत हैं :

1. प्रमुख शैक्षणिक विषयों की पुस्तकें प्रमुखतः निम्न दो स्थानों पर संयोजित किए जाएँ।

(i) विषयगत विभाग एवं

(ii) सामान्य संग्रहागार।

2. नवीन ग्रन्थों की उमड़ और फलस्वरूप संग्रहों में होने वाली निरंतर बढोत्तरी का सामना करने हेतु सामान्य संग्रहगार का निर्माण भवन के भावी विस्तार की सुविधा को दृष्टि में रखते हुए पृष्ठभाग में किया जाए। दोनों मंजिलों में ऐसे संग्रहगारों हों;

3. मिश्रित व्यवस्था में भी पुस्तक एवं शोध पत्रिकाओं के अलावा अन्य विशिष्ट साहित्य एवं-मानचित्र, दैनिक पत्र, हस्तलिखित ग्रन्थ, सामान्य सन्दर्भ ग्रन्थ, सूक्ष्मचित्र, आरक्षित पाठ्य ग्रन्थ आदि के लिए पृथक्-पृथक् कक्ष या स्थान हों। इस प्रकार की संयोजन व्यवस्था की उपादेयता को बढ़ाने एवं पुस्तकालय के विकासशील स्वरूप को ध्यान में रखते हुए ग्रन्थों के संग्रहों में होने वाली बढोत्तरी को प्रभावशाली ढंग से नियंत्रित करने के लिए सूचित उपायों का क्रियान्वयन जरूरी है;

4. ज्ञान के प्रमुख विभागों से सम्बद्ध प्राथमिक, सजीव एवं नवीन ग्रन्थों के संग्रहों को पृथक्-पृथक् अनुभागों में विभक्त कर सयोजित करें। ऐसी व्यवस्था में अनुभाग के दीवार की एक तरफ निधानियों पर पुस्तकें संयोजित रहती हैं तो दूसरी तरफ जिल्दबंद शोध पत्रिकाएं रखी रहती हैं। जरूरी का स्थान अध्ययन हेतु जरूरी उपस्करों से युक्त सुरक्षित रहता है;

5. आंशिक रूप से पुराने, कम उपयोगी एवं साधारण ग्रन्थों को सामान्य संग्रहगार में रखें। उसके पास सामान्य वाचन कक्ष हों;

6. मंजिल में मानविकी एवं सामाजिक विज्ञान के साहित्य हैं तो दूसरी मंजिल में विज्ञान एवं प्रौद्योगि के ग्रन्थ उपलब्ध हों;

7. प्रत्येक विषयगत अनुभाग अथवा खण्ड अस्थायी दीवारों से आवृत हों;

8. सेवाओं में दूरी, भार एवं समय को कम-से-कम करने हेतु आवश्यक और निम्नलिखित यांत्रिक उपकरणों की व्यवस्था हो–

(i) यांत्रिक कोठार और लिफ्ट

(ii) यांत्रिक वाहक

(iii) वातुल नली

(iv) आन्तरिक दूरभाष

(v) टेलिआटोग्राफ आदि;

9. विषयगत विभागी स्थानों खिड़कियों के पास कुछ खुली अथवा बन्द अध्ययन स्थान (क्युबिकल्स) एवं कक्ष (कैरेल्स) बनाये जा सकते हैं;

10. छत और निधानियों की ऊंचाई-उभयोद्देशी इस प्रकार की संयोजन व्यवस्था वाले स्थानों के छत की ऊँचाई 15 फुट उपर्युक्त मानी गई है। ऐसे स्थानों में दीवारों के चारों तरफ दो सोपान (टायर्स) वाली एक साइज की कि निधानियों की पंक्तियां स्थापित की जा सकती हैं। ऊपर की निधानियों के सामने जाने के लिए बगल में सीढ़ी एवं गलियारा बनी हो;

11. अन्तर्मार्ग-दो निधानियों मध्य 4.5 फुट अथवा सवा मीटर जमीन खाली छोड़ दें। इसी प्रकार बारिश के पानी बचाव हेतु पास की निधानी खिड़की से 3 फुट दूर रहे; और

12. इस प्रकार की संयोजन व्यवस्था में सर्वदा शांति, व्यवस्था, उपर्युक्त वातावरण और सुविधाओं को बनाये रखने हेतु विश्वविद्यालय के केन्द्रीय पुस्तकालय को केवल स्नातकोत्तर एवं शोध छात्र, शिक्षक तथा कर्मचारियों के लिए खुला रखना चाहिए।

सामान्य संग्रहालय

केन्द्र स्थान की संयोजन विधि के अनुसार भारतीय मानक संस्थान ने संग्रहगार के विनिर्देशों को स्थिर किया है एवं यू. जी. सी. पुस्तकालय समिति ने विश्वविद्यालय और महाविद्यालय पुस्तकालयों उसे संस्तुत किया है। परन्तु उभयोद्देशी संयोजन व्यवस्था को ध्यान में रखते हुए निम्नलिखित बातों के अनुरूप सामान्य संग्रहगार, उसकी संख्या, नाप, निधानियों की पंक्ति संख्या, संयोजन नीति एवं अन्य सम्बद्ध विषयों का निर्णय करना चाहिए–

1. विश्वविद्यालय पुस्तकालय में संग्रहणीय पाठ्य सामग्रियों की संख्या की अधिकतम सीमा,

2. उभयोद्देशी विषयगत पाठन कक्षों की संख्या,

3. सामान्य संग्रहगारों में बनाये जाने वाले सोपानों की संख्या। इस संख्या के आधार पर छत की ऊँचाई का निर्धारण करना चाहिए। संचयगार में दो सोपान बनाये जा सकते हैं। छत की ऊँचाई 15 फुट की हो एवं वे दीवार से दो मीटर दूरी पर हों, जिससे सूर्य की किरंणें पुस्तकों पर न पड़ें। इन खाली स्थानों की एक तरफ नीचे दो चार छोटे-छोटे टेबुल और तिपाई रखे हों, जहाँ पाठक अभीष्ट पुस्तक का चयन करने हेतु बैठकर अवलोकर कर सकें,

4. इन खाली स्थानों पर दिन में अच्छी तरह प्राकृतिक प्रकाश आने हेतु इनके समान बाहर की दीवार के दोनों तरफ खिड़कियां बनी हों। इसी तरह रात के समय अच्छी रोशनी आने के लिए बिजली की बत्ती के साथ परावर्तक लगें हों;

5. बरसात की पानी बचाव हेतु खिड़कियों में कांच की शटर लगे हों और बारिश के न रहने पर उन्हें बगल किया जा सके। साथ ही सुरक्षा की दृष्टि से बाहर की ओर पतली परन्तु मजबूर तार की जाली रहनी चाहिए;

6. मिश्रित संयोजन विधि खुली प्रणाली की व्यवस्था के अनुकूल होती है;

7. इस व्यवस्था को प्रभावशाली बनाने के लिए संग्रह और संयोजन नीति और उपयोगी होनी चाहिए। इसलिए विषयगत अनुभागों में ग्रन्थों को शिथिल पद्धति से, सामान्य संग्रहागारों में संबंधित विषय की पुस्तकों को संगत या ठोस तरीके से और सामन्य विषय के ग्रन्थों को शिथिल रूप से संयोजित करें;

8. संयोजन व्यवस्था को सर्वदा लचीला बनाये रखने के लिए स्थायी स्थान जैसे—लॉबी, बरामदा, मूत्रालय, शौचालय, जीना, लिफ्ट का स्थान आदि को छोड़कर अवशिष्ट सब विभाग, अनुभाग, संग्रहगार आदि की रचना प्रमापीय रचना जरूरत के मुताबिक पद्धति से किया जाना चाहिए, ताकि जरूरत के मुताबिक परिवर्तन करने पर सभी जरूरत स्थान हर प्रकार के कार्य के लिए उपर्युक्त सिद्ध हो, और;

9. संग्रहागार और अन्य स्थानों के क्षेत्र को भविष्य में जरूरत के अनुसार विस्तृत करने के लिए भवन के अगल-बगल और पीछे बाहर की दीवार इस प्रकार बनाई जाए कि जरूरत पड़ने पर उपेक्षित उनका मध्य भाग तोड़कर बीच में दरवाजा बनाया जा सके।

दिग्विन्यास

समस्त अध्ययन कक्षों और संग्रहगारों की दिशा पूर्व से पश्चिम की की तरफ हो, ताकि सूर्य की किरणें सीधे भीतर न आए। खिड़कियां उत्तर और दक्षिणाभिमुखी हों।

निधानि—स्थान और संख्या का आकलन

पाठ्य सामग्रियाँ विविध आकार एवं प्रकार की होती है। इसलिए उनके रखने के लिए स्थान और निधानियों की संख्या का आकलन भविष्य में रखी जाने वाली नई पुस्तकों के लिए जरूरी सुरक्षित स्थान, अध्ययन सामग्रियों के भेद एवं आकार के अनुसार करना चाहिए। स्थान और निधानियों का आकलन करने के लिए मेटफाक ने निम्नांकित चार सूत्र बतलाए हैं—

1. पुस्तक के आयतन का हिसाब लगाने की प्रामाणिक पद्धति 15 पुस्तकें स्क्वायर फुट है;

2. यदि निधानी का आकार 6 फुट 6 इंच है तो दो पुस्तकों के अनुरूप एक क्युबिक फुट के हिसाब से आकलन किया जा सकता है;

3. 6 पुस्तकों के लिए एक फुट एवं फुट के अनुभाग हेतु 126 पुस्तकें; और 4 उपलब्ध 4 उपलब्ध संग्रह के आकार के अनुरूप आवश्यकताओं का आकलन करना ज्यादा उपर्युक्त है। इसलिए मालूम कीजिए कि विद्यमान संचय के संयोजन हेतु 3 फुट चौड़ा और 7/1/2 फुट ऊँचा एक तरफा कितने अनुभागों की जरूरत है। इसके बाद सुविधाजनक ढंग से वर्तमान संचय को संयोजित करने के लिए 50 प्रतिशत उस संख्या में जोड़िए। अन्त में योजना के अनुसार भावी बढ़ोत्तरी के लिए पर्याप्त अनुभाग उपलब्ध करें। जे. एस.शर्मा के अनुसार 1 फुट फलक (84"x 36 x 10") पर सात पुस्तकें रखी जा सकती हैं। जे. बी. रीड के मत से 100 पुस्तकों (सन्दर्भ ग्रन्थ से भिन्न) के लिए 10 फुट एवं जिल्दबंद 100 पत्रिकाओं हेतु 15 फुट व्यवहारतः संगत है। पी. एन. कौल ने सांख्यिकी विश्लेषण पद्धति के अनुसार जरूरी फलकों का आकलन किया है। उनके अनुसार निम्नांकित नाप की निधानियों पर आगे अंकित प्रकार एवं उनकी औसत संख्या के साहित्य रखे जा सकते हैं –

अ निधानियों की नाप

ऊंचाई	:	2.10
लम्बाई	:	9 मी
चौड़ाई	:	6 मी

आ साहित्य के भेद और संख्या

1. मानक ग्रन्थ (मैन्चुल)	:	25
2. तकनीकी ग्रन्थ	:	23
3. पत्रिकाएं	:	15
4. पुस्तिकाएं	:	118
5. पुस्तिकाएं	:	18

आसाधारण आकार और प्रकार की पुस्तकों हेतु विशिष्ट प्रकार की निधानियां आवश्यक होती हैं जैसे–

विषय		**निधानी**
1. कला और वास्तुकला	:	18" x 28" x 4"
2. शोध पत्रिकाएं	:	7" x 6" x 3" x 8"

3. दैनिक पत्र : 16 से 18 इंच गहराई

4. मानचित्र : मंजूषा 48 "x से 36" x 2" आदि

पुस्तकालय सूची एवं उसका स्थान

मिश्रित संयोजन पद्धति में जिस विषय खण्ड एवं सामान्य संग्रहगार में जो पुस्तकें रखी हैं, उनकी सूची पाठकों की सुविधा हेतु उनके पास रखी जानी चाहिए। इसलिए सूची को उनके आसपास यथासंभव प्रवेश द्वार के भीतर बगल में रखने की व्यवस्था हो। अधिकग्रहण एवं प्राविधिक कर्मचारियों को अपने कार्यों के सम्बन्ध में बारबार सूची का अवलोकन करना पड़ता है। उनके लिए अधिग्रहण अनुभाग में लेखक तथा शीर्षक संलेख की कार्यालय सूची अलग से रखी जाए जिससे पाठकों को किसी प्रकार की असुविधा न हो। पास में होने से परिचालन, सूचना केन्द्र एवं विभाग के कर्मचारी भी जरूरी होने पर कार्यालय सूची को देख सकते हैं। इसके अलावा उनके लिए प्राविधिक विभाग में फलक सूची उपलब्ध रहती हैं।

सूची मंजूषा के दो हिस्से होते हैं। एक कैबिनेट एवं दूसरा उसका स्टैण्ड। कैबिनेट लकड़ी या स्टील का मिलता है। आवश्यकतानुसार दोनों का उपयोग किया जा सकता है। स्टील के कैबिनेट दो अथवा चार खाने के ज्यादा सुविधाजनक होते हैं। भारतीय मानक संस्थान ने लकड़ी एवं स्टील दोनों के कैबिनेट के मानक स्थिर किए हैं। दो या चार खानों वाली स्टील की मंजूषा अथवा कैबिनेट का रखने और उसमें सूची को सतह पर खड़े होकर आसानी से देखने के लिए स्टैण्ड की ऊँचाई 1/1/2 या 4/1/2 मीटर हो। आसानी से सूची का अवलोकन करने हेतु अगल-बगल में समुचित खाली स्थानी छोड़ रखें।

वाचनालय

वाचन समुचित कक्ष को सामान्य संग्रहगार एवं विषय खण्डों के पास होना चाहिए। गंभीर अध्येता एवं सामान्य पाठक दोनों के लिए यह व्यवस्था सुविधाजनक होगी। दोनों मंजिलों में साधारण संग्रहगार के पास वाचन कक्ष हों। 25 वर्गफुट के हिसाब के यहाँ एक समय कम-से-कम 50 से 75 पाठकों हेतु स्थान उपलब्ध होना चाहिए। यहाँ दो तरफ से प्राकृतिक हवा आने हेतु खिडकियां बनी हों। भारतीय मानक संस्थान ने कमरे की चौड़ाई 33 फुट स्थित की है। स्थानीय परिस्थिति के अनुरूप इसमें परिवर्तन किया जा सकता है।

शोध प्रबन्ध अनुभाग

संग्रहागार के पास विश्वविद्यालय द्वारा स्वीकृत शोध प्रबंध एवं लघु प्रबंध रखे हों। एक खण्ड के मानविकी और सामाजिक विज्ञान और दूसरे खण्ड में विज्ञान तथा प्रौद्योगिकी विषयों के प्रबंधों को रखें।

खुला वाचनालय

निचले मंजिल में सामान्य संग्रहागार के पीछे चहुं ओर से घिरे मैदान (लान) में इसके लिए व्यवस्था की जा सकती है। इस स्थान को गर्मी के दिनों में सायंकाल 5 से 7 और जाड़े के दिनों में 11 से शाम 5 बजे तक खुला रखा जा सकता है। यहां लाकर पढ़े जाने वाली पुस्तकों के दुरूपयोग के रोकने हेतु आवश्यक प्रबंध होना चाहिए।

प्रर्दशनी कक्ष

उपयोगी नयी तथा पुरानी पुस्तकों एवं अभिव्यक्ति के अनुरूप माध्यमों को उपयुक्त अवसरों पर पाठकों का ध्यान आकृष्ट करने एवं उनमें विशेषतः छात्र-छात्राओं में अध्ययन के प्रति रुचि उत्पन्न करने हेतु पुस्तकालय में समय-समय पर पुरतक प्रदर्शनी का आयोजन किया जाता है। अधिक से अधिक लोगों का आवागमन जहां होता है। वहां इसे आयोजित करना चाहिए। यथासम्भव निचले तल में इसके लिए स्थान नीयत करें। यू. सी. सी. पुस्तकालय समिति (1959) ने इस स्थान को लॉबी से मिला हुआ अथवा उसके पास बनाने की अनुशंसा की है। यह स्थान अन्दर से देखने में अलंकृत, आकर्षक तथा साज-सज्जाओं से युक्त हो तथा यहां विद्युत प्रकाश की विशेष व्यवस्था की जाए।

शिक्षक प्रकोष्ठ

विश्वविद्यालय पुस्तकालय में शिक्षकों के अध्ययन करने के लिए विशेष व्यवस्था की जाती है। उनके लिए जरूरी उपस्कर और उपकरणों से युक्त छोटे-छोटे कमरे उपलब्ध किए जाएं। यदि प्रथम दोनों मंजिलों में विषय खण्डों के अनुरूप ग्रन्थों के संयोजन की व्यवस्था है तो दोनों मंजिल में उनके लिए वाचन कक्षों की व्यवस्था हो। यथासम्भव इन कक्षों को विषय खण्डों की बाहरी दीवार के सामने बनाएं। कौल के अनुसार इन कक्षों का क्षेत्रफल 8' × 11' होना उपयुक्त है। इन कमरों की दीवार पक्की न हो ताकि विशेष योजनाओं जरूरत के मुताबिक को लिए

कमरों के आयाम को बढ़ाया जा सके। इन कमरों के अलावा शिक्षकों के लिए एक अलग विस्तृत वाचन कक्ष भी होना चाहिए।

आरक्षित ग्रन्थ अनुभाग

शैक्षणिक पुस्तकालयों में छात्रों की पहली मांग पाठ्य तथा संस्तुत पुस्तकों की रहती है। इन पुस्तकों में से सभी की कुछ प्रतियां पुस्तकालय में हमेशा आरक्षित रखनी चाहिए। इसके लिए भवन के निचले तल में प्रबन्ध किया जाए। इसमें 500 पुस्तकें रखने तथा कम से कम 150 छात्रों को और अनुभाग के कर्मचारियों को बैठने के लिए स्थान होना चाहिए। यहां आर्टस् एवं साइन्स के दो अलग-अलग खण्ड हों। दीवार के सहारे बन्द अलमारियों में यहां पुस्तकें रखना अत्यधिक उपयोगी सिद्ध होता है।

पत्रिका विभाग

जैसा कि पहले लिखा जा चुका है, विषयगत खण्ड पद्धति में जिल्द बंद पत्रिकाओं को विषयानुसार सम्बद्ध खण्डों या अनुभागों में रखा जाता है। अतएव पत्रिका विभाग में पत्रिकाओं को अधिग्रहण, प्राविधिक संस्कार, नवीन अंकों का प्रदर्शन एवं अजिल्द पत्रिकाओं का संग्रह किया जाए।

यहां इस प्रकार की पत्रिकाओं को पढ़ने के लिए अनिवार्य व्यवस्था हो। विभाग की दीवार की ओर तदर्थ प्रर्दशन फलकों पर अद्यतन अंक प्रदर्शित किए जाएं। इस प्रकार के फलकों में सम्बद्ध वर्ष के विगत अंकों को पत्रिकाओं के अनुरूप रखने के लिए भीतर स्थान बना रहता है। गोदरेज कम्पनी, बम्बई ने इसके एिल स्टील के कांच की शटर लगे प्रदर्शन फलक बनाये हैं। इस विभाग के कार्यों को दृष्टि में रखते हुए यहां के लिए जरूरी स्थान का आकलन करें। पहली मंजिल इस विभाग के लिए उपयुक्त स्थान है।

दैनिक पत्र मंजूषा

पत्रिका विभाग के पास दैनिक पत्रों के संग्रह; एवं अवलोकन हेतु अलग स्थान हो। नये अखबारों को पढ़ने के लिए यहां विशेष व्यवस्था होनी चाहिए। इसी तरह पुराने जिल्द और अजिल्द पत्रों को सुरक्षित ढंग से रखने एवं उनके विमर्श हेतु पयाप्त उपल्बध और उपस्कर उपलब्धक हों।

मानचित्र विभाग

उपयोगिता की दृष्टि से बन्द अलमारी या कमरे में अलग रखना आवश्यक है। निचले मंजिल में इसके लिए प्रबंध किया जा सकता है।

ग्रन्थ, पाण्डुलिपि एवं अभिलेख अनुभाग

गवेषु विद्वानों को सम्बद्ध विषय के अमुद्रित हस्तलिखित ग्रन्थ एवं विद्वानों की अप्रकाशय कृतियों की पाण्डुलिपियों का अवलोकन एवं अध्ययन करना आवश्यक होता है। इसलिए विश्वविद्यालय पुस्तकालय यथासंभव इन ग्रन्थों का संग्रह करता है। देश की प्राचीन और मध्यकालीन संस्कृति, सभ्यता तथा साहित्य जो इन में सचित हैं, उन्हें सुरक्षित रखने के विचार से भी यह उसका दायित्त्व है। इन अमुद्रित रचना को व्यवस्थित रूप से रखने और इनके प्रयोग हेतु पर्याप्त स्थान और अनरूप साधन है। इसके अतिरिक्त आधुनिक विश्वविद्यालय पुस्तकालय विश्वविद्यालय के विगत अभिलेखों को भी अपने यहां सुरक्षित रखते हैं। इसके लिए वहां एक स्थान (सेल) होता है। इन दोनों प्रकार के साहित्य को पुस्तकालय के पहली मंजिल में पृथक करके एवं प्रकाश की विशेष व्यवस्था की जाए। दुर्लभ ग्रन्थ और हस्तलिखित ग्रन्थ विभागों में सुरक्षा, वातायन एवं प्रकाश की विशेष व्यवस्था की जाए। यहां अग्नि शामक का भी प्रबन्ध हो। इन स्थानों को वातानुकूलित बनना चाहिए। प्रसिद्ध निर्माण करते समय इन बातों को विशेष रूप से ध्यान में रखें। यहां एक साथ कई व्यक्तियों के बैठकर पढ़ने की व्यवस्था हो।

सूक्ष्मचित्र विभाग

शोध कार्य और भावी प्रयोग हेतु जीर्ण-शीर्ण और दुर्लभ ग्रन्थों की सूक्ष्मचित्र प्रतियां तैयार करके कर रखना जरूरी है। इस प्रकार के साहित्य को बाहर के लोगों को उपलब्ध करने के लिए भी यह कार्य आवश्यक है। इसलिए विश्वविद्यालय पुस्तकालय में इसके निर्माण, संग्रह और पढ़ने के लिए जरूरी प्रबंध किया जाता हैं। सूक्ष्मचित्रों को पढ़ने के लिए पठन यंत्र (माइक्रो रीडर) की व्यवस्था की जाती है। निर्माण कार्य के लिए तलधर में स्थान मुहैया किया जा सकता है। सूक्ष्मचित्रों को रखने और उनके पढ़ने के लिए जरूरी स्थान हस्तलिखित ग्रन्थ विभाग में अथवा उसके आसपास उपलब्ध किया जाए।

समूह पठन-पाठन विभाग

स्नातकोत्तर छात्रों को विशिष्ट शैक्षिक विषयों पर चर्चा करने हेतु विश्वविद्यालय पुस्तकालय में आजकल स्वतंत्र स्थान प्रदान करने की प्रथा है। चूंकि विचार विमर्श करते समय ग्रन्थों का विमर्श जरूरी होता है, इस कार्य के लिए पुस्तकालय सही स्थान है। इस कक्ष में 5-6 व्यक्तियों को बैठने, फलक पुस्तक और श्यामपट रखने

के लिए स्थान और अन्य सुविधाएं मुहैया हो। स्थान का आयाम कम से कम 125 से 150 वर्गफुट का हो।

संभाषण एवं सम्मेलन हॉल

विश्वविद्यालय के शैक्षणिक विभागों में समय-समय पर शोध एवं पाठ्य विषयों पर संगोष्ठी का आयोजन किया जाता है। इनमें भाग लेने वाले व्यक्तियौं को व्याख्यान के पूर्व और पश्चात् जरूरी साहित्य का अध्ययन करने के लिए शैक्षणिक विभागों में व्याख्यान पुस्तकालय स्थापित करने की परम्परा रही है। सम्प्रति इसके लिए केन्द्रीय पुस्तकालय में व्यवस्था की जा सकती है।

इसी तरह नवीन ग्रन्थों पर रोशनी डालने, सामयिक महत्व के विषयों से आमजनों को परिचित करने और शैक्षणिक तथा शोध विषयों पर प्रसार व्यख्यान के रूप में भाषण एवं मालाएं समय-समय पर आयोजित की जाती हैं। इनमें स्थानीय, राष्ट्रीय और अंतर्राष्ट्रीय ख्याति के विद्वान एवं नेता भाग लेते है। ये व्याख्यान यदि पुस्तकालय में आयोजित किए जाते है, तो व्याख्यान के विषय से सम्बद्ध साहित्य को, जो पुस्तकालय में सुलभ है श्रोताओं की दृष्टि में सरलता से लाए जा सकते हैं। सन्दर्भ पुस्तकालयों और उसके सहयोगी प्रलेख सूचियों का संचयन उनका वितरण और सम्बद्ध साहित्य के प्रदर्शन द्वारा इस कार्य को पूरा करते है। इसलिए ऐसे भाषणों के लिए पुस्तकालयों में स्थान उपलब्ध करना चाहिए। इस महाकक्ष (हाल) में 150-200 व्यक्तियों के बैठने हेतु उपर्युक्त स्थान (सीट्स) भाषण मंच, प्रकाश और हवा की अच्छी व्यवस्था हो। यहा ध्वनि निरोधक की भी व्यवस्था हो, ताकि यहां की आवाज पुस्तकालय के अन्य कक्षों में न पहुंचे। संगोष्ठी और सम्मेलन के लिए पुस्तकालय में एक ही स्थान हो। इसी हाल में जरूरत के मुताबिक चलचित्र प्रदर्शन का आयोजन किया जा सकता है। इन तीनों कार्यों को ध्यान में रखते हुए यहां उपयुक्त सभा मंच बनाया जाए। समूह अध्ययन कक्ष एवं सम्मेलन महाकक्ष हेतु दूसरे तल में उपयुक्त स्थान का प्रबन्ध किया जाए।

समिति कक्ष

यू. जी. सी. पुस्तकालय समिति (1959) ने विश्वविद्यालय पुस्तकालय में समिति कक्ष के प्रावधान की अनुशंसा की है। समय—समय पर पुस्तकालय समिति की बैठक आयोजिक करने के लिए इसकी जरूरत है। नीचे की मंजिल में पुस्तकालयी के कक्ष या बगल में इसके लिए स्थान उपलब्ध करने से आसानी होती

है। यह कक्ष कार्यालय के समीप होने से कर्मचारियों को प्राविधिक एवं अन्य विषयों पर समय-समय पर विचार-विमर्श करने तथा कर्मचारी समिति की बैठक आयोजित करने में आसानी होती है। इस कक्ष में कम से कम 40 व्यक्तियों के बैठने का स्थान और अन्य जरूरी साधन उपलब्ध हो। यदि नीचे की मंजिल में इसके लिए पृथक से प्रावधान करना संभव न हो तो सम्मेलन कक्ष में पुस्तकालय के ये कार्य आयोजित किए जा सकते हैं।

श्रव्य दृश्य कक्ष

आधुनिक पुस्तकालय एक साथ, सूचना एवं मनोरंजन का केन्द्र है। श्रव्य दृश्य साधन आधुनिक शिक्षण पद्धति का एक प्रभावशाली माध्यम है। इसलिए पुस्तकालय में इन साधनों को सुलभ कराना वांछनीय है। इनमें निम्नलिखित साधन आते हैं–

1. टेपरिकाड्र्स (देश-विदेश के प्रधान विद्वानों, लेखकों और नेताओं के भाषण);
2. छवि (शैक्षणिक एवं सूचनाप्रद);
3. संगीत के रिकाड्र्स एवं रिकार्ड प्लेयर्स;
4. स्लाईड्स; एवं
5. टेलीविजन।

इन साधनों के संग्रह और प्रयोग हेतु इस कक्ष में पर्याप्त स्थान और जरूरी उपकरण हो। दर्शक या श्रोता अधिक होने पर इनमें से अनेक साधनों का उपयोग सम्मेलन कक्ष में किया जा सकता है। इसलिए इन दोनों का स्थान अगल-बगल रखा जाए।

विश्राम अनुभाग

कर्मचारियों के लिए विश्राम कक्ष कार्यालय अथवा अधिग्रहण अनुभाग के पास बनाया जाए। पाठकों के लिए भी इस प्रकार की सुविधा होनी चाहिए। वे वहां आराम से बैठ कर अल्पाहार सके। उनके लिए यह प्रावधान प्रवेश द्वार के सामने विद्यमान द्वार मण्डप (पोर्टिको) के ऊपर प्रथम तल में किया जा सकता है। इस स्थान को अनुभाग के रूप में परिवर्तित कर दें और यहां ताजी हवा एवं प्रकाश आने के लिए जाली तथा कांच की खिडकियां हों। यहां टेबुल, कुर्सियाँ लगी हो।

पुस्तकालय विज्ञान अनुसंधानशाला

बौद्धिक दृष्टि से सदा अद्यतन बने रहने तथा पुस्तकालय के कार्यों और सेवाओं को अधिकाधिक प्रभावशाली बनाने के लिए व्यावसायिक कर्मचारियों को निरंतर अध्ययन करते रहना चाहिए। पुस्तकालय विज्ञान एक व्यावहारिक शास्त्र होने से केवल उसका सैद्धान्तिक पाठन काफी नहीं है। उसके नवीन सिद्धान्तों, विचारों और प्रविधियों को व्यवहारतः क्रियान्वयन कर उसके प्रति पाठकों की प्रतिक्रियाओं का अध्ययन करना चाहिए। विकसित देशों में पुस्तकालय के अधिकांश कार्य यत्रंपरक हो रहे हैं। पुस्तकालय विज्ञान के सैद्धान्तिक क्षेत्र में भारत की बहुत बड़ी देन है। उसे किस प्रकार यंत्रपरक करना है या यन्त्रों के माध्यम से उसे कैसे क्रियान्वित करना, उसमें कहां तक सफलता मिलती है, आदि बातों का अध्ययन और शोध बहुत जरूरी है। पुस्तकालय के विविध कार्यों को व्यवहारतः करने वाले कर्मचारी इस प्रकार के अध्ययन और अनुसंधान का कार्य बहुत अच्छा कर सकते हैं। इसलिए सबसे पहले कौल ने विश्वविद्यलाय पुस्तकालय के कर्मचारियों हेतु एक स्वतन्त्र प्रयोगशाला की जरूरत पर प्रकाश डाला है[43]। इस प्रयोगशाला को यथासंभव प्राविधिक कक्ष के पास रखें। इसमें पुस्तकालय विज्ञान के महत्वपूर्ण एवं नवीन साहित्य, आवश्यक उपकरण और उपस्कर तथा 25-30 व्यक्तियों के बैठने हेतु स्थान हो।

निम्नांकित अनुभागों के लिए तलघर में प्रावधान किया जा सकता है—

जिल्दबंदी एवं परिरक्षण—इनसे सम्बद्ध कार्यों हेतु अनेक यंत्रों का प्रयोग करना पड़ता है। उनसे काम लेते समय आवाज होती रहती है। इसलिए इस कक्ष को तलघर में रखें, ताकि पाठकों के अध्ययन में कोई बाधा न हो। जिल्दबंदी कक्ष में जिल्द की जाने वाली और जिल्द बंधी पुस्तकों को रखने हेतु फलक तथा कर्मचारियों को बैठने और काम करने हेतु आवश्यक उपस्कर उपलब्ध हो। इस अनुभाग के बगल में जीर्णशीर्ण और क्षतिग्रस्त पुस्तकों तथा हस्तलिखित ग्रन्थों को सुधारने के लिए आवश्यक साधन जैसे-धूमन (फ्युमिगेशन) और पटलीकरण (लेमिनेशन) संयत्रों से युक्त एक कक्ष बना हो।

सूक्ष्मचित्र निर्माण कक्ष—जरूरी दुर्लभ साहित्य का सूक्ष्म चित्र तैयार करने हेतु प्रतिनिर्माण संयंत्र यहां उपलब्ध हो। इस कक्ष में कैमरा कक्ष, अंधकक्ष और परिवर्धन कक्ष के लिए स्थान होना चाहिए।

अल्पाहार कक्ष—पाठकों एवं कर्मचारियों की सुविधा हेतु विश्वविद्यालय पुस्तकालय में अल्पहार कक्ष का होना जरूरी है। इसके लिए तलघर में प्रावधान किया जा सकता है।

प्रहरी पक्ष—प्रतिदिन रात में एवं अवकाश के दिन पुस्तकालय की देखरेख हेतु चौकीदार का होना आवश्यक है। निगरानी रखते हुए पुस्तकालय में रहने के लिए भवन के आसपास उसके लिए कक्ष होना चाहिए।

तलघर में जितने विभाग एवं अनुभाग स्थापित किए जाएं पाठकों से सम्ब; कक्षों में जाने के लिए बाहर से सीधा रास्ता हो। परन्तु मात्र कर्मचारियों को अपने कार्य के सम्बद्ध में वहां जाने के लिए अन्दर से सीढी लगी हो।

विभिन्न प्रकार के वाहन—भवन की दाहिनी और खाली मैदान में इन वाहनों के लिए छायेदार पार्क बनाए जाएं।

बिजलीकरण

पुस्तकालय भवन में प्रभावशाली ढंग से ऊर्जा आपूर्ति हेतु विद्युत से परामर्श करना चाहिए। विद्युत प्रकाश का वितरण और फैलाव सभी जगह समान हो। प्रकाश की मात्रा के सम्बन्ध में विविध मत है। साधारणतः 30 से 40 वर्ग बती प्रकाश पुस्तकालय के लिए उपयुक्त माना गया है।

भारत के सन्दर्भ में विभिन्न स्थानों के लिए प्रकाश की मात्रा निम्न प्रकार से अच्छी मानी गई है—

1. अध्ययन स्थान	: 30 से 30 वर्ग बत्ती
2. संचयागार	: 10 से 15 वर्ग बत्ती
3. दालान और बाह्य कर्म के स्थान	: 10 वर्ग बत्ती

विभिन्न स्थानों में जुडवार इस प्रकार लगाना चाहिए कि प्रकाश का फैलाव सभी जगह समान हो। उपयोगिता की दृष्टि से नियंत्रण की व्यवस्था दो प्रकार की हो। एक सभी जगह समान प्रकाश एवं नियंत्रण हेतु केन्द्रीय व्यवस्था हो द्वितीय स्थानीय स्तर पर मितव्ययिता की दृष्टि से वैकल्पिक प्रबंध किया जाए। जहाँ-जहाँ जरूरी हो वहां प्राकृतिक प्रकाश की कमी को विद्युत प्रकाश से पूरा किया जाए।

यंत्र

भवन को उपयोगी बनाने, पाठकों और कर्मचारियों को कुशलता और शीघ्रता से अपना कार्य करने तथा पाठ्य सामग्रियों की सुरक्षा हेतु पुस्तकालय को अनेक प्रकार के औजारों से सज्जित करना जरूरी है। ऐसा करते समय प्रत्येक विभाग, अनुभाग और कक्ष में किए जाने वाले कार्यों को दृष्टिगत रखते हुए उपयुक्त उपकरण

की व्यवस्था करनी चाहिए। पुस्तकालय में जिन प्रमुख औजारों की व्यवस्था करनी है, उन पर आगे प्रकाश डाला है।

यांत्रिक औजार

निम्नांकित यांत्रिक औजारों का प्रबंध किया जाए—प्रतिनिर्माण औजार, सूक्ष्म चित्र निर्माण (माइक्रो फिल्म) वाहक औजार लिफ्ट, माइक्रोफिल्म और माइक्रो कार्ड प्राजेक्टर्स, ग्रामोफोन, टेप रिकार्डस, छवि प्रदर्शन यंत्र विशिष्ट सेवाओं के लिए फोटो उपकरण पंच कार्ड मशीन, टंकण उपकरण और कार्यालय के अन्य उपकरण तथा औजार।

विद्युत यंत्र

1. शीत-ताप नियंत्रण—शीत-ताप नियंत्रण से पुस्तकालय में उसके तीनों तत्व, पुस्तक, पाठक और कर्मचारियों को फायदा होता है। इससे वातावरण समशीतोष्ण बना रहता है। फलस्वरूप पुस्तकों को कीड़े-मकौड़े, अतिऊष्णता, आर्द्रता एवं धूल से बचाया जा सकता है। बर्चड और उनके सहकर्मियों के अनुसार इससे वातावरण में बदलाव करने वाले निमन 8 तत्वों का एक साथ नियंत्रण किया जा सकता हैः

तापमान, आर्द्रता, वायु की गति और फैलाव, धूल, जीवाणु, गंध और विषाक्त धुआं। भवन के अन्दर 65 से 75 एक तापमान और 50 फीसदी सापेक्ष्य आर्द्रता पुस्तकालय के तीनों तत्वों के लिए अनुकूल रहता है। इसलिए पूरे प्रासाद में शीत-ताप नियंत्रण की व्यवस्था की जानी चाहिए। इससे निम्नलिखित लाभ हैं—

1. पाठक एवं कर्मचारियों को कार्य करने हेतु अनुकूल वातावरण;
2. ग्रन्थों और यंत्रों की सुरक्षा;
3. आर्द्रता पर नियंत्रण;
4. धूल की कमी; और
5. विद्युत व्यंजन का खर्च एवं आवाज का विलोपन।

शीत-ताप नियंत्रण प्रबंध के विशेष खर्च को ध्यान में रखते हुए यू.जी.सी पुस्तकालय समिति (1959) ने केवल दुर्लभ ग्रन्थ एवं हस्तलिखित विभाग को वातानुकूलित करने की अनुशंसा की है। परन्तु भविष्य में जरूरत के मुताबिक इसकी व्यवस्था करने के लिए भवन का निर्माण करते समय शीत-ताप नियंत्रण के लिए उसमें जरूरी निर्माण करना चाहिए। लेकिन जैसा कि पहले लिखा जा चुका है दुर्लभ

और हस्तलिखित ग्रन्थों के विभाग की शुरुआत से ही व्यवस्था की जानी चाहिए। इसकी प्रकार खास-खास स्थानों में जरूरत के मुताबिक ग्रीष्म और शीतकाल में क्रमशः शीतक (कूलर) और उष्मक (हीटर) का प्रबंध हो। विषय खण्डों (सब्जेक्ट डिविजन) एवं सामान्य संचयागार में बाहर की ताजी वायु को अन्दर लाने और अन्दर की वायु को बाहर ले जाने के लिए वातायनों की अच्छी व्यवस्था होनी चाहिए। उसके लिए उपलब्ध उपकरण जैसे Univent and Peervent लगाए जा सकते हैं।

ध्वनि निरोध

अध्ययन के लिए शान्त वातावरण अपेक्षित है। परन्तु अध्ययन स्थानों में कई कारणों से एक न एक आवाज आती रहती है। पंखों, टंकण यंत्र, आवागमन और संयत्रों की आवाज आती है। इन ध्वनियों को कम करने हेतु गलियारा, अध्ययन कक्ष, कार्यकक्ष, दीवार एवं छतों के लिए ध्वनि निरोधक सामग्रियों को और जहां भारी मशीन चलती है वहां की दीवारों के लिए शब्द निरोधक सामग्रियों का उपयोग करें। अंदर की छत और दीवार बनाने की सामग्रियों में थरमोकोल (Thermocole) के मिलाने से बाहरी आवाज को काफी कम किया जा सकता है। दरवाजे एवं बारबार इधर-उधर ले जाने वाले उपस्करों के पाये के चक्के रबर के बने हों। इसी तरह फर्श की आवरण सामग्री ध्वनि निरोधक हो। ऐसी सामग्रियों में खपरैल, कार्क की ईंट, डामर रबर आते हैं । जोर शोर से बात करने वाले पाठकों को शान्त करने हेतु पुस्तकालय के कर्मचारी स्वयं धीरे-धीरे बातचीत करं उन्हें शिक्षा दे सकते हैं।

आने-जाने का गलियारा

पुस्तकालय के अन्दर एक विभाग, अनुभाग या कमरे से दूसरे में जाने के लिए मार्ग इस प्रकार का होना चाहिए कि आने-जाने से अध्ययन में संलग्न पाठकों का ध्यान विचलित न हो। इसके लिए बैठने का स्थानं सम्बद्ध प्रवेश द्वार के विपरीत दिशा की ओर हो और एक दूसरे स्थान में जाने के लिए जरूरत के मुताबिक गलियारा और बरामदा या दालान बना हो।

अन्य भौतिक सुविधाएं

प्रत्येक मंजिल में पेय जल की व्यवस्था होनी चाहिए। इसके लिए वाटर कूलर लगाएं। इसी तरह प्रसाधन हेतु भवन के बाहर की ओर समानान्तर स्थानों पर हर मंजिल में पुरुष और महिलाओं हेतु अलग-अलग शौचालय एवं मूत्रालय का प्रबंध

हो। सफाई के उपकरण और सामान रखने के लिए उनके पास अलग स्थान होना चाहिए।

सुरक्षा संबंधी

ग्रन्थलय को उसके बाहरी शत्रुओं से बचाये रखने के लिए अनिवार्य व्यवस्था करना जरूरी है। भवन को प्रतिकूल वातावरण यथा–तेज धूप, गर्मी और वर्षा से बचाने के लिए छत, दीवार, वातायनी और खिड़कियों का निर्माण निम्नवत् किया जाए–

1. लटकते हुए छतों का निर्माण;
2. दीवार ठोस एवं भवन से अलग हो;
3. पड़ी, खड़ी या अण्डाकार क्रेट लगे हों;
4. खुली जाली, मिट्टी के टायलेट एवं ईंट;
5. गोल, चौकोर अथवा मधुमक्खीनुमा ठोस दिल्ला;
6. खड़ी या पड़ी अल्युमीनियम या दूसरे का बना धूर्ममार्ग;
7. बडी–बडी खिड़कियां जिनमें धूप रोकने वाले ग्लास, झिलमिल द्वार (Venetian blunds) एवं बाहर की ओर ऊपर शेड लगे हो;
8. पुस्तकों के गलत प्रयोग रोकने के लिए सब खिडकियों में बाहर की ओर पतली पर मजबूत लोहे की जाली लगी रहे। उदंड छात्रों से भवन को बचाने के लिए पोर्टिको के दोनों तरफ लोहें के शटर लगे हों;
9. भवन के बाहर चित्ताकर्षक ढंग से पेड लगाए जाएं। बड़े–बडे पेड़ों के रहने से थोड़ा बहुत भवन को धूप से बचाया जा सकता है; और
10. आपातकाल हेतु भवन के पीछे से बाहर जाने के लिए एक दरवाजा हो।

इनके अलावा छतों को जल निरोध (वाटर प्रूफ) से आवृत रखें और भवन के अन्दर विद्यमान बरामद या दालान के पूर्व एवं पश्चिम की ओर दीवार हो। पुस्तक चोरी करने वाले पाठकों को पकड़ने के लिए उपलब्ध उपकरणों का उपयोग करे।

भवन का बाह्य आवरण

पुस्तकालय भवन का बाहरी ढांचा विद्या मंदिर के अनुरूप आकर्षक होना चाहिए। पश्चिमी देशों में अंग्रेजी अक्षर एच, एल, टी, यू, वी, वर्गाकार, चौकोर, त्रिकोण आदि विविध आकृतियों में पुस्तकालय भवन बनाये जाते हैं। भवन बनाने के खर्च में कमी और भावी विस्तार की दृष्टि से चौकोर आकृति ज्यादा उपयुक्त मानी

जाती है। बाहर से भवन चाहे जैसा दिखाई दे उसकी हर इकाई, मुख्य द्वार, दरवाजे, खिड़कियां, वातायनी आदि एकरूप एवं सुडौल हों। यह वास्तुकला की मांग है। पर यथासंभव यह स्मरण रखे कि यह मांग कार्यानुसारी भवन के विरुद्ध न जाए।

भवन का रंग

भवन के बाहरी दीवार का रंग विश्वविद्यालय की सामान्य नीति के अनुरूप तय किया जा सकता है। परन्तु भवन के भीतरी दीवार का रंग सफेद हल्का गुलाबी या पिंक या हल्का पीला या पिस्ता हरा हो। भीतरी छत का रंग सफेद होना चाहिए।

निर्माण के चरण

पुस्तकालय भवन के निर्माण का खर्च आजकल बहुत बढ़ गया है। विश्वविद्यालय और महाविद्यालय के भवन के निर्माण का व्यय डा. रंगनाथन ने सन् 1965 में क्रमशः 20,00,000 और 2,00,000 रुपये आकलित किया था। आज यह संख्या करीब-करीब दोगुनी हो गई है। इसलिए धन की उपलब्धि के अनुरूप भवन का निर्माण निम्नलिखित चार चरणों में किया जा सकता है—

चरण	आकार के अनुसार संग्रहणीय ग्रन्थों की संख्या	निर्मित भवन का भाग
1.	50,000 से 1,00,000	तलघर और निचली मंजिल
2.	2,00,000	पहली मंजिल
3.	3,00,000	दूसरी मंजिल
4.	4,00,000	शाखा पुस्तकालय

सुविधा के अनुरूप प्रासाद का निर्माण चाहे जितने चरणों में पूरा किया जाए, भवन की परियोजना में प्रथम तीन चरणों में बनाये जाने वाले भागों हेतु स्पष्ट रूप से प्रावधान अंकित होना चाहिए।

5

पुस्तकालय प्रबन्ध

प्रबन्ध में चाहे वह कोई संस्था हो, संगठन हो अथवा पुस्तकालय हो उसके उद्देश्यों को प्राप्त करने के लिए जो भी निर्णय लिए जाते हैं उनके लिए वस्तुस्थिति की व्याख्या की जाती है। वैज्ञानिक आधार पर तथ्यों का विश्लेषण करके ही समस्या के समाधान के लिए सर्वोत्तम विकल्प का चयन किया जाता है जिससे भविष्य में किसी प्रकार की समस्या उत्पन्न न हो सके।

प्रबन्ध में नियोजन, अनुसंधान, विश्लेषण एवं प्रयोग आदि बातों पर अधिक बल दिया जाता है तथा यह अवलोकन, तर्क एवं सिद्धांतों के निर्माण से सम्बन्धित होता है। प्रबन्ध के द्वारा साधनों का आदर्शतम समन्वय करके न्यूनतम लागत पर अधिकतम लाभ एवं सेवा प्राप्त की जाती है।

प्रबन्ध के नियम

प्रबन्ध के कुछ मूल नियम हैं जिनके पालन से ही पुस्तकालय में उसके उद्देश्यों की पूर्ति की जा सकती है। ये नियम हैं—

1. कार्य सम्बन्धी अनुमान—यह नियम इस बात का ज्ञान कराता है कि सभी कर्मचारी को कितना कार्य करना चाहिए। इससे कर्मचारी को अपने कार्य का ज्ञान होता है कि वह निर्धारित कार्य से कम कार्य कर रहा है अथवा अधिक। काफी कार्य का निर्धारण ज्यादातर सावधानी के साथ प्रयोगों द्वारा होना चाहिए।

2. प्रयोग—प्रयोग प्रबन्ध के आधार होते हैं। कर्मचारियों की भिन्न क्रियाओं की जाँच तथा उनका विश्लेषण प्रयोगों द्वारा ही किया जा सकता है उनमें सुधार करके कार्यक्षमता बढ़ाई जा सकती है। किसी कार्य को सम्पन्न करने के कई ढंग हो सकते हैं और कई ढंगों में से सबसे उत्तम ढंग को ज्ञात करना प्रयोगों पर ही निर्भर करता है।

3. योजना—किसी भी कार्य को योजनाबद्ध तरीक से किया जाय तो वह काफी सफल होता है। इसलिए वैज्ञानिक प्रबन्ध की सफलता हेतु योजना होना अनिवार्य हैं जिसमें विशेष कार्य तथा विभाग हेतु योजना तैयार की जाती है।

4. मानकीकरण—मानकीकरण प्रबन्ध का एक अनिवार्य अंग है। मानक कार्य मानक विधियों को अपनाये बिना तय नहीं किये जा सकते हैं। कर्मचारियों के कार्य करने की दशाओं का भी मानकीकरण अनिवार्य है। अनुसंधान के पश्चात् ही विभिन्न क्षेत्रों में मानक तय किये जाते हैं। मानकीकरण ही सफलता की कुंजी माना जाता है।

5. वैज्ञानिक चयन—कर्मचारियों का चुनाव तथा प्रशिक्षण वैज्ञानिक होना चाहिए। दूसरे शब्दों में कर्मचारियों का चुनाव करते समय उनकी क्षमता, रुचि, प्रकृति एवं चरित्र पर विशेष ध्यान देना चाहिए एवं चुनाव के बाद उन्हें उचित ट्रेनिंग भी देना चाहिए उनकी तकनीकि शिक्षा का भी समुचित होना चाहिए।

6. कर्तव्य का वैज्ञानिक विभाजन—कर्मचारियों के चयन, प्रशिक्षण आदि के बाद उनकी क्षमता तथा योग्यता के अनुसार कार्य दिया जाना चाहिए एवं उत्तरदायित्व भी तय कर देने चाहिए।

7. स्वच्छ वातावरण—पुस्तकालय के वातावरण का कर्मचारियों के स्वास्थ्य तथा कार्यक्षमता पर प्रभाव पड़ता है अतएव पुस्तकालय का वातावरण स्वच्छ होना जरूरी है। स्वस्थ वातावरण हेतु स्वच्छ वायु, पर्याप्त स्थान, प्रकाश, उचित तापमान, जल पान गृह, आराम गृह इत्यादि की व्यवस्था होनी चाहिए।

8. प्रभावपूर्ण संगठन पद्धति—वैज्ञानिक प्रबन्ध का मूल उद्देश्य साधनों का सर्वोत्तम उपयोग कर अधिक से अधिक लाभ प्राप्त करना होता है तथा यह सब तब ही सम्भव हो सकेगा जब कर्मचारियों का संगठन समुचित पद्धति के माध्यम से व्यवस्थित किया गया हो। पुस्तकालय में रेखीय संगठन प्रणाली उपयुक्त बताई गयी है।

9. काम का उचित बंटवारा—प्रबन्ध का नियम यह भी है कि पुस्तकालय के प्राधिकरण द्वारा कर्मचारियों के मध्य कार्य का उचित विभाजन किया जाना चाहिए।

10. समन्वय—पुस्तकालय में सुप्रबन्ध के लिए यह जरूरी है कि अधिकारियों तथा कर्मचारियों के मध्य सभी पहलू पर समन्वय का भाव होना चाहिए न कि आपस में टकराव का।

वैज्ञानिक प्रबन्ध की उपयोगिता

वैज्ञानिक प्रबन्ध किसी संगठन की प्रबंधन सम्बन्धी समस्याओं को सुलझाने में वैज्ञानिक सिद्धान्तों तथा उनकी प्रक्रियाओं का अनुप्रयोग करना होता है।

वैज्ञानिक प्रबन्ध में वैज्ञानिक विधि का उपयोग किया जाता है तथा वैज्ञानिक पद्धति परम्परागत विधियों के विपरीत उपयोग तथा अनुसंधान पर आधारित होती है जिसमें समझ, उपयोग तथा परीक्षण तथा अनुसंधान के आधार पर निष्कर्ष निकाले जाते हैं एवं उन निष्कर्षों को संगठन में क्रियान्वित किया जाता है।

1. वैज्ञानिक प्रबन्ध वास्तविक तथ्यों एवं तर्कों को विकसित करने में सहायता करता है—पुस्तकालयों का यह कर्त्तव्य तथा उत्तरदायित्व होता है कि वह समाज के व्यक्तियों को उनके द्वारा कर के रूप में दिए गए धन के बदले में पुस्तकालय सेवाओं के रूप में ज्यादा से ज्यादा लाभ प्रदान करे। पुस्तकालय वर्धनशील संस्था होती हैं इसलिए वर्ष-प्रतिवर्ष इसके संचालन हेतु वित्त की जरूरत होती है। पुस्तकालय के लिए वित्त देने वाला चाहे पाठक हो, सरकार हो या कोई संस्था हो यह जानना चाहता है कि अतिरिक्त धन की माँग क्यों की जा रही है एवं उसकी माँग के सम्बन्ध में क्या तथ्य एवं तर्क हैं। वैज्ञानिक प्रबन्ध लागू होने से पुस्तकालय संचालक के पास निश्चित उपयुक्त तथ्यों तथा तर्कों का पर्याप्त आधार प्राप्त हो जाता है। इस प्रकार वैज्ञानिक प्रबन्ध पुस्तकालय संचालक को उपयुक्त तथा तर्क संगत तथ्य एवं तर्क प्राप्त करने में मदद करता है।

2. वैज्ञानिक प्रबन्ध दैनिक कार्यों की क्षमताओं को विकसित करने में भी मदद करता है—पुस्तकालय के अधिकतर दैनिक कार्य द्विआवर्ती तथा यान्त्रिक प्रकृति के होते हैं दूसरे शब्दों में जिनमें दुबारा होने की सम्भावना रहती है। इस प्रकार दैनिक कार्य इस कारण से गुणात्मक विश्लेषण हेतु सुधार किए जाने के लिए उद्यत रहते हैं। दूसरे शब्दों इनमें सुधार की जरूरत रहती है। इन कार्यों में निम्न प्रक्रियाओं को शामिल किया जाता है। जैसे—ग्रन्थों के क्रयादेश करना, ग्रंथों का आदान-प्रदान करना आदि। वैज्ञानिक प्रबन्ध की सहायता से इन कार्यों के करने की क्षमता में बढोत्तरी की जा सकती है।

3. वैज्ञानिक प्रबन्ध, कर्मचारी प्रबन्ध एवं वित्तीय प्रबन्ध का एक उपादेय उपकरण होता है—वैज्ञानिक प्रबन्ध में कार्यों का विश्लेषण करना प्रधान सिद्धांत

होता है और कार्य विश्लेषण कार्य विभाजन की एक कुंजी की तरह होता है। कार्य विश्लेषण के द्वारा ही पुस्तकालय अधिकारी एक कर्मचारी से क्या और कितना कार्य करने की अपेक्षा करता है एवं अपनी बुद्धिमता तथा उपयोगिता के बल पर सभी कर्मचारी द्वारा किए गये का एक मापक गज (Measure Yard) की तरह उनका मापन करने में सफल होता है।

इस प्रकार वैज्ञानिक प्रबन्ध पुस्तकालय के संचालन में पुस्तकालय अधिकारियों की दृढ़ वित्तीय आधारों पर मदद करता है वह विश्लेषण के माध्यम से कार्य के सभी अंश का मूल्य जानता है एवं इस प्रकार वह पुस्तकालय में कार्यों के सम्पादन हेतु कार्य योजना बनाकर व्यर्थ के कार्यों का परित्याग कर सकता है एवं कर्मचारियों द्वारा प्रदत्त सेवाओं की क्षमता में बढ़ोत्तरी करता है जिससे वह अपने पाठकों को पूर्ण सन्तुष्टि प्रदान कर सके।

प्रबन्ध के कार्य

किसी संस्था का प्रबन्ध अगर सैद्धान्तिक आधारों पर खड़ा किया जाता है तो उसका प्रबन्ध कुशलता पूर्वक उचित रूप से चलता रहता है। इसलिए प्रबन्ध की व्याख्या का कार्य कई विशेषज्ञों ने किया है। एक विशेषज्ञ के अनुसार किसी संस्था का प्रबन्ध उसमें होने वाली सामान्य प्रक्रियाओं तथा कार्यों का एक समूह होता है। यदि इन समस्त प्रक्रियाओं तथा कार्यों को ठीक तरह से सम्पन्न किया जाय तो संस्था का प्रबन्ध सुचारू रूप से चलता है। प्रबन्ध के कार्यों को **गुलिक** एवं **हेनरी फेयोल** ने बड़े ही वैज्ञानिक ढंग से पारिभाषित किया है और इन कार्यों को प्रदर्शित करने हेतु पोस्डकार्ब (POSDCORB) शब्द का प्रयोग किया है जिसका हर अक्षर प्रबन्ध के विभिन्न कार्यों को प्रदर्शित करता है।

1. नियोजन—पुस्तकालय के प्रबन्ध का अनिवार्य कार्य पुस्तकालय के लक्ष्य तथा आदर्श को तय करना होता है। इन उद्देश्यों को प्राप्त करने के लिए अनिवार्य विधियों तथा साधनों का प्रारम्भ करने से पूर्व उनका नियोजन करना अनिवार्य होता है। नियोजन का मुख्य उद्देश्य कम से कम व्यय में अधिक से अधिक कार्य सम्पन्न कराना होता है पुस्तकालय का नियोजन करने में स्थानीय कर्मचारियों से स्थिति, स्थान, भाषा, शिक्षा का स्तर, पुस्तकालय का आकार एवं मूल उद्देश्य आदि पर पूर्व विचार करना जरूरी होता है जिससे पुस्तकालय की व्यवस्था सुनियोजित ढंग से हो सके एवं सन्तोषजनक ढंग से कुशल पुस्तकालय सेवा प्रदान की जा सके।

2. संगठन—पुस्तकालय संगठन का उद्देश्य प्रशासन के स्वरूप को इस प्रकार से व्यवस्थित करना होता है ताकि पुस्तकालय अपने उद्देश्य की प्राप्ति में सफल हो सके। पुस्तकालय की संगठनात्मक प्रणाली ऐसी होनी चाहिए कि पुस्तकालय के समस्त कर्मचारियों को समन्वित अवस्था में सूत्रबद्ध किया जा सके जो वैज्ञानिक पद्धतियों पर आधारित हो जिसके कार्य ज्यादा कुशलता पूर्वक ढंग से पूरा हो सके। पुस्तकालय संगठन के तहत एक सुदृढ़ संगठन प्रणाली की आवश्यकता होती है।

3. स्टाफ—सभी संस्थाओं की भाँति की पुस्तकालय की कार्यकुशलता उसके कर्मचारियों पर ही पूर्ण रूप से आधारित होती है। अतएव कर्मचारियों की नियुक्ति के समय किसी निर्धारित नियुक्ति नीति पर अमल करना जरूरी है। नियुक्त कर्मचारियों में अपने नियुक्त पद के अनुसार कार्यपद्धति में दक्षता, क्षमता एवं कार्य करने की पर्याप्त अभिरुचि का होना जरूरी है तथा साथ ही कर्मचारियों में निष्ठा, उत्साह, पारस्परिक सहयोग तथा सद्भाव का होना की जरूरी है।

4. निर्देशन—प्रशासनिक सफलता प्राप्त करने हेतु पुस्तकालय में कुशल निर्देशन अति आवश्यक है। कर्मचारियों की कार्यकुशलता एवं सामन्जस्य काफी कुछ पुस्तकालय के नेतृत्व या पुस्तकालयी पर होता है। कर्मचारियों के तहत आत्म विश्वास, उत्साह एवं नैतिक आचरण का विकास करना सफल निर्देशक का कार्य है। पुस्तकालय में सही समय पर उचित निर्णय लेना एवं उनका क्रियान्वयन करना पुस्तकालयी का कार्य है। अतः सफल प्रबन्ध हेतु यह जरूरी है कि पुस्तकालयी में निर्देश देने की क्षमता हो।

5. समन्वय—पुस्तकालय में समन्वय का आशय दो तरह से लिया जाता है—कर्मचारियों में आपस में समन्वय एवं पुस्तकालय के प्रत्येक विभाग में समन्वय। पुस्तकालय के हर कर्मचारी एवं विभागों में आपस में समन्वय तभी स्थापित किया जाता है जब प्रमुख प्रशासनिक अधिकारी को हर प्रकार के कार्य एवं उनकी प्रक्रियाओं का पूर्ण ज्ञान हो और अपने प्रभाव से प्रबन्ध तन्त्र को इस ढंग से कार्यान्वित करे जिससे किसी भी विभाग में अनावश्यक हस्तक्षेप न करना पड़े। यह बहुत कुछ संगठन की प्रकृति एवं स्वरूप पर निर्भर करता है।

6. प्रतिवेदन—पुस्तकालय के पुस्तकालयी का यह कर्त्तव्य होता है कि वह समय-समय पर सभी विभागों के प्रभारियों से प्रतिवदेन प्राप्त करता रहे जिससे कर्मचारियों तथा विभागों द्वारा सम्पन्न किये गये कार्य की मात्रा तथा गुणवत्ता का अनुमान लगा सके। प्राप्त प्रतिवेदनों से हर कर्मचारी के कार्य करने की क्षमता तथा दक्षता का आँकलन करने में भी सहायता प्राप्त होगी। अन्त में पूरे वर्ष में पुस्तकालय

द्वारा किये गये क्रियाकलापों का पूर्ण प्रतिवेदन पुस्तकालयी को अपने अधिकारियों के अवलोकनार्थ बनाना पड़ता है।

7. बजट—पुस्तकालय के प्रबन्ध के लिए धन की जरूरत होती है इसलिए समुचित धन-व्यवस्था के बिना पुस्तकालय का कार्य सुचारूरूप से नहीं चल सकता। प्रत्यक्ष रूप से पुस्तकालय कोई उत्पादन अथवा आर्थिक लाभ पहुँचाने वाली संस्था नहीं होती। अतः इसके लिए धन की व्यवस्था करना अति आवश्यक होता है। जिसके लिए बजट तैयार करना पड़ता है। बजट तैयार करने का प्रमुख उद्देश्य प्राप्त धन का उपयुक्त मद में प्रयोग करना होता है। अनावश्यक व्यय पर नियन्त्रण रखना एवं आवश्यक वस्तुओं या कार्यों पर मितव्ययतापूर्वक व्यय करना है। परमावश्यक व्यय पाठ्य-सामग्री का क्रय होता है। पाठ्य-सामग्रियों का चुनाव बड़ी सावधानी से करना चाहिए जिससे जरूरी तथा उपयोगी सामग्री ही पुस्तकालय में आ सके।

प्रबन्ध की प्रमुख विचारधारायें

प्रबन्ध के क्षेत्र में आधुनिक समय में प्रयोग किए जाने वाले विचार, सिद्धांत एवं तकनीकियों को स्पष्ट करने के लिए कई विधियाँ विकसित की जा चुकी है। लगभग पिछले 25 वर्षों में प्रबन्ध विषय पर प्रकाशित शिक्षाविदों के लेखों की बाढ़-सी आ गई है जिसके परिणामस्वरूप नवीन विधियाँ विकसित हो चुकी हैं एवं पुरानी विधियों में कतिपय नवीन परिवर्तन जोड़कर अर्थ लगाये जा चुके हैं। उनमें से कुछ महत्वपूर्ण विधियों की रूपरेखा यहाँ प्रस्तुत की जा रही है जिन्हें प्रबन्ध की प्रमुख विचार-धारायें कहते हैं।

1. अनुभववादी सम्प्रदाय—प्रबन्ध के प्रति अनुभववादी दृष्टिकोण उन विद्वानों ने अपनाया है जो कि प्रबन्ध को अनुभव का अध्ययन (Study experience) मानते हैं। इनके मतानुसार अनुभव का अध्ययन करके कुछ आसान नियम बनाये जाते हैं। इस पद्धति में प्रायः घटनाओं द्वारा हुए अनुभव का अध्ययन कर प्रबन्ध का विश्लेषण किया जाता है। यह पद्धति इस विश्वास पर आधारित है कि प्रबन्धकों द्वारा समस्याओं को सुलझाने में उनके द्वारा किये गये प्रयासों का विश्लेषण कर इनका ज्ञान विद्यार्थियों तथा व्यावहारिक व्यक्तियों को हस्तान्तरित किया जाता है। इस तरह का अध्ययन विशिष्ट प्रकरणों या निर्णयों के अध्ययन द्वारा किया जाता है।

2. मानव-व्यवहार सम्प्रदाय—मानव-व्यवहार सम्बन्धी सम्प्रदाय इस बात पर जोर देता है कि चूँकि प्रबन्ध का आशय व्यक्तियों से काम लेने से है अतः इसका अध्ययन कर्मचारियों एवं प्रबन्धकों के अन्तर्सम्बन्धों पर केन्द्रित होना चाहिए।

इसको मानव सम्बन्ध (Human Relations), एवं व्यावहारिक सम्बन्ध (Behavioural Relations) भी कहा जाता है एवं नेतृत्व दृष्टिकोण (Leadership Approach) के नाम से भी जाना जाता है। यह दृष्टिकोण या सम्प्रदाय प्रबन्ध के मानवीय पहलुओं पर अधिक बल देता है इसलिए इसके तहत इस बात पर बल दिया जात है कि प्रबन्ध की समस्याओं को हल करने के लिए मनोविज्ञान, सामाजिक मनोविज्ञान, समाजशास्त्र एवं मानवशास्त्रों द्वारा बताई गई प्रणालियों को अपनाकर हम उन मानवीय समस्याओं का उचित समाधान ढूंढ सकते हैं जो प्रबन्ध के समय सामने आती हैं। इस विचारधारा का प्रारम्भ 1879 ई. माना जाता है।

3. सामाजिक प्रणाली सम्प्रदाय—इस सम्प्रदाय के प्रर्वतक **चैस्टर बर्नार्ड** थे। इन्होंने प्रबन्धकीय कार्यों तथा प्रविधियों के विश्लेषण में सामाजिक विचारधारा का उपयोग आरम्भ किया। उन्होंने प्रयोग व्यक्ति से आरम्भ किया एवं सहकारी संगठित प्रयासों की तरफ अग्रसर हुए एवं कार्मकारी कार्यों पर समाप्त किया। इन्होंने संगठन सम्बन्धी ढांचे का तर्कपूर्ण ढंग से विश्लेषण किया तथा बताया कि प्रबन्धकीय समस्याओं के हल हेतु समाजशास्त्र के सिद्धांतों का प्रयोग कैसे किया जा सकता है। उनके विचार में संगठन ऐसी प्रणाली है जिसमें सभी कार्यकलापों में सोच समझकर सामन्जस्य स्थापित किया गया हो।

स्वभाव में अत्यधिक सामाजिक होने के कारण यह सम्प्रदाय वही कुछ करता है जो कि समाजशास्त्र द्वारा किया जाता है।

4. निर्णय लेना वाला सम्प्रदाय—यह विधि इस विश्वास पर आधारित है कि प्रबन्धक निर्णय लेते हैं अतएव हमको निर्णय लेने पर ही केन्द्रित रहना चाहिए। इस प्रकार यह नियम निर्णय लेने को आधार मान कर चलता है। किसी भी कार्य को करने के सम्भावित विकल्पों में से किसी एक को चुनाव करना निर्णय कहलाता है। विकल्पों के मूल्यांकन की प्रक्रिया से भी आगे अपना दृष्टिकोण व्यापक करके अनेक विद्वान निर्णय नियम का प्रयोग संगठन ढाँचे के स्वभाव की जाँच करने, व्यक्तियों तथा समूहों की मनोवैज्ञानिक तथा सामाजिक प्रतिक्रियाएँ जानने, निर्णय के लिए बुनियादी सूचना का विकास करने एवं लक्ष्यों, सम्प्रेक्षण व्यवस्था तथा प्रेरणाओं के सन्दर्भ में नियम सम्बन्धी घटकों के महत्त्व का विश्लेषण करने में करते हैं।

प्रबन्ध विचार के मतकेन्द्र

प्रबन्ध विश्लेषण के लिए कई सारी विधियों, शोधकार्यों में तालमेल एवं विचारों में अन्तर के कारण प्रबन्ध क्या है? प्रबन्ध की नयी विधियों ने निश्चय ही

इस जटिलता को समाप्त कर दिया है। ये विभिन्न विधियाँ प्रबन्ध के सम्बन्ध में विविध मतकेन्द्र या सम्प्रदाय कहे जाते हैं ये मतकेन्द्र अथवा सम्प्रदाय निम्न हैं–

1. निर्णय सिद्धांत विचारधारा (Decision Theory)
2. क्रियात्मक शोध (Operations Research)
3. गणितीय विचारधारा (Mathematics Theory)
4. सम्प्रेक्षण विचारधारा (Communication Theory)
5. शास्त्रीय विचारधारा (Classical Theory)
6. सामाजिक प्रणाली विचारधारा (Social System Theory)
7. मानव-व्यवहार विचारधारा (Human Behaviour)
8. अनुभववादी विचारधारा (Empirical Theory)

मानव व्यवहार विचारधारा

प्रबन्ध के क्षेत्र में मानवीय व्यवहार दृष्टिकोण इस बात पर जोर देता है कि प्रबन्ध से आशय व्यक्तियों (मानव) से काम लेने से है अतएव इसका अध्ययन कर्मचारियों के आंतरिक सम्बन्धों पर केन्द्रित होना चाहिए। इसे **मानवीय सम्बन्ध** या **नेतृत्व दृष्टिकोण** (Leadership Approach) के नाम से भी जाना जाता है। यह दृष्टिकोण प्रबन्ध के मानवीय मूल्यों पर अधिक बल देता है इसीलिए इसके तहत इस बात पर जोर दिया जाता है कि प्रबन्ध की समस्याओं का समाधान करने हेतु मनोविज्ञान, सामाजिक मनोविज्ञान, समाजशास्त्र एवं मानव शास्त्र द्वारा बताये गये सिद्धांतों, नियमों एवं उनके व्यावहारिक उपयोगों का अध्ययन अनिवार्य है। इन्हीं विषयों के द्वारा बताई गई प्रणालियों को अपनाकर हम उन मानवीय समस्याओं का उचित समाधान ढूंढ़ सकते हैं जो कि प्रबन्ध करते समय सामने आती हैं। इस विचारधारा का शुरू 1879 से माना जाता है जब **विल्हेम विंड्ट** (Wilhem Windt) ने मानवीय समस्याओं के अध्ययन हेतु प्रयोगशाला स्थापित की थी।

अन्य संस्थाओं की तरह ही पुस्तकालय भी एक सामाजिक संस्था है जिसमें विभिन्न स्तर, पदों, एवं श्रेणियों के कई कर्मचारी कार्य करते हैं। पुस्तकालयी पुस्ताकलय का एक तरह से प्रबन्धक ही होता है जिसके सामने प्रबन्ध की कई समस्याएँ समय-समय पर सामने आती रहती हैं। वह अपने आपको पुस्तकालय के कार्यों का उत्तरदायी मानकर पुस्तकालय का संगठन और प्रबन्ध उत्तम से उत्तम व्यवस्था के अनुसार करता रहता है। उसके सम्पूर्ण प्रयास के बाद उसे वह सफलता नहीं मिल पाती है जो सर्वोत्तम सेवा के रूप में प्रतिफल प्रदान करे। वही पुस्तकालयी

प्रबन्ध के क्षेत्र में सबसे अधिक सफल हो पाता है जो पुस्तकालय में वैज्ञानिक सिद्धांतों पर प्रबन्ध की व्यवस्था करता है। वैज्ञानिक प्रबन्ध में कतिपय विचारधाराएँ हैं जिनमें से सर्वोत्तम विचारधारा को लागू कर प्रबन्ध व्यवस्था की जा सकती है।

पुस्तकालय में मानव-व्यवहार सम्बन्धी प्रबन्ध व्यवस्था हमारे विचार से आज के समय में सबसे सटीक तथा लाभदायक हो सकती है क्योंकि इसमें पुस्तकालय के कर्मचारियों में आंतरिक सम्बन्धों को ज्यादा महत्व दिया जाता है अगर कर्मचारियों को ज्यादा महत्व दिया जायेगा तो वे कार्य के प्रति सन्तुष्ट रहेंगे जिससे उनके मनोबल, कार्य करने क्षमता तथा दक्षता में भी बढोत्तरी होगी एवं साथ ही वे कार्य को समर्पित भाव से सम्पन्न कर पुस्तकालय को अपने उद्देश्य प्राप्त करने में सहायक सिद्ध होंगे। इस प्रकार हम कह सकते हैं कि पुस्तकालय प्रबन्ध व्यवस्था में मानव-व्यवहार विचारधारा का लागू करना अत्यन्त उत्तम तो रहता ही है साथ ही पुस्तकालय के लिए भी उपादेय रहता।

पुस्तकालय प्रबन्ध के प्रमुख चरण

नियोजन प्रबन्ध का एक प्रमुख कार्य होता है जिसका उद्देश्य निर्धारित लक्ष्य की प्राप्ति हेतु पहले से ही यह तय करना होता है कि पुस्तकालय में आने वाले समय में क्या करना है? जब पुस्तकालय में नियोजन किया जाता है तो उसमें भविष्य हेतु कार्यवाही का प्रक्षेपण किया जाता है जिससे वान्छित परिणामों को प्राप्त करने हेतु एक सुसंगत, समन्वित परिचालनों की संरचना प्राप्त करने का प्रयास किया जाता है। इस प्रकार पुस्तकालय की योजना तैयार करना एक आसान कार्य नहीं है। अतएव इस कार्य हेतु समुचित मात्रा में अध्ययन, मनन एवं विश्लेषण की जरूरत होती है। पुस्तकालय का नियोजन करते समय एक निश्चित क्रम का पालन करने से आसानी होती है। नियोजन के इस निश्चित क्रम को अवस्थाएँ या चरण कहते हैं जो निम्नलिखित होते हैं—

नियोजन के विभिन्न चरण

1. नियोजन की जरूरत—किसी भी पुस्तकालय की योजना बनाना दूसरे शब्दों में नियोजन करना एक आसान कार्य नहीं है। इसके लिए सर्वप्रथम यह जरूरी है कि पुस्तकालय में नियोजन की जरूरत तथा महत्ता को अच्छी तरह पहले समझा जाय। अगर नियोजन की जरूरत को समझे बिना ही इसे एक दिन दैनिक कार्य की तरह तैयार किया जायेगा तो इससे पूरा लाभ नहीं उठाया जा सकता।

2. उद्देश्यों का निर्धारण करना—पुस्तकालय नियोजन की जरूरत तथा महत्ता को समझने तथा स्वीकार करने के बाद नियोजन के उद्देश्यों तथा लक्ष्यों का निर्धारण करना है। ये उद्देश्य स्पष्ट रूप से निश्चित किये जाने चाहिए। योजना की सफलता बहुत कुछ स्पष्ट रूप से उद्देश्यों को तय करने पर निर्भर करती है क्योंकि उद्देश्य ही योजना का आधार होते हैं एवं बिना इसके योजना निरर्थक एवं निरूद्देश्य सिद्ध होगी।

3. आवश्यक आधारों को निश्चित करना—योजना के उद्देश्यों की पूर्ति हेतु योजना की तैयारी करनी पड़ती है एवं उसके लिए उचित आधार तय करने और एकत्र करने की जरूरत होती है जिसके लिए तथ्य प्राप्त करने होते हैं। तथ्यों तथा आंकड़ों का अध्ययन तथा उचित विश्लेषण करने के लिए सारभूत तथ्य जमा करने होते हैं। विद्यमान पुस्तकालय नीतियों तथा व्यवस्थाओं का अध्ययन करके यह देखना होता है कि क्या उनमें कुछ बदलाव की जरूरत है या किन्हीं नवीन नीतियों सिद्धांतों एवं आधारों को तय करना होगा आदि। इस प्रकार इस चरण के अन्तर्गत उन सभी जरूरी आधारभूत तथ्यों को एकत्रित करना होता है जिनकी सहायता से योजना तैयार की गई है।

4. वैकल्पिक कार्यविधियों का ज्ञानप करना—योजना के जरूरी आधारों को तय करने के उपरान्त यह ज्ञात करना होता है कि पूर्व में निर्धारित उद्देश्यों की प्राप्ति के लिए किन-किन विधियों को उपयोग में लाया जाता था। यह ज्ञात करना अत्यन्त आवश्यक होता है। व्यवहार में हम यह देखते हैं कि किसी भी कार्य को हम भिन्न-भिन्न तरीकों से सम्पन्न कर सकते हैं। अतः निश्चित उद्देश्यों की प्राप्ति हेतु भी यह देखना होता है कि उन्हें अब किन-किन तरीकों से प्राप्त किया जा सकता है। इस प्रकार वैकल्पिक कार्य-विधियों का पता लगाना पुस्तकालय नियोजन का अलग चरण है।

5. वैकल्पिक कार्यविधियों का मूल्यांकन—सम्भावित वैकल्पिक कार्यविधियों का पता लगाने के पश्चात उनका सापेक्ष दूसरे शब्दों में एक दूसरी की तुलना के रूप में मूल्यांकन क़रना होता है। इसके लिए उन हर विधियों का गुण-दोषों के आधार पर विवेचन करना होता है। यह करते समय पुस्तकालय-योजना के उद्देश्य को स्मरण में रखना अत्यन्त जरूरी होता है। यह कार्य अति महत्वपूर्ण होता है।

6. सर्वोत्तम कार्यविधियों का चयन—इसके बाद पुस्तकालय के नियोजन का अगला चरण यह निर्णय लेना होता है कि योजना के निर्धारित उद्देश्यों की पूर्ति के लिए कौन-सी कार्य-विधि सर्वोत्तम रहेगी। चुनाव करने का यह निर्णय अति

महत्वपूर्ण होता है। अगर इस कार्य में कोई गलती या चूक हो जाय तो वान्छित सफलता नहीं मिल सकती है। यह कार्य आसान कार्य नहीं है क्योंकि सर्वोत्तम कार्य-विधि का निर्णय करते समय एक विधि से दूसरी विधि से ज्यादा उत्तम एवं श्रेष्ठ है। ऐसी स्थिति में पुस्तकालय के निर्णायक तत्वों को ध्यान में रखकर ही कोई निर्णय लेना चाहिए।

7. विस्तृत योजना की तैयारी—कार्यविधि का चुनाव कर लेने के बाद पुस्तकालय के सभी साधनों को ध्यान में रखते हुए विस्तृत तथा स्पष्ट योजना का निर्माण करना होता है। इसके तहत पुस्तकालय के विविध विभागों की भिन्न-भिन्न योजना तैयार करनी पड़ती है। योजना निर्माण करते समय सम्भावित सभी कठिनाइयों, समस्याओं तथा सीमाओं का ख्याल भी रखना होता है।

6

पुस्तकालय वित्त व्यवस्था एवं बजट

किसी भी संस्था की तरह पुस्तकालय के सुव्यवस्थित संचालन हेतु धन अर्थात् वित्त एक अति आवश्यक एवं महत्वपूर्ण यंत्र होता है जिसकी व्यवस्था न होने पर पुस्तकालय के संचालन को गति प्रदान नहीं की जा सकती है। इसलिए पुस्तकालय हेतु वित्त एक उत्प्रेरक शक्ति होती है। जो पुस्तकालय की सम्पूर्ण मशीनरी के सुसंचालन के लिए अत्यंत आवश्यक होती है। पुस्तकालयों के सुसंचालन के लिए वित्त की व्यवस्था करने के कार्य को पुस्तकालय की वित्तीय व्यवस्था अथवा वित्तीय प्रबन्ध कहते हैं। पुस्तकालय का वित्तीय प्रबन्ध पुस्तकालय प्रबन्ध की वह शाखा हैं जिसमें पुस्तकालय के संचालन के लिए आय के रूप में वित्त की प्राप्ति एवं उस उपार्जित वित्त के प्रबन्ध करने से सम्बन्धित होता है। पर्याप्त वित्तीय व्यवस्था के कमी के कारण कोई भी पुस्तकालय अपना विकास एवं उन्नति करने में सफल नहीं हो सकता है इसलिए पुस्तकालय के लिए वित्त की व्यवस्था करना अत्यंत आवश्यक होता है।

पुस्तकालय एक सार्वजनिक संस्था होती है जो सार्वजनिक धन से ही संचालित की जाती है। पुस्तकालय प्राधिकरण या अधिकारियों को पुस्तकालय की प्रकृति तथा जरूरतों को स्पष्ट रूप से समझ लेना जरूरी होता है जिससे समुचित पुस्तकालय सेवा प्रदान करने लिए समुचित एवं पर्याप्त वित्त की उपलब्धता की

व्यवस्था की जा सके। वित्तीय व्यवस्था के लिए वित्तीय साधनों की पूर्व में ही व्यवस्था कर लेना जरूरी होता है। पूर्व में ही पुस्तकालय के लिए वित्त व्यवस्था करने के कुछ सिद्धान्त होते हैं।

पुस्तकालय अर्थ व्यवस्था के सिद्धान्त

पुस्तकालय के लिए वित्त की व्यवस्था करने हेतु कुछ सिद्धान्त होते हैं जिन पर अमल करना अत्यंत आवश्यक होता है। ये सिद्धान्त निम्न होते हैं–

(1) व्ययकारी प्रतिष्ठान–पुस्तकालयों में किसी भी तरह की प्रत्यक्ष रूप से कोई आय नहीं होती है, जैसा कि अन्य संस्थानों में होता है। अतएवं यह आयकारी संस्था तो नहीं होते पर व्ययकारी अवश्य होते हैं। कर्मचारियों के वेतन, पाठ्य-सामग्री की खरीद तथा अन्य व्ययों के लिए धन की जरूरत होती है इसलिए इनके संचालन में मात्र व्यय ही होता है। इनके माध्यम से प्रत्यक्ष रूप से कोई आय नहीं होती है। पर पुस्तकालयों की आय परोक्ष रूप से पुस्तकालय द्वारा प्रदत सेवाओं के रूप में होती है। अतः पुस्तकालय के लिए वित्त व्यवस्था का ध्यान रखना जरूरी होता है।

(2) बढ़ने वाल संस्थाएं–पुस्तकालय की प्रकृति वर्धनशील होती है। डा. रंगानाथन् का पंचम सूत्र भी यही निर्देश देता है। दूसरे शब्दों में पुस्तकालय के हर क्षेत्र में दिन-प्रतिदिन, वर्ष प्रतिवर्ष वृद्धि होती रहती हैं। पुस्तकालय में पाठ्य सामग्री में बढ़ोत्तरी-पत्र-पत्रिकाओं में बढ़ोत्तरी समयानुसार नवीन सेवाओं और कार्यों में वृद्धि, पुस्तकालय के आकार में वृद्धि, कर्मचारियों की संख्या में बढोत्तरी के साथ-साथ पुस्तकालय के उपयोगकर्त्ताओं में जरूरत होना भी स्वाभाविक है और इन सभी में वृद्धि के साथ-साथ पुस्तकालय के बजट में भी बढ़ोत्तरी होना स्वाभाविक है। अतः पुस्तकालय की वित्त का प्रावधान करने से पहले इस बात पर भी विचार करना आवश्यक होता है।

(3) पुस्तकालय में वित्त की जरूरत हमेशा–पुस्तकालय एक वर्धनशील संस्था ही नहीं होते है वे एक बार स्थापित हो जाने के बाद स्थायी हो जाते हैं और इनमें हमेशा धन की मांग बनी रहती है। क्योंकि निरन्तर उपादेय उत्तम पुस्तकालय सेवा प्रदान करने के लिए धन की मांग जरूर बनी रहती है। इसके अलावा यदि कोई पुस्तकालय पाठ्य-सामग्री न खरीदे, न ही कोई अन्य व्यय करे फिर भी पुस्तकालय कर्मचारियों के वेतन हेतु तो धन की जरूरत अवश्य पड़ती है जो प्रति माह देना आवश्यक है इसलिए पुस्तकालय की वित्त व्यवस्था के लिए इस बात भी विचार करना जरूरी होता है।

(4) वित्तीय निरूपण का सिद्धान्त—पुस्तकालय की विवध सेवाओं एवं क्रियाकलापों को सुचारू रूप से चलाने के लिए जरूरी धन की मात्रा का सही-सही अनुमान लगाने का कोई सुनिश्चित एवं विश्सनीय इस स्थिति में नहीं है। तरीका अनिश्चित सम्भावनाओं तथा अनुमान के आधार प्राथमिकताएं निधारित करने की जरूरत होती है। किस सेवा या सुविधा को कब और कितना महत्व दिया जाय, यह प्राथमिकता के आधार पर निश्चित किया जाता है। प्राथमिकताओं में सदैव बदलाव होता रहता है और समय-समय पर उनका क्रम भी बदलता रहता है। प्राथमिकताओं को सुनिश्चित करने एवं पुस्तकालयं की वित्त के स्रोतों को निश्चत करने हेतु वित्तीय साधन जुटाने के लिए कुछ सिद्धान्तों को अपनाना होता है जिससे पुस्तकालय व्यवस्था लगातार गतिशील रहती है। ये सिद्धान्त ही वित्त निरूपण के सिद्धान्त कहे जाते है।

(5) प्रति व्यक्ति प्रणाली—इस सिद्धान्त के अनुरूप पुस्तकालय में निश्चित किया जाता है कि किसी क्षेत्र, प्रदेश या राष्ट्र में पुस्तकालय सेवा प्रदान करने के लिए प्रतिव्यक्ति कितना न्यूनतम खर्च करना होगा। न्यूनमत खर्च निधारित करने का आधार उपयोगकर्त्ताओं के समुदाय का शैक्षणिक तथा सांस्कृतिक स्तर एवं विकास पर निर्भर करता है। उच्च स्तर के उपयोगकर्त्ताओं को उच्चस्तर की जबकि अविकसित समुदाय हेतु सामान्य पाठ्यसामग्री से ही कार्य चल जाता है अतः समुदाय को ध्यान में रखते हुए वित्तव्यवस्था का निर्धारण प्रतिव्यक्ति प्रणाली से ज्ञात किया जा सकता है। डॉ. रंगानाथन ने इस सिद्धान्त के अनुसार किसी विश्वविद्यालय में 20 रु. से 150 रु. तक प्रति छात्र अध्यापक खर्च करने का प्रावधान निर्धारित किया है।

पुस्तकालय की आय के विविध स्रोत

किसी संस्था के सुसंचालन के लिए धन या वित्त एक जरूरी उपकरण होता है। वित्त की व्यवस्था करने को ही वित्त-व्यवस्था कहते हैं। पुस्तकालय के भवन निर्माण, ग्रन्थों की खरीद, कर्मचारियों के वेतन, बिजली, पानी, बैठने की व्यवस्था आदि सभी के लिए धन की जरूरत होती है। अतः धन प्राप्त करने के साधन भी होते हैं, दूसरे शब्दों में जिन साधनों से पुस्तकालय की वित्त-व्यवस्था की जाती है उन्हें आय के स्रोत कहते हैं।

पुस्तकालय एक लाभकारी संस्था होती है। पुस्तकालय की सेवाएँ अति उपयोगी तथा लाभदायक होते हुए भी इनसे प्रत्यक्ष रूप से वित्त की प्राप्ति नहीं होती

है बल्कि उसकी सेवाओं का लाभ अदृश्य रहता हैं तथा दीर्घकाल के बाद अप्रत्यक्ष रूप से प्राप्त होता है। अतः पुस्तकालय की आय के ठोस साधन तय होना जरूरी होता है। जो निम्न होते है—

(1) शासकीय धन—देश की राष्ट्रीय सरकार एवं प्रान्तीय सरकारें पुस्तकालयों के लिए अधिकाधिक धन उपलब्ध कराती है। जो पुस्तकालय प्रांतीय सरकारों के अधीन होते है उन्हें प्रान्तीय सरकारें एवं स्थानीय पुस्तकालय स्थानीय शासन के द्वारा संचालित किये जाते हैं। सरकार द्वारा पुस्तकालय को उतनी ही वित्तराशि का अनुदान देना चाहिए जितनी राशि पुस्तकालय दर से प्राप्त होती है लेकिन विद्वानों का मत है कि सरकारी अनुदान अधिकाधिक मिलना चाहिए। पुस्तकालयों हेतु सरकार को निम्न प्रकार धन उपलब्ध कराना चाहिए—

स्रोत	**प्रतिशत**
कर्मचारियों का वेतन	50%
पुस्तकालय भवन के लिए	50%
पुस्तकों के लिए	कुछ नहीं

(2) पुस्तकालय शुल्क—पुस्तकालयों में पाठकों से कुछ शुल्क पुस्तकालय शुल्क अथवा अन्य तरह से वसूल की जाती हैं। जैसे—स्कूलों, कॉलेजों तथा विश्वविद्यालयों में प्रतिमाह छात्रों से पुस्तकालय फीस ली जाती है तथा किसी-किसी पुस्तकालय में जमानत राशि के रूप में भी शुल्क ली जाती है। इस तरह पुस्तकालय शुल्क भी पुस्तकालय वित्त व्यवस्था के लिए एक प्रमुख स्रोत के रूप में होती है।

(3) फन्ड एवं दान—पुस्तकालय एक लोक कल्याणकारी संस्था होती है उनका उद्देश्य लोक का कल्याण करना ही होता है। अतएव अनेक परोपकारी एवं समाजसेवी व्यक्ति तथा संस्थायें पुस्तकालयों की स्थापना तथा उनके संचालन के लिए दान के रूप में धनराशि प्रदान करते हैं। इस दिशा में कारनेगी महोदय द्वारा दिए गये दान विशेष रूप में उल्लेखनीय हैं। कई व्यक्ति तथा संस्थाएँ अपनी संचित धनराशि से धर्मार्थ फन्ड की स्थापना कर देते हैं जिससे अनेक लोक कल्याणकारी संस्थाओं को धन की प्रतिमाह प्राप्ति होती रहती है। इस प्रकार के दान पुस्तकालयों को यदा-कदा ही प्राप्त होते हैं इसलिए इस स्रोत पर पुस्तकालय आश्रित नहीं रहते हैं।

(4) दण्ड तथा जुर्माना शुल्क—पुस्तकालय के कार्य को सुचारू रूप से चलाने के लिए पुस्तकालय के नियमों में कतिपय अर्थदण्ड इत्यादि का प्रावधान किया जाता है यथा पाठकों द्वारा ग्रन्थ को निर्धारित तिथि तक वापस न करने के कारण उन पर प्रतिदिन के हिसाब से कुछ अर्थदण्ड वसूल किया जाता है। अक्सर

पाठक इतने आलसी होते हैं कि वे ग्रन्थ का अध्ययन करने के पश्चात् भी उसे निश्चित अवधि के अन्दर नहीं लौटा पाते हैं अतएव ग्रन्थ पर प्रतिदिन दण्ड बढ़ता है। इस प्रकार प्राप्त अर्थदण्ड से भी काफी वित्त एकत्रित हो जाता है।

(5) अन्य स्रोत—पुस्तकालयों में आय के उपरोक्त प्रमुख स्रोतों के अलावा कुछ छोटे-मोटे अन्य स्रोत भी होते हैं। जैसे—रद्दी की बिक्री से आय, सेमीनार, हॉल का किराया, किसी प्रकाशन से प्राप्त आय आदि। यद्यपि इनसे प्राप्त आय उपर्युक्त स्रोतों से प्राप्त आय की अपेक्षा अल्प ही होती है। पुस्तकालय का धन बैंकों आम जमा रहता है अतः उसकी ब्याज से भी आय होती है।

पुस्तकालय खर्च के प्रमुख मद

पुस्तकालय में कई कर्मचारी विभिन्न पदों पर कार्य करते हैं उनके वेतन प्रदान करने के लिए धन की जरूरत होती है जो पुस्तकालयों के खर्च का प्रमुख मद होता है। कर्मचारियों के वेतन पर प्रतिमाह खर्च किया जाता है जो आवर्ती व्यय कहलाता है। पाठ्य-सामग्री के बिना किसी भी पुस्तकालय की कल्पना नहीं की जा सकती है। सार्वजनिक पुस्तकालयों में तो केवल पुस्तके ही क्रय की जाती हैं जबकि विश्वविद्यालय पुस्तकालयों तथा शोध पुस्तकालयों में पुस्तकों के साथ-साथ पत्र-पत्रिकाओं का खरीद किया जाना भी अत्यंत आवश्यक होता है। इसके अलावा पुस्तकालय में अन्य खर्च भी होते हैं जैसे—बिजली खर्च, फर्नीचर व्यवस्था, स्टेशनरी, पत्राचार, टेलीफोन एवं अन्य आकस्मिक व्यय आदि। पुस्तकाल खर्च के प्रमुख नदों के अग्रलिखित बिन्दुओं के तहत स्पष्ट किया जा सकता है।

(1) पुस्तकालय कर्मचारियों का वेतन—पुस्तकालय के पाठकों को उत्तम सेवा प्रदान करने के लिए प्रशिक्षित, योग्य, परिश्रमी एवं सेवाभावी तथा निष्ठावान कर्मचारियों का होना अत्यंत आवश्यक होता है। जिन्हें वेतन प्रदान करने के लिए धन की आवश्यकता होती हैं कर्मचारियों के वेतन पर प्रतिमाह खर्च किया जाता हैं जो आवर्ती (Recurring) खर्च कहलाता है कर्मचारियों के वेतन पर कितना धन खर्च किया जाय यह विचारणीय प्रश्न होता हैं। डॉ. रंगानाथन ने कर्मचारियों के वेतन पर पुस्तकालय का कुल बजट का 50% धन व्यय करने का सुझाव दिया है। उनका कहना है। कि यदि कर्मचारियों को अच्छा वेतन प्रदान किया जाय तो वे अच्छी सेवा प्रदान कर सकेंगे।

(2) पुस्तकें तथा पत्र-पत्रिकाएँ—किसी भी पुस्तकालय की कल्पना पुस्तकों के बिना नहीं की जा सकती है। ग्रन्थ तो पुस्तकालय के आधार ही हैं। पुस्तकालय

में अगर ग्रन्थ नहीं हैं तो वह पुस्तकालय नहीं है। अतः ग्रन्थों की खरीद करने के लिए पुस्तकालयों में धन की व्यवस्था करना अत्यंत आवश्यक होता है। अब प्रश्न फिर वही आता है कि कुल खर्च का कितना भाग पाठ्य-साम्रगी के क्रय पर खर्च किया जाय। डॉ. रंगानाथन् ने सार्वजनिक पुस्तकालयों में कुल बजट का 50% पाठ्य-सामग्री पर व्यय करने का सुझाव प्रस्तुत किया था तथा शैक्षिक पुस्तकालयों में 40% खर्च करने का सुझाव दिया था। बचे हुए 10% में जिल्दबन्दी तथा अन्य छोटे-मोटे कार्यों पर खर्च करने का सुझाव दिया।

(३) अन्य व्यय—उपरोक्त मदों के अलावा पुस्तकालय के विद्युत व्यवस्था, फर्नीचर, स्टेशनरी, पत्राचार आदि आकस्मिक व्यय के लिए भी वित्त का प्रावधान करना पड़ता है।

पुस्तकालय खर्च के आकलन का आधार

पुस्तकालयों में धन प्रमुख रूप से दो प्रकार के मदों में खर्च किया जाता है—आवर्ती व्यय तथा अनावर्ती व्यय। कर्मचारियों के वेतन एवं ग्रन्थों के क्रय पर किया गया व्यय आवर्ती व्यय एवं अन्य मदों पर किया गया व्यय अनावर्ती व्यय है। पुस्तकालयों में आवर्ती व्यय (Recurring Expenditure) अनुमानित करने की निम्न विधियाँ है—

(1) प्रति व्यक्ति पद्धति इस पद्धति के तहत पुस्तकालय में प्रति पाठक पर निश्चित धनराशि प्रतिवर्ष व्यय करने का प्रावधान किया जाता है जिसमें खर्च की जाने वाली निश्चित धनराशि का निर्धारण लागत लेखाविधि से निकाला जाता है। पुस्तक के खरीद करने से लेकर प्रयोगकर्ता के हाथों में पहुँचने तक लगने वाले कुल व्यय की धन राशि को 100 से भाग देने पर जो लब्धांक प्राप्त होता है वह उस पुस्तक का लागत व्यय माना जाता है। मान लो किसी महाविद्यालय में 1000 छात्र हैं इतने छात्रों के लिए 40 रुपये प्रति पुस्तक तथा 50 रुपये प्रति पत्रिका के हिसाब से 1500 रुपये एवं 500 पत्रिकाओं का कुल लागत खर्च 8500 रुपये आता है। इस धन में 1000 का भाग देने पर लब्धांक 85 आता है। यह धनराशि व्यय छात्र पर ग्रन्थों के लिए व्यय की जानी चाहिए।

डॉ. रंगानाथन् ने सन् 1965 ई. में प्रति छात्र पर 20 रुपये और प्रति अध्यापक पर 300 रुपये या प्रति छात्र पर 50 रुपये के हिसाब से 1000 छात्रों हेतु 50,000 रुपये वर्ष में व्यय करने का अनुमान किया था। विदेशों में यह कई गुना अधिक है। पैरी रिपोर्ट ने 3000 पूर्व स्नातक, 1000 शोध छात्र एवं 500 अध्यापकों पर हर

वर्ष 98.005 पौण्ड व्यय करने की संस्तुति की थी। पर विगत वर्षों में पुस्तकों के मूल्यों में तथा अन्य व्ययों में काफी बढोत्तरी हुई है। आजकल उसे जरूर ध्यान रखना चाहिए।

अनावर्ती व्यय का हिसाब निकालने के लिए आवश्यकताओं और खरीदी जाने वाली वस्तुओं की दर को ध्यान में रखकर कुल खर्च आँका जाता है।

(2) अनुपात पद्धति–चूंकि पुस्तकालय किसी भी विश्वविद्यालय या महाविद्यालय का केन्द्र बिन्दु कहा जाता है इसलिए उनका यह दायित्व है कि वे पुस्तकालय के विकास हेतु अपने बजट में से निश्चित अनुपात के अनुसार पुस्तकालय के संचालन के लिए धनराशि तय करें। अनुपात का यह प्रतिशत कम से कम होता है। जितने धन का अनुपात निश्चित किया गया है। उतना धन जरूर ही उपलब्ध कराना चाहिए। इस विधि से विविध विद्वानों, संस्थाओं एवं समितियों ने प्रतिशत का अनुपात निम्नानुसार निश्चित किया है–

(a) विश्वविद्यालय शिक्षा आयोग (1948)–6.5% (40 रुपये प्रति छात्र पर व्यय)

(b) शिक्षा आयोग (1965)-6.5% से लेकर 10% तक (25 रुपये प्रति छात्र 300 रुपये प्रति शिक्षक)

(c) अखिल भारतीय पुस्तकालय सम्मेलन–6% से लेकर 10% तक

(d) विश्वविद्यालय अनुदान आयोग–6% से लेकर 10% तक

(e) विश्वविद्यालय ग्रन्थाललियों की संगोष्ठी (जयपुर)–10%

परन्तु व्यवहार में यह देखा जाता है कि भारत के ज्यादातर विश्वविद्यालय अपने पुस्तकालयों पर बहुत कम खर्च करते हैं। मात्र केन्द्रीय विश्वविद्यालय जैसे–अलीगढ़ विश्वविद्यालय, बनारस हिन्दू विश्वविद्यालय, दिल्ली विश्वविद्यालय आदि आज जिस गति से मँहगाई में बढोत्तरी हो रही है। उसे ध्यान में रखते हुए अपने पुस्तकालयों पर खर्च करती है।

(3) विस्तार पद्धति–इस पद्धति में आवर्ती व्यय के प्रत्येक मदों पर लगने वाले खर्चों को जोड लिया जाता है यथा–वेतन, ग्रन्थों का क्रय, संरक्षण कार्य आदि पर लगने वाला खर्च। कुल जोड़ी हुई धनराशि को समरूप हिस्सों में विभाजित कर एक भाग को कर्मचारियों के वेतन पर और दूसरा भाग अन्य मदों में खर्च किया जाय। कर्मचारियों के वेतन पर लगने वाले खर्च का आँकलन यूजीसी के स्टाफ फार्मूला तथा उसके द्वारा स्वीकृत नये वेतनमानों के अनुसार किया जाता है।

भारत सरकार की पुस्तकालय सलाहकार समिति ने इसी प्रणाली को सार्वजनिक पुस्तकालय के लिए स्वीकार किया था।

पुस्तकालय खर्च के अनुमान तीनों पद्धतियों में से अन्तिम अर्थात् विस्तार पद्धति निर्विवाद रूप से स्वीकृत की गई है। पर किसी विश्वविद्यालय पुस्तकालय के संदर्भ में डॉ. रंगानाथन् का परामर्श है। कि स्नातक तथा स्नातकोत्तर छात्रों की जरूरतों की पूर्ति करने हेतु आवर्ती व्यय का अनुमान प्रतिव्यक्ति प्रतिवर्ष की विधि से ही करना चाहिए तथा शिक्षक एवं शोध छात्रों के लिए आवर्ती व्यय का अनुमान विस्तार विधि से करना चाहिए।

बजट

किसी भी पुस्तकालय में ग्रन्थों तथा सामयिक प्रकाशनों के खरीद, कर्मचारियों के वेतन, स्टेशनरी, फर्नीचर, साज-सज्जा एवं अन्य आकस्मिक खर्च आदि के लिए धन (वित्त) की जरूरत होती हैं। जब धन की जरूरत है तो उसको प्राप्त करने की व्यवस्था करना भी परमावश्यक है। चूंकि किसी भी पुस्तकालय की आय एवं खर्च छोटा-मोटा कार्य नहीं है अतः इसके लिए पहले से ही आगामी वर्ष की आय एवं खर्च की योजना का आँकलन करना पड़ता है। आय एवं खर्च के इस वार्षिक अनुमान को ही हम पुस्तकालय बजट (Library Budget) कहते हैं। अतः किसी भी पुस्तकालय में बजट उसके आगामी वर्ष में होने वाली आय एवं व्यय का आँकलित लेखा होता है। विल्सन एन्ड टॉबर के शब्दों में आय-व्यय (बजट) एक निश्चित समय हेतु पुस्तकालय की अनुमानित आय तथा व्यय का वित्तीय लेखा है।

परिभाषाएँ

According to Oxford Dictionary–Budget is the annual estimate of revenue and expenditure of the library.

According to Wilson and Tuber–Budget is the finacial statement of estimate of revenues and expenditure of an institution for a definite period of time.

उद्देश्य एवं उपयोगिता–पुस्तकालय एक सार्वजनिक संस्था होती है जिसके संचालन के वित्त की व्यवस्था करना अति आवश्यक होता है। पुस्तकालय प्रतिवर्ष अपनी आय एवं व्यय का आँकलन करके उसको नियोजित रूप में संचालित करने हेतु अपने बजट का निर्माण करते हैं। बजट में कुछ प्रमुख शीर्षकों के तहत आय तथा व्यय का विवरण अंकित किया जाता है। नियोजित आय तथा व्यय हेतु बजट का निर्माण जरूरी है। इसके माध्यम से आय का सर्वश्रेष्ठ प्रयोग सम्भव हो सकता है तथा साथ ही जरूरी एवं उपयोगी मदों पर ही धनराशि खर्च होती है। बजट का

प्रमुख उद्देश्य आय तथा व्यय का सन्तुलन स्थापित करना और आय को नियोजित करना एवं आय को नियोजित रूप में तर्कसंगत ढ़ग से व्यय करना हैं। बजट के द्वारा यह पहले से ही ज्ञात हो जाता है कि कितनी धनराशि किन-किन मदों में खर्च होना प्रस्तावित है। पुस्तकालय के लिए बजट का निर्माण जरूरी हैं—

(1) पुस्तकालय में बजट के द्वारा आय एवं व्यय का अनुमान पहले से ही हो जाता है।

(2) बजट से ही पुस्तकालय की आय एवं व्यय में सन्तुलन स्थापित होता है।

(3) बजट के द्वारा ही पुस्तकालय को धन प्राप्त होता है तथा बजट के ही अनुसार खर्च किया जाता है अतः दोनों में नियंत्रण बना रहता है।

(4) बजट के द्वारा जरूरी तथा उपयोगी मदों पर ही धनराशि व्यय होती है।

(5) बजट प्रस्तुत किये जाने से पुस्तकालय प्राधिकरण तथा अधिकारियों को पुस्तकालय की आय एवं व्यय का पहले से ही विवरण प्राप्त होता है।

(6) बजट पुस्तकालय का माँग पत्र होता है अर्थात् बजट में दिखाई गई समस्त आय या धनराशि को पुस्तकालयी प्राप्त करने के लिए अधिकृत होता है।

(7) बजट के द्वारा ही धन को नियोजित ढ़ग से खर्च किया जाता है अर्थात् जिस मद के लिए धन की व्यवस्था की जाती है उसी मद में खर्च करने का पुस्तकालयी अधिकारी हो जाता है।

(8) किसी नयी जरूरत के लिए बजट में पहले से ही प्रावधान करना होता है।

(9) पुस्तकालय के स्तर की दृष्टि से भी बजट का निर्माण जरूरी होता है।

बजट की विशेषताएँ

पुस्तकालय के लिए बजट बनाते समय कुछ विशेष बातों का स्मरण रखना जरूरी होता है जिन्हें बजट की विशेषताएँ या लक्षण कहते हैं। यदि इन विशेषताओं को स्मरण में रखकर बजट का निर्माण किया जाता हैं तो वह बजट जरूर ही एक आदर्श बजट हो सकता है। आदर्श बजट में निम्न विशेषताएँ होती हैं।

(1) लक्ष्य आधारित—किसी भी पुस्तकालय का बजट पुस्तकालय के उद्देश्य या लक्ष्यों को ध्यान में रखकर बनाना चाहिए तथा साथ ही आय एवं व्यय के उद्देश्य एवं लक्ष्यों पर भी ध्यान रखना चाहिए।

(2) समय पर—आदर्श बजट वही कहलाता है जो अपने निर्धारित समय पर बनाकर तैयार कर लिया जाता है तथा पुस्तकालय प्राधिकरण के समक्ष यथा समय

पर रख दिया जाता है। जिससे उसमें माँगी आय की व्यवस्था करने की योजना प्रारम्भ की जा सके।

(3) निर्धारित अवधि—आदर्श बजट का प्रमुख लक्षण यह है कि वह एक निर्धारित समयाविधि अर्थात् अधिकांश रूप से एक वर्ष के लिए बनाया जाना चाहिए।

(4) विभाजित बजट—बजट यदि विभाजित बनाया जाय तो उत्तम रहता है इसके लिए **विभागकार** ही आय एवं खर्च का विवरण प्रस्तुत करता है। क्योंकि इससे पुस्तकालयों के विभिन्न विभागों के कार्यां एवं सेवाओं का विश्लेषण बड़ी सहजता से किया जा सकता है।

(5) सही तथ्यों पर आधारित—पुस्तकालय के बजट में आय एवं खर्च का सत्य विवरण तथा तथ्यों को प्रस्तुत करना चाहिए जिससें आगे कोई परेशानी न हो।

(6) गत वर्ष पर आधारित—बजट पिछले वर्ष की आय एवं खर्च को ध्यान में रखकर ही बनाना चाहिए।

(7) आय के ठोस साधन—बजट में दिखाये गये वित्त के स्रोत ठोस होने चाहिए जिनसे धन प्राप्त होने की पूर्ण सम्भावना हो। ऐसे स्रोत नहीं दिखाने चाहिए जिनसे आय प्राप्त ही न हो सके।

(8) व्यय से सम्बन्धित उचित कारण—बजट में यदि किसी मद में खर्च ज्यादा दिखाया गया है तो साथ ही उसमें उसका उचित कारण भी प्रस्तुत करना चाहिए।

(9) पुस्तकालय सेवाओं पर प्रभाव—बजट में ऐसी कोई बात या प्रावधान नहीं करना चाहिए ताकि पुस्तकालय द्वारा प्रदत्त सेवाओं पर है प्रतिकूल प्रभाव पड़े। जैसे—किसी भी कर्मचारी द्वारा रिप्रोग्राफी की सेवाएँ प्रदान की जाती हैं तो उसकी सेवाओं को खत्म करने का प्रावधान नहीं होना चाहिए इससे रिप्रोग्राफी सेवा को बन्द कर देना पड़ जायेगा।

(10) वार्षिक प्रतिवेदन हेतु जरूरी—चूंकि बजट के साथ पुस्तकालय का वार्षिक प्रतिवेदन नत्थी किया जाता है जिससे अधिकारीगण पुस्तकालय में किये गये कार्म तथा सेवाओं का भी अवलोकलन कर सकें एवं पुस्तकालय के लिए बजट का प्रावधान करते समय विचार कर सकें।

पुस्तकालय बजट का व्यय निर्धारण

पुस्तकालयों में खर्च के तीन प्रमुख मद हैं जिनमें पुस्तकालय की सम्पूर्ण आय को व्यय किया जाता है। अब प्रश्न उठता है कि व्यय के इन तीनों प्रमुख मदों में

कुल बजट कितना फीसदी धन खर्च करना चाहिए। इनके निर्धारण के लिए पृथक-पृथक सिद्धान्त है।

(क) कर्मचारियों का वेतन–किसी भी पुस्तकालय को सुचारू रूप से चलाने हेतु शिक्षित, प्रशिक्षित, योग्य, कर्मठ तथा निष्ठावान कर्मचारियों की जरूरत होती है। यदि पुस्तकालय के लिए सर्वगुण सम्पन्न कर्मचारी की जरूरत होती है तो उन्हें उसी के अनुरूप वेतन व वेतनमान तथा दूसरी आर्थिक सुविधाएँ भी मिलनी चाहिए। पर वास्तव में तो पुस्तकालय कर्मचारियों के वेतन की तरफ ध्यान नहीं दिया जाता है विशेष कर भारतवर्ष में तो इस ओर उदासीनता ही दिखाई पड़ती है। पुस्तकालयों में पाठ्य-सामग्री के खरीद के लिए तो व्यवस्था की जाती है परन्तु कर्मचारी के वेतन की ओर ध्यान नहीं दिया जाता हैं जो कि बहुत जरूरी हैं क्योंकि यदि पुस्तकालय में स्टाफ ही अपने वेतन से सन्तुष्ट नहीं रहेगा तो वह किस प्रकार ग्रन्थों का सीधा सम्बन्ध पाठकों के साथ जोड़ने में सफल होगा। डॉ. रंगानथन् के अनुसार तब तक ऐसी सन्तोषजनक पुस्तकालय सेवा प्रदान नहीं की जा सकती जो जन साधारण में पठन-पाठन की प्रेरणा के क्षय को रोकने के लिए समर्थ हो सके, जब तक कि पुस्तकालय वार्षिक बजट का आधा भाग कर्मचारियों के वेतन के लिए सुरक्षित नहीं रख दिया जाता। कर्मचारियों के वेतन निर्धारण करने के मुख्य सिद्धान्त निम्न हैं–

सार्वजनिक पुस्तकालय के लिए

(1) सन् 1962 में ग्रेट ब्रिटेन में कुल बजट का 44 प्रतिशत धन कर्मचारियों के वेतन पर खर्च किया जाता था।

(2) इसी समय में ग्रेट ब्रिटेन में ही 16000 आबादी वाले नगरों में स्थापित सार्वजनिक पुस्तकालयों में कुल बजट का 50 प्रतिशत कर्मचारियों के वेतन पर खर्च करने का सुझाव दिया गया था।

(3) संयुक्त राज्य अमेरिका के पुस्तकालयों में 1957 में कुल बजट का 70 प्रतिशत कर्मचारियों के वेतन पर खर्च किया जाता था।

(4) डॉ. रंगानाथन् ने 1950 में अपने प्रतिवेदन में कुल बजट का आधा भाग सार्वजनिक पुस्तकालयों में कर्मचारियों के वेतन पर खर्च करने का सुझाव दिया था जिसे 1957 में पुस्तकालय परामर्शदयी समिति ने भी स्वीकृत किया था।

(5) दिल्ली पब्लिक लाइब्रेरी ने अपने पुस्तकालय के कर्मचारियों के वेतन पर विभिन्न कई सत्रों में निम्न प्रकार व्यय किया–

1963-64 में कुल बजट का 47.6%

1964-65 में कुल बजट का 46.9%

1965-66 में कुल बजट का 52.2%

(6) भारत के राष्ट्रीय पुस्तकालय, कलकत्ता में सन् 1973-68 में कुल व्यय का 65.3% स्टाफ के वेतन एवं भत्तों पर व्यय किया गया था।

(7) उपर्युक्त विभिन्न प्रकार के तथ्यों को ध्यान में रखकर निष्कर्ष रूप में यह कहा जाता है कि भारतीय सार्वजनिक पुस्तकालयों में पुस्तकालय के कुल बजट का आधा हिस्सा सभी कर्मचारियों के वेतन पर जरूर व्यय किया जाना चाहिए।

शैक्षणिक पुस्तकालय के लिए–

(1) डॉ. रंगनाथन विश्वविद्यालय पुस्तकालय में कर्मचारियों के वेतन पर कुल बजट का 50% खर्च करने का सुझाव देते है।

(2) यूजीसी द्वारा स्थापित पुस्तकालय समिति (1957) ने भी कुल बजट का 50% के वेतन पर व्यय करने की संस्तुति की थी।

(3) दिल्ली विश्वविद्यालय के पुस्तकालय में कर्मचारियों के वेतन पर विभिन्न सत्रों में निम्न प्रकार व्यय किया गया।

1963-64 में कुल बजट का 52%

1964-65 में कुल बजट का 26.4%

1965-66 में कुल बजट का 29.56%

1966-67 में कुल बजट का 31.2%

(4) उपर्युक्त विभिन्न प्रकार के तथ्यों को ध्यान में रखकर निष्कर्ष के रूप में यह कहा जा सकता हैं कि भारतीय शैक्षणिक पुस्तकालयों में पुस्तकालय के कुल बजट का 50% कर्मचारियों के वेतन पर खर्चा किया जाना चाहिए।

(ख) अध्ययन-सामग्री पर खर्च–ग्रन्थों तथा पाठ्य-सामग्री के बिना किसी भी पुस्तकालय की कल्पना नहीं की जा सकती है क्योंकि ग्रन्थ पुंस्तकालय के आधार पर होते हैं। पाठ्य-सामग्री के क्रय करने हेतु पुस्तकालयों में धन का प्रावधान करना जरूरी होता है। अब प्रश्न उठता हैं कि पुस्तकालय में ग्रन्थ एवं अन्य पठनीय-सामग्री क्रय करने के लिए कुल बजट का कितना भाग खर्च किया जाना चाहिए। इसके विविध मत एवं सिद्धान्त है जो निम्न प्रकार है–

सार्वजनिक पुस्तकालय

(1) ग्रेट ब्रिटेन के सार्वजनिक पुस्तकालयों में 1932 में पाठ्य-सामग्री के खरीद एवं संरक्षण पर निम्न प्रकार खर्च किया गया–

पुस्तकों पर कुल बजट का	17%	
पत्रिकाएँ एवं समाचार पत्र	4%	कुल व्यय 27.7%
जिल्दबंदी पर खर्च	6.7%	

(2) ग्रेट ब्रिटेन में ही सार्वजनिक पुस्तकालयों पर ही 1961-62 में पाठ्य-सामग्री की खरीद एवं उसके संरक्षण पर निम्न प्रकार खर्च करने का सुझाव दिया गया था।

पुस्तकों पर कुल बजट का	23.75%	
पत्र-पत्रिकाएँ	2.50%	कुल व्यय 30%
जिल्दबंदी पर खर्च	3.75%	

संयुक्त राज्य अमेरिका के पुस्तकालयों में 1957 में ग्रन्थों पर किये जाने वाले कुल धन का निम्नानुसार खर्च किया गया है।

पुस्तकें	79.7%	
पत्र-पत्रिकाएँ	7.25%	कुल व्यय 100%
जिल्दबंदी	13.1%	

(4) संयुक्त राज्य अमेरिका में ही 50, 000 जनसंख्सया वाले नगरों के पुस्तकालयों में ग्रन्थों तथा अन्य पाठ्य-सामूग्री एवं उनके जिल्दबंदी पर कुल धन का 18% खर्च सुरक्षित किया गया था।

(5) डा. रंगानाथन ने भारतीय सार्वजनिक पुस्तकालयों में सन् 1950 में कुल धन का 50% पाठ्य-सामग्री पर खर्च करने का सुझाव दिया था जिसमें पुस्तकें, पत्र-पत्रिकाएं एवं उनकी जिल्दबंदी का खर्च शामिल था।

(6)दिल्ली पब्लिक लाइब्रेरी में सन् 1965-66 में पाठ्य-सामग्री के क्रय पर कुल खर्च का निम्नानुसार किया गया है–

पुस्तकों पर	23.54%	
पत्र-पत्रिकाएँ	0.70%	
जिल्दबंदी पर	5.97%	कुल व्यय 30.65%
ग्रामोफोन रिकार्डस इत्यादि।	0.44%	

(7)उपरोक्त विविध प्रकार के तथ्यों को ध्यान में रखकर निष्कर्ष रूप से यह कहा जा सकता है कि भारतीय जन ग्रन्थालयों में पुस्तकों पत्र-पत्रिकाओं एवं जिल्दबंदी पर खर्च करने का निम्नानुसार सुझाव दिया जाता है–

पुस्तकों पर	22.5%	
पत्र-पत्रिकाएँ	5.0%	कुल व्यय 35%
जिल्दबंदी	7.5%	

शैक्षणिक ग्रन्थालय

(1)डॉ. रंगानाथन विश्वविद्यालय ग्रंन्थालय में पुस्तकों एवं अन्य पाठय-सामग्री पर कुल बजट का 40% एवं जिल्दबंदी पर 10% व्यय करने का सुझाव दिया था।

(2) दिल्ली विश्वविद्यालय पुस्तकालय में विभिन्न वर्षो में पुस्तकों तथा पत्र-पत्रिकाओं पर निम्नवत खर्च किया गया था।

1963-64 में कुल व्यय का 37.53%

1964-65 में कुल व्यय का 66.40%

19655-66 में कुल व्यय का 62.90%

1966-67 में कुल व्यय का 58.32%

(3)उपर्युक्त समस्त तथ्यों पर विचार करने के बाद शैक्षणिक ग्रंन्थालयों में कुल खर्च का पुस्तकों, पत्र-पत्रिकाओं तथा जिल्दबंदी पर निम्न प्रकार व्यय करने का सुझाव दिया जाता है।

पुस्तकों पर	25%	
पत्र-पत्रिकाएँ	10%	कुल व्यय 40%
जिल्दबंदी पर	5%	

(ग) अन्य विविध व्यय—गंन्थालयों में मुख्य रूप से कर्मचारियों का वेतन एवं पाठ्य-सामग्री की खरीद केवल दो ही मद होते हैं। इनके अलावा प्रत्येक पुस्तकालय में व्यय की कुछ अन्य मद भी होते हैं जैसे—पुस्तकालय में प्रकाश की व्यवस्था करने हेतु, फर्नीचर इत्यादि हेतु, लेखन-सामग्री, जल की व्यवस्था आदि। यद्यपि पुस्तकालय के प्रकार के अनुसार ही इन अन्य मदों में विभिन्नता होती है। इसलिए साधारणतया कुल बजट 10% से 20% तक अन्य मदों पर व्यय करना उचित होता है।

बजट निर्माण प्रक्रिया

प्रत्येक पुस्तकालय चाहे छोटा हो या बड़ा बजट से ही संचालित किया जाता है। अधिकतर ग्रन्थालयों में पुस्तकालयी एवं पुस्तकालय का वरिष्ठ स्टाफ अधिकारियों के निर्देशों एवं नियमों के अनुसार ही बजट का निर्माण करते हैं। बजट का निर्माण होने के बाद उसे अधिकारियों के पास प्रस्तुत करने से पहले अगर आवश्यक हुआ तो ग्रन्यथालय समिति द्वारा पुनर्निरीक्षत, संशोधित किया जाता है तथा उसका अनुमोदन किया जाता है।

पुस्तकालयों में बजट बनाने की कुछ नियमावलियाँ होती हैं जिनमें होती है तथा जो अधिकांश ग्रन्थालयों द्वारा प्रयोग में लाई जाती हैं, कुछ नयी विधियाँ भी विकसित हुई जो आजकल कुछ आधुनिक ग्रन्थालयों में उपयोग में लाई जा रही हैं। बजट निर्मित करने की कुछ विधियाँ निम्नांकित होती हैं–

1. लाइन प्रति लाइन बजट
2. प्रोग्राम बजट
3. परफोर्मेन्स बजट
4. प्लानिंग–प्रोग्रामिंग बजट पद्धति
5. शून्य आधारित बजट

1. लाइन-प्रति-लाइन बजट–सबसे सामान्य प्रकार का बजट लाइन-प्रति-लाइन बजट होता है। इस प्रकार के बजट में खर्च के मदों को विस्तृत भागों में बांट दिया जाता है, जैसे–पुस्तकें एवं सामयिकी, वेतन एवं भेते, उपकरण तथा साज-सज्जा तथा आकस्मिके खर्च आदि तथा जिन्हें पुनः उपवर्गों में विभक्त किया जाता है। बजट निर्मित करने की यह सामान्य तथा परम्परागत विधि है जिसमें पिछले वर्ष के प्रत्येक मद के व्यय पर वर्तमान खर्च का अनुमान लगवाया जाता है तथा जिसमें खर्च के प्रत्येक मद में पिछले वर्ष की अपेक्षा 5% से 10% तक की वृद्धि मानकर यह प्रदर्शित किया जाता है कि वर्तमान प्रोग्राम उतने ही जरूरी हैं जिस प्रकार पिछले वर्ष थे। इस नियम में पुस्तकालय के क्रिया कलाप, गतिविधियों तथा सेवाओं का मूल्यांकन नहीं किया जाता है तथा भविष्य के लिए भी कोई नयी योजना प्रस्तुत नहीं की जाती है। इस विधि से बजट निर्मित करने का सबसे प्रमुख लाभ यह होता है कि यह विधि बने बजट प्रस्तुत करने एवं समझने में अन्य विधियों की अपेक्षा सरल है।

यह विधि यह सुनिश्चित करती है कि बजट में जिन मदों में व्यय हेतु धन उपलब्ध कराया गया है वह उन्हीं मदों में खर्च किया गया है अथवा नहीं। इस विधि में एक मुख्य कमी यह होती है कि इसमें प्रदर्शित मदों में किसी भी प्रकार का परिर्वतन नहीं किया जा सकता है। व्यय उसी प्रकार किया जाता है जिस प्रकार पिछले वर्ष किया गया था। कहने का तात्पर्य यह है कि इस प्रकार के बजट में लचीलापन नहीं होता है अर्थात जो धन जिस मद में व्यय हेतु प्रदर्शित किया जाता है उसे उसी मद में खर्च किया जा सकता है अन्य था किसी मद में नही किया जा सकता है। अतः वितीय नियमों के अनुसार एक मद का धन दूसरे मद में व्यय करना सम्भव नहीं होता है, जैसे–बजट में उपकरणों के क्रय हेतु दिखाया गया धन यदि

किसी कारणवश उपकरणों पर व्यय नहीं किया जा सकता है तो वह अन्य किसी मद पर भी खर्च नहीं किया जा सकता है।

2. प्रोग्राम बजट–पुस्तकालय के विभिन्न क्रिया-कलापों अथवा प्रोग्राम के अनुसार बजट निर्मित करने का एक नवीन विचार का प्रादुर्भाव हुआ। इसमें पुस्तकालय के व्यय के व्यक्तिगत मदों के आधार पर व्यय का अनुमान नहीं लगाया जाता है बल्कि बजट निर्माण की इस विधि में मुख्य केन्द्र बिन्दु पुस्तकालय के क्रिया-कलाप होते हैं तथा धनराशि का प्रावधान प्रोग्राम अथवा पुस्तकालय सेवाओं के आधार पर निश्चित किया जाता है जिन्हें ग्रंन्थालय में आयेजित करने की योजना होती है। उदाहरण के लिए जिन्हें यह कहा जा सकता है कि यदि किसी विश्वविद्यालय पुस्तकालय में सामयिक चेतना सेवा (CAS) की व्यवस्था करने का निश्चय किया जाता है तो उस सेवा के आयोजन में अर्थात् स्टाफ, सामग्री, प्रकाशन तथा अन्य अतिरिक्त कार्य में जो व्यय अनुमानित किया जायेगा वह इस प्रकार का बजट कहलाता है। ऐसा बजट प्रोग्राम में आई लागत के आधार पर बनाया जाता है तथा प्रतिवर्ष इस प्रकार के बजट में यह पहले से ही निश्चित करना पड़ता है कि क्या प्रारम्भ किये गये प्रोग्राम को निरन्तर जारी रखना है या संशोधित करना है उसमे कुछ परिर्वतन करना है अथवा बिलकुल ही समाप्त करना है। इन बातों पर विचार करके ही प्रोगाम बजट तैयार किया जाता है।

प्रोग्रामिंग बजट बनाने हेतु कोई भी पुस्तकालय अपने कार्यों अथवा प्रोग्रामों को विभिन्न वर्गों में विभाजित कर लेते हैं जो पुस्तकालय की संगठनात्मक संरचना के आधार पर विभाजित किये जा सकते हैं, जैसे कि प्रशासनिक सेवाएँ आदि। इसमें से प्रत्येक प्रकार की सेवा को ग्रंन्थालय के विभिन्न विभागों द्वारा व्यवस्थित किया जा सकता है। इन विभागो द्वारा किये जाने वाले कार्यों अथवा प्रोग्रामोंसं सम्बनधित तुलनात्मक आँकड़े वर्तमाने तथा प्रस्तावित व्यय के बारे मेंप्रस्तुत किये जाते हैं। इस प्रकार प्रोग्रमिंग बजट में प्रत्येक विभाग के क्रिया-कलापों के लिए धनराशि एवं उसके व्यय का प्रावधान किया जाता है जिससे इस विधि में पुस्तकालय के विभिन्न विभागों के प्रभारियों को अपनी आवश्यकताओं को मापने तथा उनके व्यय पर निगरानी रखने का अवसर प्राप्त होता है।

3. परफोर्मेन्स बजट–बजट निर्माण भी यह विधि प्रोग्रमिंग बजट के समान ही होती हैं मात्र अंतर यह होता है कि इसमे प्रोग्राम की अपेक्षा पुस्तकालय की उपलब्धियों (Performance) पर अधिक बल दिया जाता है। इसमें व्यय का आधार पुस्तकालय के क्रिया-कलाप होते हैं जिनमें कर्मचारियों की कार्य करने की

क्षमता पर अधिक जोर दिया जाता है। इसमें पुस्तकालय में किसी निश्चित समय में ग्रन्थलय के सभी क्रिया-कलापों से सम्बन्धित परिणात्मक तथ्यों के संग्रह की आवश्यकता होती है तथा लागत-लाभ विश्लेषण आदि प्रबन्ध की तकनीकियाँ पुस्तकालय की उपलब्धियों तथा स्थापित सिद्धान्त का मूल्यांकन करने के लिए उपयोग में लाई जाती हैं। उदाहरण के लिए, जैसे—पुस्तकों की संख्या, वर्गीकृत तथा सूचीकृत पुस्तकों की संख्या, इनके प्रक्रियाकरण कार्य में लगने वाला समय आदि पर तथ्य एवं आंकड़े मानव शक्ति तथा कार्यों को करने के लिए उपकरण सामग्री के निर्धारण के लिए संगृहीत किये जाते हैं।

बजट निर्माण की यह विधि गुण की अपेक्षा परिणाम की माप करती हे जिसको धनराशि के रूप में मापना अत्यंत ही कठिन कार्य होता है। वास्तव में पुस्तकालय जैसी एक सेवाकारी संस्था के लिए बजट का निर्धारण पुस्तकालय सेवाओं से उसके उपयोगकर्ताओं को कितनी सन्तुष्टि मिलती है इस बात के आधार पर किया जाता है।

4. प्लानिंग-प्रोग्रामिंग बजट पद्धति—बजट निर्माण करने की यह एक अन्य विधि है जिसमें बजट उपर्युक्त दोनों विधियों **प्रोग्रामिंग बजट** तथा **परफार्मेन्स बजट** की विशेषताओं को सम्मिलित करके बनाया जाता है। इस विधि का केन्द्रबिन्दु प्लांनिग योजना पर होता है। यह विधि पुस्तकालय के उदेश्यों एवं लक्ष्यों को लेकर प्रारम्भ होती है तथा प्रोग्रामों एवं सेवाओं तथा उन्हें प्रोजेक्ट के रूप में क्रियान्वित करने तथा आवश्यक सामग्रियों को अन्तिम रूप में बजट के माध्यम से प्रदर्शितकरने में सम्बन्ध स्थापित है।

5. शून्य आधारित बजट—विचारों की दृष्टि से शून्य आधारित बजट उपरोक्त प्रोग्रामिंग बजट के समान ही होता है। इस प्रकार के बजट में वर्तमान वर्ष से पहले अर्थात् भूतकाल में क्या हुआ है? इस पर ध्यान न दिया जाकर वर्तमान सामयिक गतिविधियों पर अधिक ध्यान दिया जाता है। इस प्रकार की बजट विधि में प्रत्येक प्रोग्राम अथवा क्रिया-कलाप का विस्तृत विवरण प्रस्तुत किया जाता है तथा उसके लिए वितीय व्यवस्था पिछले वर्ष का सन्दर्भ दिये बिना प्रसतुत की जाती है। दूसरे शब्दों में वित की माँग प्रत्येक वर्ष नवीन सिरे से की जाती है। पिदले वर्ष के व्यय से इस प्रकार के बजट में कोई सम्बन्ध स्थापित नहीं किया जाता है।

बजट निर्मित करने की इन विधियों का प्रादुर्भाव अभी-अभी कुछ समय पहले हुआ है तथा इस प्रकार के बजट बनाने वाले यह तर्क देते हों विधियाँ परम्परागत विधियों से उत्तम हैं। वास्तव में इन विधियों के द्वारा प्रस्तुत किये गये बजट

पुस्तकालय सम्बन्धी आवश्यकताओं, गतिविधियों एवं सेवाओं का एक पूर्ण विवरण प्रदर्शित करते हैं।

भारत में अधिकांशतः सभी पुस्तकालय परम्परागत विधियों से बजट का निर्माण करते हैं केवल हाल के ही कुछ वर्षों में बजट निर्मित करने की नवीन विधियों की ओर कुछ पुस्तकालयों का ध्यान आकर्षित हुआ है। इसमें एक बात ध्यान देने की है कि अधिकतर ग्रन्थालयों के कार्य एवं सेवाओं में कोई परिवर्तन नहीं होता है जो एक बार प्रारम्भ हो जाती हैं वे निरन्तर चलती रहती हैं और किसी भी सूरत में बन्द नहीं की जा सकती हैं।

7

पुस्तक चयन और प्रस्तुतीकरण

किताब पुस्तकालय की आधारशिला है। पुस्तकालय का मुख्य कार्य पुस्तकें इकट्ठी कर उन्हें सुरक्षित रूप में इस प्रकार रखे हैं कि पाठक उनका अधिकाधिक उपयोग कर सकें।

युनेस्को के घोषणा पत्र में कहा गया है—"सर्वांगपूर्ण सार्वजनिक पुस्तकालय को पुस्तकों, पत्रिकाओं, समाचार-पत्रों, चित्रों, फिल्मों, रिकार्डों आदि का संग्रह करना चाहिए और उनका प्रयोग करने में पाठकों का मार्गदर्शन करना चाहिए।"

वर्तमान के इस मुद्रण-कला युग में हर वर्ष विभिन्न भाषाओं में करोड़ों की संख्या में पुस्तकें प्रकाशित होती हैं इसलिए समृद्ध-से-समृद्ध पुस्तकालय के लिए भी सभी नवीन पुस्तकों का संग्रह वर्तमान व्यवस्था करना असम्भव साथ ही यह भी निश्चित है कि सभी प्रकाशित पुस्तकें संग्रहणीय नहीं होतीं। आज के इस प्रचारवादी युग में लोकप्रियता और अर्थलिप्सा से भरी, रंगीन कलात्मक आवरण युक्त, सस्ती पुस्तकें संग्रहणीय नहीं होतीं। आज के इस प्रचारवादी युग में सस्ती लोकप्रियता और अर्थलिप्सा से भरी, रंगीन कलात्मक आवरण युक्त, सस्ती पुस्तकें धड़ल्ले से लिखी जा रही हैं और प्रकाशित हो रही हैं। ऐसी पुस्तकें समाज के हित में नहीं हैं, क्योंकि इनमें जीवनोत्कर्ष का कोई सिद्धान्त नहीं रहता, लोक-कल्याण की भावनाएँ नहीं रहतीं। इसीलिए तो पुस्तकालय के लिए पुस्तक-चयन का सवाल उठता किसी वस्तु

को पूर्ण रूप से ग्रहण नहीं करके आंशिक रूप से लेने की जहाँ बात आती है, वहीं चयन की जरूरत होती है।

हमारे देश में अनेक भाषाओं का समावेश है, इसलिए इसमें विभिन्न विषयों की लगभग 25000 पुस्तक प्रतिवर्ष प्रकाशित होती है।

यह तो निश्चित है कि सभी प्रकाशन सभी पुस्तकालयों के लिए उपयुक्त नहीं होगा। इसलिए शेष इसका अर्थ यह हुआ कि भारत की प्रमुख 14 भाषाओं में लगभग 10 से 12 हजार ऐसी पुस्तकें प्रतिवर्ष प्रकाशित होती हैं जो पुस्तकालय द्वारा ही व्यय की जा सकती हैं। इनमें सें लगभग 60 प्रतिशत पुस्तकें (उपन्यास तथा कहानी) की होती है। शेष में, अधिक संख्या धार्मिक, दार्शनिक और समाजशास्त्रीय विषयों की पुस्तकों की रहती है। तकनीकी पुस्तकों का प्रकाशन अभी हाल ही में आरम्भ हुआ है। पुस्तकों की छपाई-सफाई ज्यादातर अच्छी नहीं होती और पुस्तकालयों में लगातार उपयोग से उनमें से अधिकतर शीघ्र ही खराब हो जाती है।

किसी भी पुस्तकालय के लिए इन सभी पुस्तकों (10 से 12 हजार की संख्या) को खरीदना सम्भव व उपयोगी नहीं हो सकता, इसलिए अपनी-अपनी आवश्यकता, भाषा और आय के अनुसार पुस्तकों का चयन करना पड़ता है।

पुस्तक चयन में विभिन्न प्रकार के पुस्तकालयों में विभिन्न प्रकार की समस्याएँ होती हैं। विद्यालय, महाविद्यालय तथा विश्वविद्यालय पुस्तकालयों में पुस्तक चुनाव का कार्य उतनी समस्या नहीं है जितनी लोक पुस्तकालयों में। शैक्षणिक पुस्तकालयों में अधिकांश अध्यापकों द्वारा स्वीकृत तथा छात्रों के पाठ्यक्रम के अनुसार पुस्तकों का चुनाव होता है इसके अलावा सामान्य ज्ञान की कुछ पुस्तकों का चयन भी छात्रों के बौद्धिक विकास हेतु किया जाता है। विश्वविद्यालय अनुदान आयोग भी पुस्तकों की खरीद के लिए महाविद्यालय तथा विश्वविद्यालय को अतिरिक्त अनुदान देता है इसलिए उसके साथ अर्थ की समस्या नहीं होती। परन्तु सार्वजनिक पुस्तकालयों के साथ ऐसी परिस्थिति नहीं है। उन्हें अपनी नितान्त सीमित साधनों से ही पाठकों की माँग की पूर्ति करनी पड़ती है। शैक्षणिक पुस्तकालयो में पाठ्य-पुस्तकों की माँग अधिक होती है तथा सामान्य ज्ञान की कुछ पुस्तकों की माँग होती है। लेकिन सार्वजनिक पुस्तकालयों में पाठकों की माँग विभिन्न प्रकार की होती है। सार्वजनिक पुस्तकालयों में जहाँ आमदनी के सीमित साधन होते हैं वहीं पाठकों की माँग असीमित होती है।

इसलिए सार्वजनिक पुस्तकालयों के पुस्तकालयध्यक्ष के कार्यों में पुस्तक-चयन सर्वाधिक कठिन तथा महत्वपूर्ण कार्य है। श्री बेंरिविक सेयर्स कथनानुसार के

"पुस्तकालयाध्यक्ष के कार्यों में पुस्तक-चयन बहुत ही उत्तरदायित्वपूर्ण और कठिन कार्य है। इसमें गम्भीर अवलोकन तथा निरन्तर प्रयत्न से ही प्रवीणता आती है।"

दूसरे पुस्तकालयाध्यक्ष श्री डब्लू. डे. के कथानानुसार—"पुस्तक-चयन की सम पाठकों की अधिकतम संग्रह करने की है और संग्रह का काम सदैव अत्यन्त सावधानी से किया जाना चाहिए। इस कार्य के लिए चयनकर्ता को साहित्य का सम्यक् ज्ञान पुस्तक-चयन सम्बन्धी विविध उपादानों का व्यावहारिक ज्ञान होना चाहिए व उसे अपनी पाठकों की विशेष जरूरतों से परिचित व सहिष्णु और अनुभवी होना चाहिए।"

इसलिए पुस्तक-चयन का कार्य (1) कम मूल्य पर (2) अधिकाधिक पाठकों के लिए (3) उत्तम पाठ्य-सामग्री प्रस्तुत के ठोस सिद्धान्तों पर आधारित होना चाहिए।

चयन सिद्धान्त

उपर्युक्त सिद्धान्त के अनुसार पुस्तक-चयन के तीन अवयव हमारे सम्मुख आते हैं—(क) पाठक, (ख) पाठ्य-सामग्री, (ग) धन।

(क) पाठक—शैक्षणिक पुस्तकालयों के पाठक तो सीमित होते हैं—

1. प्राध्यापक
2. छात्र एवं अनुसंधानकर्ता

लेकिन लोक पुस्तकालयों के पाठकों तो असीमित होते है। उन्हें हम चार वर्गों में विभक्त कर सकते हैं—

1. वे, जो ज्ञान-प्राप्ति तथा मनोरंजन के लिए पुस्तकालय का उपयोग करते हैं। इसलिए उनकी माँग असीमित होती है।

2. वे, जो मात्र मनोरंजन हेतु ही पुस्तकालय का उपयोग करते हैं। ऐसे पाठकों की माँग मुख्यतः कथा-साहित्य की होती है।

3. वे, जो साक्षर तो होते हैं लेकिन पुस्तकालय का उपयोग नहीं करते हैं। हम उन्हें भी पाठकों की श्रेणी में रखते हैं क्योंकि आधुनिक पुस्तकालयों का दायित्व होता है कि ऐसे पाठकों में पठन-पाठन में दिलचम्पी उत्पन्न करे।

4. वे, जो नवसाक्षर या निरक्षर हैं और पुस्तकालय तथा पुस्तक की ओर लालच भरी नजर से देखते हैं लेकिन अपने सीमित ज्ञान अथवा आर्थिक कारणों से पुस्तकालय में नहीं आते हैं।

आधुनिक लोक पुस्तकालयों में इन चारों श्रेणी के पाठकों के लिए पाठ्य-सामग्री की व्यवस्था करनी होती है।

(ख) पाठ्य-सामग्री (पुस्तक)—डॉ. रंगनाथन द्वारा प्रतिपादित पुस्तकालय के पंच सूत्रों का पुस्तक-चयन से प्रत्यक्ष सम्पन्न है—

1. पुस्तकें उपयोग के लिए हैं।
2. प्रत्येक पाठक को पुस्तक मौजूद हो।
3. प्रत्येक पुस्तक को उसका पाठक मिले।
4. पाठक के समय की बचत हो।
5. पुस्तकालय एक विकासशील संस्था है।

इनमें प्रथम, द्वितीय, तृतीय तथा पंचम सूत्र का सीधा सम्बन्ध पाठ्य-सामग्री से है तो चतुर्थ सिद्धान्त भी पाठ्य-सामग्री के अलावा पाठक तथा व्यवस्था से है।

डॉ. रंगनाथन के इन सूत्रों को मद्दे नजर रखते हुए लोक पुस्तकालय के लिए पुस्तकों का चयन करते समय निम्नांकित बातों का ध्यान रखना चाहिए—

1. **पुस्तकें उपयोगी हों**—उपयोगी पुस्तकों का कार्य सम्पूर्ण समाज के हर मनुष्य के पास उपयोगी पुस्तकें पहुँचाकर मानवजीवन को समृद्धिशाली और विकसित बनाना है।" सामान्यतया आज की प्रकाशित पुस्तकों को हम उपयोगी और अनुपयोगी, दो रूपों में विभाजित कर सकते हैं। उपयोगी वह—जिसके पठन-पाठन से मनुष्य ज्ञान एकत्रित करें, उसकी बुद्धि विकसित हो और उसका मानसिक धरातल उन्नत हो। और, जिससे मनुष्य के हृदय और चरित्र को प्रेरणा नहीं मिले, पाठकों में मानवीय विचारों का संचरण नही हो, अपितु कुसंस्कारों का बीज वपन हो, उसे हम अनुपयोगी कह सकते हैं।

इसलिए यह कहा जा सकता है कि वैसी ही पुस्तकों का चयन किया जाय जो—

(क) जीवन को विकासशील तथा उन्नतिशील बनाने में सहायक हो।

(ख) समाज के प्रत्येक वर्ग के लिए समान रूप से लाभप्रद हो। जहाँ तक सम्भव हो, उनमें समाज के प्रचलित रीति-रस्म, व्यवहार, धर्म, संस्कृति आदि पर आक्षेप नहीं हों अपितु सुधार की भावनाएँ हों।

(ग) जिसमें समाज के प्रत्येक सदस्य की स्वाभाविक दिलचस्पी हो। इनके अलावा पुस्तकों का चयन करते वक्त चयनकर्ता को पुस्तक विशेष के सम्बन्ध में भी अलावा बातों का ध्यान रखना चाहिए—

(क) क्या इस पुस्तक में कुछ उत्तम रचनात्मक सामग्री है?

(ख) क्या इसका लेखक अपने विषय का विशेषज्ञ है?

(ग) क्या इसका संस्करण आधुनिकतम है?

(घ) क्या इसकी छपाई-सफाई सुन्दर और कागज व जिल्द मजबूत है?

(ङ) क्या इसका प्रकाशक प्रकाशन क्षेत्र में प्रसिद्ध है?

(च) क्या पुस्तक के प्रारम्भ में विषय-सूची और अन्त में अनुक्रमणिका दी हुई है?

2. पाठकों की अभिरुचि—चयनकर्ता को सिर्फ अपनी इच्छा के अनुसार ही पुस्तकों का चुनाव नहीं करना चाहिए, अपितु अपने साथ पाठकों की रुचि का ध्यान रखना चाहिए। इस सम्बन्ध में यह सिद्धांत है कि पुस्तकालयाध्यक्ष को अपने पाठकों के सामाजिक रीति-रिवाजों, मनोरंजनात्मक प्रवृत्तियों तथा व्यावसायिक कुशलता का ज्ञान होना चाहिए। तभी पुस्तकालयाध्यक्ष अपने पाठकों की इच्छा के अनुसार पुस्तकें इकट्ठा कर अपने पुस्तकालय की नींव मजबूत कर सकता है।

पाठकों की अभिरुचि का सही अन्दाजा निम्नांकित आँकड़ो से लगाया जा सकता है—

(i) प्रतिवर्ष जितनी पुस्तकें पढ़ने के उपयोग में आई हैं उनके विषयवार वर्गीकरण से जाना जा सकता है कि किस विषय की पुस्तकों की कितनी माँग है।

(ii) पुस्तकों के तिथि-पत्रक (Date-Slip) से यह ज्ञात हो सकता है कि कौन-कौन सी पुस्तकें कितनी बार व कितने समय के अन्तर से उपयोग में आयी है। इनसे भी पुस्तकों की माँग का सही उचित किया जा सकता है।

(iii) पुस्तकों का उपयोग करने वाले पाठकों से व्यक्तिगत सम्पर्क स्थापित कर उनकी दिलचस्पी की जानकारी प्राप्त की जा सकती है।

3. क्षेत्रीय आवश्यकता—पुस्तकालय जिस क्षेत्र में अवस्थित हो उस क्षेत्र की जरूरत को पुस्तक चयन करते समय मद्देनजर रखना चाहिए। उदाहरणार्थ ग्रामीण पुस्तकालय में ग्रामीण साहित्य को महत्व मिलना चाहिए। गाँवों में अधिकांश किसान बसते हैं, इसलिए यदि खेती में सुधार के सम्बन्ध की पुस्तकें हों तो ये गाँव की जनता के हित में होगी, कल्याण होगा। उन पुस्तकालयों में गहन गम्भीर पुस्तकों का संग्रह साधारणतया जनोपयोगी नहीं हो सकता है।

4. क्षेत्रीय साहित्य—पुस्तकालय में कुछ ऐसी भी पुस्तकें अवश्य रखी जाये, जो स्थायी महत्व रखती हैं और जिन पर समय का प्रभाव नहीं पड़ता है। ऐसी पुस्तकों का संग्रह पुस्तकालय के कोष के अनुसार अवश्य किया जाना चाहिए। उनका अधिक उपयोग हो सकेगा अथवा नहीं, यह नहीं सोचना चाहिए। ऐसी पुस्तकों से पुस्तकालय की प्रतिष्ठा व मर्यादा बढ़ती है और समाज का सम्मान पुस्तकालय को प्राप्त होता हैं।

6. आवश्यक साहित्य—ऐसी पुस्तकों का संग्रह भी जरूरी है, जो समाज तथा पुस्तकालय के लिए आवश्यक है, यथा—पंचाँग, शब्दकोश, विश्वकोश आदि।

7. सामयिक साहित्य—सामाजिक हलचलों का ज्ञान कराने वाली किताबें हर पुस्तकालय के लिए आवश्यक हैं। उदाहरण के लिए हम स्पुटनिक को ले सकते हैं। जिस समय रूस ने प्रथम बार स्पुटनिक छोड़ा था उस समय इसके संबंध के साहित्य की खोज हर एक पुस्तकालयों में होने लगी थी।

8. अप्राप्य पुस्तकें—मुद्रित अप्राप्य पुस्तकों व हस्तलिखित प्राचीन पुस्तकों का संग्रह एवं संरक्षण करना पुस्तकालय का उत्तरदायित्व है। यद्यपि यह अनिवार्य नहीं, लेकिन महत्व की वस्तु अवश्य है। इसलिए आवश्यक पुस्तकों के संग्रह से बची रकम को इसमें लगाना चाहिए।

अन्त में, यही कहा जा सकता है कि प्रत्येक पाठक के लिये पुस्तकें हों व प्रत्येक पुस्तक के लिए पाठक हों।

धन

पुस्तकक्रय करने के लिए निर्धारित रकम को मद्देनजर रखते हुए ही पुस्तकों की उपयोगिता और पाठकों की माँग के अनुसार पुस्तक-सूची तैयार की जानी चाहिए। चयनकर्ता को पूरा सतर्क रहना चाहिए कि उसे अपने सीमित बजट के अन्दर की उपर्युक्त शर्तों का ख्याल रखते हुए उत्तम तथा आवश्यक पुस्तकों का संतुलित संग्रह करना है ऐसा नहीं हो कि दो-चार विषयों की पुस्तकें खरीदने में ही उनका बजट खत्म हो जाय और बाकी विषयों की पुस्तकें खरीदी ही नहीं जा सकें।

इसलिए पुस्तक-चयन शुरू करने के पहले ही बजट का विभाजन कर लेना चाहिए कि किस विषय की पुस्तकें खरीदने में कितनी रकम खर्च की जा सकती है। पुस्तक-सूची तैयार करने के बाद भी चयनकर्ता को कुछ रकम सुरक्षित रखना चाहिए क्योंकि कितनी भी सावधानी से सूची तैयार की जाय, कुछ-न-कुछ दृष्टिचूक हो ही जाती है। पुस्तकों का संग्रह संतुलित रहे, सूची तैयार करते समय इसका पूरा ध्यान रखना चाहिए।

कथा साहित्य

पुस्तकालय-विज्ञान के एक विद्वान श्री ब्राउन, कथा साहित्य को अधिक महत्त्व नहीं देते। वे हर पाठक को गम्भीर व अध्ययनशील बनाना चाहते हैं; अतः वे पुस्तकालय में ऐसी ही विषय की पुस्तकें रखने के पक्ष में हैं जिनसे पाठकों की

बुद्धि का विकास हो। परन्तु पुस्तकालय को जन अभिरुचि का ध्यान रखना पड़ता है, पाठकों पर किसी विषय को लेकर जबरदस्ती नहीं की जा सकती वह अपनी स्वयं अपनी मर्जी का मालिक होता है लादा नहीं जा सकता। हमारे देश में कथा साहित्य की निन्दा कर पुस्तकालय लोकप्रिय नहीं बन सकता। अतः कथा साहित्य को प्रमुख स्थान देना होगा। अभी हाल में दिल्ली पब्लिक लाइब्रेरी की ओर से पुस्तकों के संबंध में लोगों की अभिरुचियों के सर्वेक्षण के आधार पर निष्कर्ष निकाला गया है कि पाठकों की मुख्य दिलचस्पी उपन्यास और कहानियों की ओर होती है। दिल्ली पब्लिक लाइब्रेरी की कुल पढ़ी गयी पुस्तकों में 70 प्रतिशत कथा साहित्य की पुस्तकें हैं।

कथा साहित्य के अलावा अन्य विषयों की कुल जितनी पुस्तकें पढ़ी गयी हैं उनमें लगभग आधी साहित्य, प्राविधिक ज्ञान और जीवनी संबंधी पुस्तकें हैं। विभिन्न भाषाओं और विषयों के अनुसार तैयार किये गये आँकड़ों से स्पष्ट चित्र सामने आता है कि नया पाठक वर्ग कल्पनामूलक साहित्य को सर्वाधिक पसंद करता है अब प्राविधिक विषयों की पुस्तकों का भी महत्त्व बढ़ता जा रहा है। प्राविधिक विषयों में चिकित्सा, इंजीनियरिंग, स्वास्थ्य, विज्ञान, रेडियो व सामान्य इंजीनियरिंग की अधिक माँग है।

पुस्तकें पसंद करने में सिर्फ पुस्तकों के विषय का ही नहीं अपितु उनकी भाषा, शैली और आकार का भी बहुत प्रभाव पड़ता है और पुस्तकों का चयन करते समय इन सभी बातों को ध्यान में रखा जाना आवश्यक है।

एक पुस्तक की अनेक प्रतियाँ–एक से अधिक प्रतियाँ रखने का सवाल कठिन है। यह निश्चित विचार है कि पुस्तकालय का संग्रह आनुपातिक तथा संतुलित हो, लेकिन पुस्तकालय की सबसे बड़ी जिम्मेदारी पाठकों की माँगों की पूर्ति करना है। पाठकों की माँगों और रुचि का लगातार अध्ययन करने वाले पुस्तकालयाध्यक्ष को पता रहता है कि किस पुस्तक की अधिक माँग है और तदनुसार उस पुस्तक की एक से अधिक प्रति खरीदी जा सकती हैं उदाहरण के लिए हम आज के कुछ श्रेष्ठ उपन्यासों को लें यथा–बलचनमा, मैला आँचल, परती-परिकथा आदि। अधिकतर पाठकों की माँग इन पुस्तकों के लिए होती हैं। जिस पुस्तकों की अधिक माँग होती है उनकी एक ही प्रति रखना पाठकों के लिए अन्याय होगा। सामान्यतः यह नियम प्रचलित है कि जिस पुस्तक की अधिक माँग हो, उसकी "सौ पाठक के लिए एक प्रति" होनी चाहिए। लेकिन अनावश्यक प्रतियाँ नहीं खरीदी जायं, इसके लिए पुस्तकालयाध्यक्ष को हमेशा सतर्क रहना चाहिए।

पुस्तकों की स्थानपूर्ति–(क) खराब पुस्तकों के स्थान पर नयी पुस्तकें खरीदकर रखने में भी पुस्तकालयों का बहुत व्यय होता है। इसलिए प्रत्येक नष्ट पुस्तक के स्थान पर नयी पुस्तकें खरीदी जायं, यह कोई जरूरी नहीं है। हाँ, जिन पुस्तकों की माँग रहे, उन्हें खरीदकर रखा जा सकता है।

(ख) गम्भीर पाठक पुस्तकों का नया से नया संस्करण खोजते हैं। आज की दुनिया की प्राविधिक गतिविधि जितनी तीव्रता से आगे बढ़ती जा रही है, उसे देखते हुए यह मानना इसलिए है कि वैज्ञानिक एवं प्राविधिक पुस्तकें बहुत जल्द पुरानी पड़ जाती हैं इएलिए उनका नया से नया संस्करण पुस्तकालय में रहना चाहिए।

परन्तु नया संस्करण खरीदते समय इस बात का पूरा ध्यान रखना चाहिए कि वस्तुतः वह पुनर्मुद्रण है अथवा संस्करण। हमारे यहाँ प्रकाशक पुनर्मुद्रण को भी संस्करण लिखते हैं।

(ग) अप्राप्य पुस्तकों की स्थानपूर्ति के लिए पुस्तकालयाध्यक्ष को अधिक परेशान नहीं होना चाहिए क्योंकि अप्राप्य पुस्तकों के लिए विक्रेता ज्यादा कीमत माँगने लगते हैं। जिस पुस्तक की पाठकों द्वारा अधिक माँग होगी, वह पुस्तक अप्राप्य (Out of Print) रहेगी ही नहीं। हाँ, अप्राप्य पुस्तकों में से भी कुछ ऐसी पुस्तकें होती हैं, जिनका साहित्य में स्थायी महत्त्व होता है, यदि वैसी पुस्तक समाप्त हो गयी हो अथवा खो गयी हो, तो उसकी स्थानपूर्ति के लिए पुस्तकालयाध्यक्ष को सचेत रहना चाहिए।

यौन साहित्य–वर्तमान में यह एक विवादग्रस्त सवाल है कि पुस्तकालयों में यौन साहित्य को किस सीमा तक जगह दी जाय। यौन साहित्य को स्वस्थ साहित्य की संज्ञा दी जाय अथवा नहीं? यह भी एक गम्भीर प्रश्न है। हमारे देश के प्रायः पुस्तकालय विज्ञानवेत्त इस ओर से चुप्पी साध लेते हैं लेकिन यह विचारणीय प्रश्न है। मेरे विचार से, युवक-युवतियों को यौन सम्बन्धी ज्ञान देना जरूरी माना जाता है, तो पुस्तकालय में भी यौन साहित्य को स्थान मिलना ही चाहिए, लेकिन हाँ, इतना बन्धन रहे कि उसका उपयोग अन्य पुस्तकों की तरह पाठक स्वेच्छा से नहीं कर सकें।

अमेरिका व यूरोप के देशों में ऐसी पुस्तकें एक निश्चित अलमारी में बन्द रहती हैं और सामान्यतया उपयोग में नहीं आतीं। श्री जौर्ज आर. बोल्टन के निर्देशानुसार ऐसी पुस्तकें खास अलमारियों में बन्द रहनी चाहिए और उसका 'डमी' (Dummy) खुली अलमारियों में रहे जिसके पृष्ठ पर लेखक व पुस्तक का नाम लिखा रहे तथा प्रथम कवर पर 'केवल वयस्कों' के लिए, पुस्तक बाहर नहीं जा सकती पुस्तक पढ़ने के इच्छुक पुस्तकालयाध्यक्ष से आवेदन-पत्र देकर प्राप्त कर सकते हैं।

पुस्तक चयन की सहायक सामग्रियाँ

अंग्रेजी पुस्तकों के चुनाव के लिए ब्रिटेन के प्रमुख पुस्तकाध्यक्षों द्वारा सम्पादित साप्ताहिक 'पब्लिशर्स सर्कुलर' जिसका वार्षिक संकलन 'इंगलिश कैटलॉग ऑफ बुक्स' कहलाता है व संयुक्त राज्य अमेरिका का ''विल्संस कैटलॉग' सर्वोत्तम साधन है। वैज्ञानिक एवं टेक्निकल पुस्तकों के लिए ब्रिटेन के 'एसलीब' Association of Special Library and Information Bureau. द्वारा प्रकाशित त्रैमासिक 'बुकलिस्ट' कथा साहित्य के लिए 'बेकर्स गाइड टू दी बेस्ट फिक्सन', बाल साहित्य के लिए स्टीवेन्सन का 'दी चाइल्ड बुक शेल्फ' तथा अमेरिका से प्रकाशित 'गाइड टू लिटरेचर फॉर चिल्ड्रेन' से मदद ली जा सकती है। अमेरिकन लाइब्रेरी एसोसिएशन द्वारा प्रकाशित मासिक 'ए. एल. ए. बुक लिस्ट' उत्तम सामग्री है।

इसके अलावा ब्रिटेन और अमेरिका के विभिन्न प्रकाशकों तथा विक्रेताओं द्वारा प्रकाशित सूची पत्र एवं विभिन्न पत्र-पत्रिकाओं के समीक्षा स्तम्भ से अच्छा ली जा सकती है। भारत के भी विभिन्न प्रकाशक नियमित रूप से अपने प्रकाशनों की सूचियाँ एवं विक्रेता मौजूद पुस्तकों की सूची पुस्तकालयों को मुफ्त भेजते रहते हैं। पुस्तकालयों को विभिन्न प्रकाशकों तथा प्रमुख विक्रेताओं से पत्र व्यवहार द्वारा सीधा सम्पर्क कर सूची का संकलन करते रहना चाहिए।

भारतीय पुस्तकों के लिए कलकत्ता स्थित राष्ट्रीय पुस्तकालय द्वारा प्रकाशित 'इंडियन नेशनल बिब्लियोग्राफी' एवं प्रकाशकों द्वारा प्रकाशित पुस्तक-सूची के अतिरिक्त दैनिक पत्रों के साप्ताहिक अंकों व मासिक पत्रिकाओं के समीक्षा स्तम्भ से मदद ली जा सकती है। हिन्दी भाषा की पुस्तकों की सूचना देने वाली पत्रिकाएँ भी अब निकलने लगी हैं, जिनमें 'हिन्दी प्रचारक' 'प्रकाशन समाचार', 'पुस्तक जगत' आदि प्रमुख हैं। बिहार के शिक्षा विभाग द्वारा प्रकाशित 'हिन्दी ग्रन्थ सूची' एवं हिन्दी पत्रिकाओं की स्वीकृत सूची सर्वश्रेष्ठ साधन है। प्रमुख पुस्तकालयों के कैटलॉग भी अच्छे साधन है।

पाठकों की सलाह

इस कार्य में पाठकों के सुझाव बहुत महत्त्व रखते हैं। हर पुस्तकालय को एक सुझाव-पत्रक अथवा सुझाव पुस्तिका निश्चित स्थान पर रखनी चाहिए। 'पाठकों से निवेदन' शीर्षक सूचना रहे कि जो पुस्तकें उनके दृष्टि में महत्त्वपूर्ण हों और पुस्तकालय में प्राप्य न हों, उनका नाम व विवरण सुझाव-पत्रक में लिख दें।

हर पुस्तकालय में एक पुस्तक-चुनाव समिति का रहना जरूरी है जिसमें पुस्तकालय में रुचि रखने वाले प्रत्येक विषय के स्थानीय विद्वानों को शामिल करना चाहिए। इससे गम्भीर संतुलित पुस्तक-सूची बनाने में बहुत सहायता मिलती है।

प्रस्तुतीकरण

प्रत्येक कार्य की अपनी-अपनी प्रणाली होती है। पुस्तकालय-प्रशासन में भी कुछ निश्चित प्रणाली अपनाई जाती है। पुस्तक-चयन के उपरान्त उनकी सूची प्रस्तुत करना, आदेश-पत्रक तैयार करना, विक्रेताओं को आदेश देना तथा खरीदकर आने के बाद पुस्तकों को पाठकों के लिए प्रस्तुत करने तक कुछ निश्चित प्रक्रियाएँ होती हैं, जिन्हें पुस्तकालय-प्रशासन में 'प्रस्तुतीकरण' की संज्ञा दी गयी है।

पुस्तकों का चयन कर लेने के बाद पुस्तकालयाध्यक्ष को पुस्तकों की सूची बना लेनी चाहिए। सूची 5'' × 3'' माप के पत्रक अथवा साधारण कागज पर बनायी जाती है। पत्रक में सूची तैयार करने से अधिक सुविधा होती है। इस सूची में पुस्तक की साधारण जानकारियाँ—शीर्षक, लेखक, संस्करण, पृष्ठ, मूल्य, प्रकाशक का नाम, पता लिखा जाता है जिससे अस्वीकृत होने पर उन्हें आसानी से निकाला जा सके अथवा नयी पुस्तकों के सुझाव आने पर उसका नया पत्रक आसानी से अपने सही स्थान पर रखा जा सके। सूची तैयार कर पुस्तकालयाध्यक्ष को पुस्तक-चयन समिति अथवा पुस्तकालय के अधिकारियों की स्वीकृति प्राप्त करनी पड़ती है। समिति का निर्णय हो जाने पर स्वीकृति पुस्तकों के पत्रकों को एक जगह इकट्ठी कर उसकी अच्छी तरह जाँच कर लेनी चाहिए कि उनमें से कोई पुस्तक पुस्तकालय में तो नहीं है। तत्पश्चात् एक आदेश पत्र तैयार कर किसी अच्छे पुस्तक-विक्रेता को पुस्तक की आपूर्ति करने का आदेश देना चाहिए।

अर्जन—प्रायः सभी पुस्तकालयों में पुस्तकों की क्रय का अपना-अपना ढंग होता है। सामान्यतः सभी सरकारी पुस्तकालयों में टेंडर द्वारा पुस्तक खरीदने का रिवाज प्रचलित है जिसके अनुसार पुस्तकों की सूची स्वीकृत होने पर विभिन्न पुस्तक-विक्रेताओं से टेंडर माँगे जाते हैं और सबसे अधिक कमीशन देने वाले विक्रेता को आदेश दिया जाता है। पुस्तक क्रय की यह प्रणाली बहुत ही अवैज्ञानिक तथा गलत है। पुस्तक पर प्रकाशक से कम कमीशन मिलता है, विक्रेता उन पुस्तकों को नहीं देते हैं। अच्छा तो यह होता है कि प्रतिवर्ष विभिन्न विक्रेताओं से सम्पर्क स्थापित कर कमीशन की एक सुविधाजनक दर पर लिया जाय और पुस्तकालयाध्यक्ष उसी के अनुसार वर्ष भर अथवा अधिक समय तक निश्चित या किसी भी अन्य विक्रेता से पुस्तक खरीदते रहें।

आदेश पत्र—आदेश पत्र तैयार करने के तीन तरीके हैं—

(1) खुदरे कागज पर (2) पत्रक पर (3) पुस्तक-विक्रेताओं द्वारा प्रस्तुत आदेश पत्र पर। अधिकतर पुस्तकालयों में से पुस्तकालयाध्यक्ष स्वीकृत पुस्तकों के लिए स्वतः आदेश पत्रक तैयार करते हैं, उसमें पुस्तक सम्बन्धी सारी सूचनाएँ, लेखक, शीर्षक, कीमत, संस्करण, प्रकाशक—रहती है। इसकी दो प्रतियाँ तैयार की जाती हैं, जिनमें से एक पुस्तक विक्रेता को भेजी जाती है और दूसरी पुस्तकालय में रहती है। पुस्तक विक्रेता के यहाँ से पुंस्तकें आ जाने पर इसी दूसरी प्रति से उनका मिलान किया जाता है।

आदेश पत्र का नमूना

सर्वोदय पुस्तकालय, केन्दुआर
श्री व्यवस्थापक,
लोक भारती, भागलपुर-2

महोदय,

कृपया निम्नलिखित पुस्तकें उचित कमीशन काट कर देयक की दो प्रतियों के साथ दिनांक तक भेजने की कृपा करें।

पुस्तक नवीनतम संस्करण की हों।

क्रम संख्या	लेखक	शीर्षक	संस्करण	प्रकाशक	मूल्य
1					
2					
3					
4					

कुछ पुस्तकालयों में स्वीकृत पुस्तकों के पत्रकों की नकल-प्रति ही पुस्तक विक्रेता के पास भेजी जाती है। पत्रक द्वारा आदेश देना ज्यादा सुविधाजनक होता है और आधुनिक पुस्तकालयों में यही प्रणाली प्रचलित है। इससे पुस्तक प्राप्त होने पर उनकी जाँच करने में सुविधा होती है।

पुस्तक विक्रेता—पुस्तकालयाध्यक्ष को चाहिए कि वह स्थानीय पुस्तक-विक्रेताओं से ही किसी एक अच्छे, पुस्तक-विक्रेता को नियत कर ले। अच्छे पुस्तक विक्रेता का चुनाव करते वक्त निम्नांकित बातों पर ध्यान देना चाहिए—

1. उसके पास भरपूर स्टॉक हो व पुस्तक व्यवसायी जगत में उसका सम्मान हो (2) वह पत्र-व्यवहार एवं आदेश पूर्ति में शीघ्रता करने वाला हो (3) जो पुस्तकें उसके पास नहीं हों उसे भी खोज कर देने की उसमें प्रवृत्ति हो। (4) वह ईमानदार एवं व्यवहार कुशल हो तथा (5) उसे पुस्तक व्यापार की पवित्रता का ख्याल हो।

पुस्तक प्राप्ति और उसकी जाँच—पुस्तक विक्रेता के यहाँ से पुस्तकें प्राप्त होने पर सबसे पहले उसकी जाँच करनी पड़ती हैं कि पुस्तक विक्रेता के देयकानुसार प्राप्त हुई है अथवा नहीं। साथ ही यह भी देखना पड़ता है कि वे सभी आदेश पत्र के अनुकूल हैं अथवा नहीं। अतः विक्रेता के यहाँ से आई पुस्तकों को देयक के क्रमानुसार अलग अलमारी में रखकर जाँच करने में सुविधा होती है।

(1) आदेश-पत्र एवं देयक को सामने रखकर प्राप्त हुई पुस्तकों का नाम, लेखक, संस्करण, मूल्यादि की जाँच कर लेनी चाहिए और जो ठीक हो उन पर निशान बना देना चाहिए। ऐसा करने से जो पुस्तकें प्राप्त नहीं हुई हैं उसका पता चल जाता है।

(2) कभी-कभी दूसरे लेखक की, उसी शीर्षक की पुस्तक आ जाती है जिसका पता भी इस तरह हो जाता है।

(3) देयक में कभी-कभी किसी पुस्तक के मुल्य में उलट-फेर या घट-बढ़ जाता है, इसका पता आसानी से चल जाता है।

(4) प्रत्येक पुस्तक की जाँच अच्छी तरह कर लेनी चाहिए। उनके ठीक हों, पृष्ठ पूरे हों, सिलाई मजबूत हो, आदि। फर्म की सिलाई ठीक है अथवा नहीं, इसकी जाँच कर लेनी चाहिए। डबर क्राउन या डबल डिसाइज में 16 पृष्ठों का फर्मा होता है। अतः साधारणतया 17-33-49-65 इसी क्रम के पृष्ठों की जाँच कर लेनी चाहिए। पृष्ठ फटे नहीं हो तो उसे तरह चाकू से फाड़ देना चाहिए। फटे नहीं रहने पर पाठक उन्हें अंगुली या से फाड़ देते है फलस्वरूप पृष्ठ दीखने लगता है।

नामपत्र (लेबिल) लगाना

1. पुस्तक-पट्ट—पुस्तकों की जाँच के उपरान्त पुस्तक के आवरण पृष्ठ (कबर) के भीतरी भाग में पुस्तकालय का पुस्तक-पट्ट लगाया जाता है, जिस पर पुस्तकालय का नाम तथा प्रतीक-चिन्हे मुद्रित रहता है। कुछ पुस्तकालयों में इस पर प्राप्ति

क्रमांक (Accession Number) भी लिख दिया जाता है कुछ पुस्तकालय, पुस्तक-पट्ट की जगह छेद भरी अक्षरों का मुद्रांक (परास्टाम्प) पुस्तक के प्रथम पृष्ठ पर लगाते है।

सामान्यता अब अच्छे-अच्छे पुस्तकाल्य में पुस्तक-पट्ट प्रणाली ही अपनायी जाती है, जिसपर सिर्फ पुस्तकालय का नाम आकर्षक तथा सुन्दर तरीके से मुद्रित रहता है। यथा–

2. पुस्तक-लेबिल–हर किताब के पुश्त पर निचले भाग से डेढ इंच ऊपर, चौकोर अथवा अण्डाकार कागज का लेबिल साटा जाता है, जिसपर वर्गीकरण के पश्चात् पुस्तक का क्रामंक सर्मक (Call Number) (वर्गांक□+पुस्तकांक) लिखा जाता है। पुस्तक का रैपर उतार कर किताब के मूल किताब पर लेबिल लगाया जाता है।

3. तीथि-पत्र–पुस्तक के आखरी आवरण के अन्दर के भाग के सामने वाले सादे पृष्ठ पर तिथि पत्र लगाया जाता है इसमें पुस्तक की निर्गम अथवा आगम तिथि लिखी जाती है।

4. पुस्तक पाकेट–पुस्तक के अंतिम आवरण पृष्ठ जिल्द पर ऐ थैलानुमा अथवा त्रिकाणाकार लिफाफा लगाया जाता है। इसमें पुस्तक-पत्रक रखा जाता है। पाठकों को जब पुस्तक दी जाती है। पुस्तकपत्रक के स्थान पर इसमें सदस्य-पत्रक रख दिया जाता है।

पुस्तक पाकेट पर पुस्तक का प्राप्ति क्रमांक (Accession No.) तथा समंक Call No. लेखक एवं शीर्षक टंकित रहता है। कुछ पुस्तकालय अपने पुस्तकालय के लेन-देन विभाग के सामान्य नियम भी मुद्रित करा देते कुछ सिर्फ क्रमांक-समंक ही टंकित कराते है।

5. पुस्तक-पत्रक–हर किताब के लिए 5" × का एक पुस्तक-पत्रक तैयार किया जाता है, जो पुस्तक पाकेट में रखा जाता है लेखक का नाम ओर

शीर्षक लिखा रहता है। पुस्तक निर्गमित करते समय पत्रक के एक स्तम्भ में किताब उधार लेने वाले सदस्य की सदस्य संख्या व स्तम्भ में देय तिथि या निर्गत तिथि अंकित की जाती है।

6. संदर्भ पुस्तकों में प्रथम सादे पृष्ठ पर लाल स्याही से मुद्रित "संदर्भ-पुस्तक" का लेबिल लगाया जाता है।

7. जिस किताब में बहुमूल्य फोटो, चित्र आदि रहते हैं उनमें भी लाल स्याही मुद्रित कर्मचारियों के लिए निर्देश रहता है–"किताब लौटाते समय इस पुस्तक की जाँच कर लें।"

मुद्रांक लगाना

लेबिल चिपकाने के बाद पुस्तक पर मुद्रांक लगाया जाता है। मुद्रांक लगाने में सावधानी बरतने की आवश्यकता होती है।

(क) प्राप्ति मुद्रांक—पहले पृष्ठ पर लेखक और प्रकाशक के नाम के मध्य में प्राप्ति-मुद्रांक Accession Stamp लगाया जाता है, जिस पर पुस्तक का प्राप्ति क्रमांक और तिथि लिखी जाती है।

(ख) प्रत्येक पुस्तक में कम-से-कम तीन जगह—प्रारम्भ, मध्य और अन्त में पुस्तकालय का नाम का सादा मुद्रांक ऐसे स्थान पर लगाना चाहिए जहाँ लगाने से छपी पंक्तियाँ खराब नहीं हों।

(ग) पुस्तकाध्यक्ष को अपने पुस्तकालय की पुस्तकों के लिये एक गुप्त पृष्ठ निर्धारित कर लेना चाहिए, उस पृष्ठ पर पंक्तियों के मध्य या बांधी और हाशिये पर पुस्तकालय का सांकेतिक मुद्रांक लगा देना चाहिए। उदाहरणार्थ—भगवान पुस्तकालय, भागलपुर का 'भापुभ'। कहीं-कहीं गुप्त पृष्ठ पर प्राप्ति क्रमांक लिखने की प्रथा है।

सांकेतिक मुद्रांक लगाने से लाभ यह होता है कि यदि किसी तरह पुस्तक गायब हो जाय अथवा चोरी हो जाय और चोर प्रथम पृष्ठ या मुद्रांक वाले सभी पृष्ठों को गायब कर दे तो उसी सांकेतिक मुद्रांक के आधार पर उसे मुजरिम करार दिया जा सकता है।

गुप्त पृष्ठ पर प्राप्ति क्रमांक लिखने से लाभ यह होता है कि यदि किसी तरह प्रथम पृष्ठ समाप्त हो जाय तो उसी पृष्ठ पर प्राप्ति क्रमांक के आधार पर उस किताब के सही स्थान का निर्धारण किया जा सकता है।

(घ) पुस्तक के सभी चित्रों, चार्ट्स आदि पर पुस्तकालय का मुद्रांक लगा देना चाहिए।

प्राप्ति-क्रमांकन

नामपत्र साटने और मुद्रांक लगाने के बाद पुस्तकों को पुस्तकालय की प्राप्ति-पंजिका में दर्ज किया जाता है। पुस्तकें जिस क्रम में प्राप्त होती है उसी क्रम में उनको अंकित कर उसका प्राप्ति-क्रमांक निर्धारित किया जाता है। अंकित करने की इस प्रक्रिया को पुस्तकालय विज्ञान में क्रमांकन की संज्ञा दी गयी है। प्राप्ति-क्रमांकन से प्रत्येक हर किताब पुस्तकालय में एक निर्धारित स्थान और निश्चित संख्या निर्धारित हो जाती है।

प्राप्ति क्रम—अंकित करने की तीन प्रणालियाँ प्रचलित है—

1. पंजिका प्रणाली

2. पत्रक प्रणाली

3. देयक प्रणाली

इनमें से किसी भी प्रणाली को अपनायी जा सकती है, लेकिन उनमें प्राप्ति तिथि, प्राप्ति-क्रम-संख्या, लेखक, शीर्षक, प्रकाशक, प्रकाशन काल, प्राप्ति-साधन, मूल्य, पृष्ठ-संख्या आदि सूचनाएँ जरूर रहे। क्योंकि प्राप्ति-क्रम-सूची पुस्तकालय की पुस्तकों की मुख्य अन्वेषक सूची यानी पुस्तकों के सम्बन्ध में सारी सूचनाएँ देने वाली मुख्य सूची होती है। इसे पुस्तकालय की सभी पुस्तकों का प्राप्ति से आखरी निष्कासन तक का प्रामाणिक इतिहास कहा जा सकता है। इसलिए इसे लिखते अथवा टंकित करते समय काफी सावधानी की जरूरत है। सुन्दर एवं स्पष्ट अक्षरों में गाढे रंग की स्याही से इसे लिखना चाहिए।

पंजिका प्रणाली

यह प्रणाली प्राचीन काल से चली आ रही है। इसके लिए चिकने और मोटे कागजों की एक सुन्दर और मजबूत जिल्द बंधी पंजिका की जरूरत होती है, जिसके लिये निर्धारित कालम इस अग्लेलिखित है—

1. प्राप्ति तिथि 2. प्राप्ति-क्रमांक 3. लेखक 4. पुस्तक का नाम 5. प्रकाशन स्थान और प्रकाशन 6. प्रकाशन वर्ष 7. संस्करण 8. पृष्ठ 9. मूल्य 10. प्राप्ति साधन 11. वर्गाक 12. प्रत्याहरण तिथि 13. विशेष।

इस प्रकार की छपी-छपाई पंजिका बहुत कम कीमत पर मिलती है, उनका उपयोग किया जा सकता है। बड़े पुस्तकालयों को उपयुक्त कालम वाली स्वतन्त्र पंजिका छपवा लेनी चाहिए, इसमें लेखक, पुस्तक का नाम, प्रकाशक और प्रापित साधन का कालम बड़ा होना चाहिए।

प्राप्ति-क्रम-सूची

टंकण तन्त्र के प्रचलन से बन्धी-बन्धाई पंजिका के स्थान पर खुले पृष्ठ वाली प्राप्ति-क्रम-सूची रखने का प्रचलन आरम्भ हो गया है। इन पृष्ठों पर पुस्तक की प्राप्ति टंकित कर, उन्हें एक नत्थी में रख दिया जाता है या 55 हजार प्राप्ति क्रमांक तक एक साथ मोटे जिल्दों में बन्धवा ली जाती है।

तिथि	प्राप्ति क्रमांक	लेखक	शीर्षक	भाग	प्रकाशन वर्ष	प्रकाशक	प्राप्ति साधन	मूल्य	विशेष

बन्धी-बधाई पंजिका में हाथ से लिखना पड़ता है इसलिऐ उसके गन्दा होने या अधिक या कम स्याही फैलने का भय रहता है। इस नजर से खुले पृष्ठ वाली सूची अच्छी होती है। टंकण यन्त्र से साफ-साफ टंकित कर उसे पंजिका के रूप में बंधवा लिया जा सकता है।

पत्रक प्रणाली

पंजिका प्रणाली बहुत ही पुरानी प्रणाली है। आधुनिक पुस्तकाध्यक्ष पत्रक प्रणाली को ज्यादा महत्व देते है। पंजिका में जिल्द बंधा रहता है इसलिए पुस्तकालय से वापस ली गयी किताबों नाम इनसे हटाये नहीं जा सकते, किन्तु पत्रक (काडी) आसानी से अपने स्थान से हंटा लिया जा सकता है। पंजिकर प्रणाली में लाभ यह है कि इसमें एक बार जो लिख दिया जाता है वह स्थायी रह जाता है क्योकि उसे कोई मिटा नहीं सकता लेकिन पत्रक आसनी से गायब किया जा सकता है। कोई भी व्यक्ति किताब गायब करने के साथ-साथ पत्रक भी गायब कर सकता है और पत्रक के आयब हो जाने के बाद किताब के अस्तित्व का भी पता नही चल सकता है।

इस कार्य के लिए साधारणतया 5'' × 3'' माप के पत्रक की जरूरत होती है, जिसमें निम्नांकित सूचनाएँ लिखी जाती है–

प्राप्ति-क्रमांक	प्राप्ति तिथि	वर्गांक
लेखक	शीर्षक	
प्रकाशन स्थान	प्रकाशक	
प्रकाशन वर्ष	मूल्य	प्राप्ति साधन
प्रत्याहरण संख्या एवं तिथि		
विशेष		

देयक प्रणाली

कार्य की और भी आसान बनाने के लिए आधुनिक पुस्तकालयों में देयक प्रणाली अपनायी जा रही है। पुस्तक-विक्रेता से प्राप्त देयक (Invoice) की अतिरिक्त प्रति पर ही हर किताब के नाम के सामने क्रमानुसार प्राप्ति क्रमांक लिख दिया जाता है और वही संख्या पुस्तक का प्राप्ति-क्रमांक हो जाती है।

इन देयकों की सुविधानुसार एक साथ बंधवा दिया जाता है जिससे वे इधर उधर गायब न हो जाय। यह आधुनिकतम प्रणाली है और इससे समय तथा श्रम, दोनों की बचत होती है।

अमेरिका के कुछ पुस्तकालयों ने तो एक कदम और आगे बढ़ाया हैं एक देयक की सभी पुस्तकों की गिनती एवं मिलान कर उस पर एक ही जगह प्राप्ति-क्रमांक थोक रूप में लिख दिया जाता है। उदाहरणार्थ 1570 पुस्तके पुस्तकालय में पहले से है, उसके बाद 30 पुस्तकें खरीदी है, जिनके लिये एक ही देयक आया है तो उस पर एक ही बार प्राप्ति क्रमांक 1571-1600 लिख दिया जाता है। पुस्तकों में देयक के क्रमानुसार प्राप्ति-क्रमांक लिखा जाता है। जरूरत होने पर विभिन्न पुस्तकों से विवरण प्राप्त करने हेतु देयक की मदद ली जाती है।

प्राप्ति-क्रमांक

पुस्तके जिस क्रम में पुस्तकलय में आती है, उनका नाम प्राप्ति-क्रम-सूची में उसी क्रम में अंकित किया जाता है और तदनुसार उनकी जो संख्या निर्धारित होती है वह उस पुस्तक का प्राप्ति-क्रमांक होता है। प्राप्ति-क्रमांक निर्धारण के सम्बन्ध में यह निश्चित विचार है कि पुस्तकालय में प्राप्त सभी पुस्तकों के लिए अलग-अलग संख्या निर्धारित की जानी चाहिए। एक पुस्तक के विभिन्न भागों अथवा खण्डों को भी अलग-अलग संख्या मिलनी चाहिए। इतना ही नहीं, पुस्तक की अतिरिक्त (Duplicate) प्रति के लिये भी अलग संख्या निर्धारित की जानी चाहिए। किसी विशेष प्राप्ति-क्रमांक से किसी खास पुस्तक का ही संकेत मिलना चहिये।

कुछ पुस्तकाध्यक्षों का विचार है कि यदि पत्रक प्रणाली अपनाई गई हो तो पुस्तकालय से वापस ली गई पुस्तकों अथवा गुम हुई पुस्तकों का प्राप्ति-क्रमांक नई आई पुस्तकों के लिए निर्धारित करने में कोई परेशानी नहीं होनी चाहिए। हाँ पंजिका प्रणाली में यह असम्भव है।

8

तकनीकी सेवाएँ

पाठकों को पुस्तकें व अभिलेख अत्यन्त मौजूद से उपलब्ध हो सकें, इस दृष्टि से पुस्तकों और अभिलेखों का सुव्यवस्थित तरीके से क्रमस्थापन अत्यन्त जरूरी है। वर्गीकरण क्रमस्थापन के लिए अनिवार्य है। वर्गीकरण के द्वारा साहित्य विधानियों (Shelves) व सूचियों (Catalogue) पर विषयवार व्यवस्थित हो जाता है। वर्गीकरण के कारण विषय वर्गों में सामग्री विभाजित हो जाती है व निधानियों और सूचियों में सामग्री के विषयवार होने के कारण बहुत ही सुगमतापूर्वक उपलब्ध किया जा सकता है। संक्षेप में, वर्गीकरण क्रमानुसार व्यवस्थापन, प्राप्ति, चयन व अन्त में निरस्तीकरण की दृष्टि से प्रथम कुञ्जी है। वस्तुओं का उनकी वास्तविक विशेषताओं के आधार पर वर्गीकरण मानवी मस्तिष्क की दिन-प्रतिदिन प्रयुक्त होने वाली प्रक्रिया है। अतएव, पुस्तकों का वर्गीकरण नैसर्गिक, वास्तविक व अनिवार्य प्रक्रिया हे। जिसके द्वारा साहित्य की सुगम उपलब्धि सुनिश्चित की जा सकती 7है। पुस्तकालयाध्यक्ष व पाठक दोनों के लिए वर्गीकरण की समान उपयोगिता है, क्योंकि यह ही पुस्तकों के निधानियों पर व्यवस्थापन की सबसे अधिक तर्कसंगत विधि है। किसी पुस्तकालय में वर्गीकरणविहीन पुस्तक संग्रह को वन की संज्ञा दी जा सकती है, जबकि वर्गीकृत संग्रह एक सुनियोजित सुव्सवस्थित वाटिका के समान है; जहाँ प्रत्येक जाने वाले व्यक्ति को आनन्द य सन्तोष की अनुभूति होती है। हर पुस्तकालय

चाहे वह छोटा हो या बड़ा, महत्त्वपूर्ण हो सकता है, अगर अव्यवस्था के स्थान पर वहाँ व्यवस्था पायी जाये। यह व्यवस्था तब ही पायी जा सकती है, जबकि ग्रन्थालय के उद्देश्यों पर आधारित क्रमबद्ध व्यवस्थापन के सिद्धान्त का पुस्तकों के रखरखाव में उपयोग किया जाये। वर्गीकरण से न सिर्फ पाठकों का समय बचता है, अपितु सामग्री का प्रभावी उपयोग भी सुनिश्चित हो जाता है।

यहाँ यह विचार करना जरूरी है कि कौन-सी वर्गीकरण प्रणाली का उपयोग पुस्तकालयों के लिए सही होगा। दरअसल, किसी प्रणाली का नाम न लेते हुए अच्छी वर्गीकरण प्रणाली की विशेषताओं पर प्रकाश डालना समीचीन होगा। अच्छी वर्गीकरण प्रणाली विभिन्न विषयों की विशेषताओं पर आधारित होती है, व उसका निर्माण वर्गीकरण, के नियमों (Canons of classification) के आधार पर किया जाता है। ऐसी वर्गीकरण जो इन विशेषताओं पर खरी उतरती है, पुस्तकालय के लिए उपयुक्त मानी जा सकती है।

वर्गीकरण प्रणाली सुविधाजनक क्रम में सम्पूर्ण ज्ञान के अशं-विशेष का शाब्दिक चार्ट है। व्यवस्थापन का क्रम उद्विकासात्मक, ऐतिहासिक, उपयोगितावादी, या निरंकुश हो सकता है। जो वर्गीकरण प्रणाली सम्पूर्ण ज्ञान के वर्गीकरण के लिए उपयुक्त होती है, व्यापक प्रणाली मानी जाती है, जबकि ज्ञान के किसी क्षेत्र-विशेषज्ञ को वर्गीकृत करने में सक्षम वर्गीकरण प्रणाली को विशिष्ट प्रणाली कहा जाता है। विशिष्ट वर्गीकरणों में अनुसूचियाँ विशेषज्ञों, वैज्ञानिकों, अध्यापकों, वकीलों आदि की आवश्यकताओं के समान होती हैं व विशेष रूप से प्रशिक्षित पुस्तकालयाध्यक्ष इन पुस्तकालयों की देखभाल करते हैं। सार्वजनिक पुस्तकालय के पुस्तकालयाध्यक्ष को सामान्य वर्गीकरण करना होता है, क्योंकि सामाजिक पुस्तकालयों में ज्ञान की प्रत्येक शाखा से जुड़ा साहित्य होता है व उसके द्वारा समुदाय की अपरिमित रुचियों की तुष्टि होती है।

सामान्य तौर पर देखा जाये, तो ज्ञान का सम्पूर्ण क्षेत्र मुख्य संवर्गों (Genus), विभागों (Species), उपविभागों (Sub-divisions), प्ररूप (Type) व इकाइयों (Members), में विभाजित होता है। किसी विभाग के लक्षणों के आधार पर वर्गों का विभाजन किया जाता है। लक्षण, विभागों के उद्देश्य के आधार पर नैसर्गिक या कृत्रिम हो सकते हैं। चूँकि किसी वस्तु अथवा व्यक्ति में कृत्रिम लक्षण स्वाभाविक रूप से पाये जाते हैं, इसलिए पुस्तकों के विषयों के रूप में विभाजित करने के लिए कृत्रिम लक्षणों का प्रयोग किया जाता है। विभाजन सम्बन्धी लक्षणों का उपयोग करते समय यह ध्यान में रखना होता है, कि सूक्ष्म और कठोर एकरूपता बरती जाये जिससे

विभाजनों में पुनरावृति या अतिक्रमण न हो सके। वर्गीकरण लचीला होना चाहिए जिससे ज्ञान के विभिन्न क्षेत्रों में होने वाले परिवर्तनों में सुगमतापूर्वक समाविष्ट किया जा सके।

पुस्तक वर्गीकरण प्रणाली के (1) अंकन (Notation) (लचीला, संक्षिप्त, समृतिसहायक, शुद्ध अथवा मिश्रित), (2) सामान्य वर्ग (Generalis class), रूप वर्ग (Form class), (3) रूप विभाजन, (4) अनुक्रमणिका आवश्यक अंग हैं।

अंकन से आशय किसी वर्गीकरण प्रणाली में मुख्य वर्गों और उनके अधीनस्थ वर्गविभागों का ज्ञान कराने के लिए प्रयुक्त अंक, अक्षर और या अन्य कोई प्रतीक से है। अंकन का अनुक्रमणिका व तालिकाओं में व्यवहार होता है। सूचीकरण में अंकन के द्वारा पुस्तकों का प्राप्ति चिन्ह दर्शाया जाता है, जिससे निधानी पर पुस्तक सुगमतापूर्वक उपलब्ध हो सके। पुस्तक के पृष्ठभाग में अंकन द्वारा वह प्रतीक चिन्ह दर्शाया जाता है जो उस पुस्तक के सूची कार्ड पर भी उपलब्ध हो। डीवी द्वारा निर्मित दशमलव प्रणाली में शुद्ध अंकन का उपयोग किया गया है। इसमें 0-9 अंक व्यवहार में लाये गये हैं, जबकि द्विबिंदु वर्गीकरण प्रणाली में मिश्रित अंकन का उपयोग हुआ है यथा A से Z तक वर्ण तथा अंक। दशमलव प्रणाली में 954 से भारतीय इतिहास का बोध होता है। इस संख्या में 9 इतिहास के लिए, 5 एशिया के लिए व 4 भारत के लिए व्यवहृत हुए हैं। इसका अभिप्राय यह हुआ कि भारतीय इतिहास की पुस्तकालय में सभी पुस्तकें 954 में ही पायी जायेंगी, इन पुस्तकों की स्थिति 953 से पूर्व व 955 के बाद होगी। 953 और 955 में अन्य एशियाई राष्ट्र शामिल हैं।

अंकन तालिका में प्रत्येक का स्थान और परस्पर सम्बन्ध निर्दिष्ट रहता है। अगर तालिका में भारतीय इतिहास के लिए "भारतीय इतिहास" ही लिख दिया जाये तो तालिका में इसका कोई सम्बन्ध स्पष्ट नहीं होगा, जबकि 954 अंकित होने पर यह व्यक्ति होता है कि वह वर्ग 900 के पाँचवें भाग का अंग हैं।

अनुक्रमणिका में अंकन के रूप में व्यवहृत प्रतीकों से विषयों के स्थान का ज्ञान होता है। पुस्तक के हर भाग में व विशेष रूप से उसके पृष्ठ भाग में अंकन का उल्लेख करना अत्यन्त आसान हे। आगम-निर्गम के लिए प्रयुक्त कार्डों, निधानियों, सूची-कार्डों में अंकन के कारण अत्यधिक सुविधा होती है। पुस्तकालय की क्रम व्यवस्था और पुस्तक की सहज उपलब्धि की नजर से आवश्यक होने के साथ-साथ यह सहज याद रखने योग्य भी है।

सामान्य वर्ग सामान्य कृतियों के लिए होता है। इसके अन्तर्गत विश्वकोश, कोश, समाचारपत्र, पत्रिकाओं आदि को स्थान दिया जाता है। ऐसे साहित्य की विविधता के कारण इन्हें किसी मुख्य शीर्षक के अन्तर्गत रखना असम्भव है।

दशमलव वर्गीकरण प्रणाली के अन्तर्गत सामान्य वर्ग में निम्नांकित को समविष्ट किया गया है–

000 सामान्य कृतियाँ (General works)

010 वाङ्.मय सूची विज्ञान (Bibliograhy)

020 पुस्तकालय विज्ञान और सूचना विज्ञान (Library science & information science)

030 सामान्य विश्वकोष (General encyclopaedias)

050 सामान्य क्रमिक प्रकाशन और उनकी अनुक्रमणिकाएँ (General serial Publicatons)

060 सामान्य संगठन और संस्थाएँ, संग्रहालय और संग्रहायल विज्ञान (General organization & Musealogy)

070 पत्रकारिता, प्रकाशन, समाचार पत्र (Journalisim, Publishing, Newspapers)

080 सामान्य संग्रह, संकलन (General collections)

090 हस्तलिखित ग्रन्थ और दुष्प्राय ग्रन्थ (Manuscripts and book rareties)

रूप वर्ग में वे ग्रन्थ रखे जाते हैं जो विधाओं से जाने जाते हैं। इस प्रकार की किताबें–काव्य, नाटक, कथासाहित्य, निबन्ध, भाषण संभाषण, पत्र, व्यंग्य और विनोद मूलपाठ, समीक्षा विषयक पुस्तकें हैं। दशमलव प्रणाली में साहित्य सम्बन्धी पुस्तकों का विधाओं के अनुसार निम्नांकित प्रकार से वर्गीकरण किया गया है–

821 अंग्रेजी कविता

822 अंग्रेजी नाटक

823 अंग्रेजी कथा साहित्य

824 अंग्रेजी निबन्ध

825 अंग्रेजी भाषण

826 अंग्रेजी पत्र

827 अंग्रेजी व्यंग्य-विनोद

828 प्रकीर्णक अंग्रेजी साहित्य रचनाएँ

829 ऐंग्लो सेक्सन (प्राचीन अंग्रेजी) साहित्य।

रूप विभाजन मानक वर्गीकरण प्रणाली का अनिवार्य अंग होता है। इसे विभाजन की जरूरत इसलिए है कि पुस्तकें ऐतिहासिक विषय के समग्र रूप को

प्रस्तुत करने वाली रूपरेखाओं, शब्दकोशों आदि के रूप में प्रस्तुत की जाती हैं-यथा रसायन विज्ञान का इतिहास, रसायन विज्ञान की ररूपरेखा, रसायन विज्ञान कोश आदि। इस उदाहरण में जैसा के स्पष्ट है कि, तीनों पुस्तकों की विषय सामग्री, रसायन विज्ञान से जुड़ी हे। रसायन-विज्ञान के इतिहास को एक साथ, किन्तु रसायन-विज्ञान की रूपरेखा से लेकिन रखने की दृष्टि से यह जरूरी है कि वर्गाङ्क के साथ आवश्यकतानुसार इनका उपयोग किया जाये।

रूप विभाजन को निर्धारित रूप में व समृतिसुगम तरीकें से उपयोग करने की दृष्टि से ड्यूई दशमलवा प्रणाली में सामान्य मानक उपविभागों की व्यवस्था की गयी है–

01	दर्शन और सिद्धान्त
02	प्रकीर्णक
03	कोश, विश्वकोश, अनुक्रमणिका
04	सामान्य विशिष्ट
05	क्रमिक प्रकाशन
06	संगठन, संस्थाएँ
07	अध्ययन और अध्यापन
08	संग्रह, संकलन
09	ऐतिहासिक और भौगोलिक निरूपण

यह मानक उपविभाग किसी भी विषय के साथ प्रयोग किये जा सकते हैं। यह रूप वर्ग से अल्ग हैं, जिनका प्रयोग सिर्फ साहित्य रूपों के लिए किया जाता है।

भारत में मुख्य दो प्रणालियाँ प्रचलित हैं-ड्युई की दशमलव प्रणाली और द्विबिंदु वर्गीकरण प्रणाली। निम्न परिच्छेदों में दोनों वर्गीकरण प्रणालियों की समयक व्याख्या की गयी है–

दशमलव वर्गीकरण प्रणाली

सन् 1873 ई. के प्रारम्भ में दशमल प्रणाली का प्रादुर्भाव हुआ। यह सर्वाधिक प्रचलित प्रणाली है। व्यावहारिक उपयोगिता और कम खर्च इस प्रणाली का मौलिक गुण है। इस प्रणाली में अनेक दोष हैं, लेकिन फिर भी यह अधिक व्यवहृत हुई है। प्रो. डब्ल्यू.सी. बारबिक सेयर्स ने ड्युई दशमलव प्रणाली पर टिप्पणी करते हुए लिखा है "कोई भी व्यक्ति दशमलव वर्गीकरण प्रणाली का इसके विषय विन्यसन और

वर्गक्रम की आधुनिकता अथवा उसके अंकनों की पर्याप्त लघुता का समर्थन नहीं करता।" किन्तु इसके बावजूद यह एक विलक्षण बात है, कि आधुनिक ससांर में अधिकाधिक पुस्तकालय इस प्रणाली को उपयोग ला रहे हैं। कुछ ने तो अपनी जरूरतों के अनुसार इसमें संशोधन भी कर लिया है। लेकिन सभी परिस्थितियों में यह प्रणाली व्यावहारिक सिद्ध हुई है। अगर हम स्वीकार न करें कि एक प्राविधिक प्रणाली, जिसके प्रयोग में इसकी तथाकथित गलतियों के बावजूद अस्सी वर्षों से न केवल इसकी उपादेयता और सक्रियता बनी रही है, इसके प्रयोग में उत्तरोत्तर वृद्धि होती रही है, क्योंकि इसमें कतिपय सैद्धांतिक गलतियों की अपेक्षा व्यावहारिक गुण अधिक हैं, तो हम अपने को इसकी सेवाओं के समुचित और या मूल्यांकन करने के मामले में अयोग्य प्रमाणित करेंगे। इसके गुण से हमारा तात्पर्य इसकी उस ग्रहणशीलता और सुगम अनुकूलनीयता से है, जिसके द्वारा पुस्तकों की एक अन्य पाठ्यसामग्री के किसी छोटे या बड़े संग्रह को सूक्ष्म अथवा स्थूल रूप से वर्गीकृत करने और जैसे-जैसे संग्रह में वृद्धि होती जाये, इसके वर्ग-विभाजन का भी समन्वित विस्तार करने में इस प्रणाली का सुगमतापूर्वक उपयोग किया जा सकता है।

ड्यूई दशमलव वर्गीकरण प्रणाली में उत्तरोत्तर विस्तार निम्न सारणी से स्पष्ट है—

पृष्ठ संख्या			
भूमिका	सारणियाँ	अनुक्रमणिका	जोड़
12	12	18	42
113	1516	1063	2692
			28,528

प्रथम संस्करण
18 वाँ संस्करण 1876
19 वाँ संस्करण-कुल प्रविष्टियाँ

दशमलव प्रणाली के 19वें संस्करण में परिवर्द्धन और परिमार्जन कर दिया गया है व आवश्यकतानुसार सूक्ष्मातिसूक्ष्म वर्गीकरण के लिए प्रयोग किये जाने योग्य 4,892 विषय शामिल किये गये हैं।

निम्न अनुच्छेदों में हम ड्यूई दशमलव प्रणाली की संरचना पर प्रकाश डालेंगे—

यह प्रणाली एक सोपानुक्रमिक (Hierachical) प्रणाली है, और इसमें ज्ञान के उपविभाग के लिए दशमलव प्रणाली को व्यवहार में लाया गया है। आशय यह

है कि ज्ञान के हर आनुक्रमिक वर्गों के समूह का क्रमण दस अंकों 0-9 के आधार पर किया गया है।

इस प्रणाली में प्रथम वर्ग विभाजन 10 मुख्य वर्गों में किया गया है। ये मुख्य 0, 1, 2, 3, 4, 5, 6, 7, 8, 9 अंकों से जाने जाते हैं। साधारण किताबों के लिए जिनका वर्गीकरण विविधता के कारण अन्य विषय समूहों में नहीं किया जा सकता 0 में रखी गयी हैं। सामान्य विश्वकोष, पत्र-पत्रिकाएँ तथा विविधतापूर्वक विषय जैसे सूचना तथा संचार, पुस्तकालय तथा सूचना तथा संचार, पुस्तकालय एवं सूचना विज्ञान, पत्रकारिता आदि इस वर्ग में समन्वित हैं। ज्ञान से सम्बधित विशिष्ट विषय-क्षेत्र मुख्य वर्ग समूह 1-9 के अन्तर्गत रखे गये हैं। यह मुख्य दस वर्ग अग्रांकित क्रम में व्यवस्थित किये गये हैं–

क्रम	वर्ग	प्रत्येक वर्ग के अन्तर्गत विषय	वर्ग का अंकन नोटेशन)
0	सामान्य वर्ग	ग्रन्थ-सन्दर्भ सूचियाँ और ग्रन्थ-सूचियाँ पुस्तकालय विज्ञान, सामान्य विश्वकोश, सामान्य क्रमिक प्रकाशन, संग्रहालय-विज्ञान, पत्रकारिता, प्रकाशन, सामान्य संकलन दुर्लभ और हस्तलिखित ग्रन्थ।	000
1	दर्शन और सम्बन्धित ज्ञान क्षेत्र	दर्शन-मनोविज्ञान, तर्कशास्त्र, नीति-शास्त्र, भारतीय, पाश्चात्य दर्शन।	100
2	धर्म	विश्व भर के धर्म, धार्मिक संप्रदाय, मत, तुलनात्मक धर्म।	200
3	सामाजिक विज्ञान	सांख्यिकी, राजनीति, अर्थशास्त्र, विधि-लोक प्रशासन, समाज विकृति विज्ञान और समाज सेवा, शिक्षा, वाणिज्य, रीतिरिवाज और लोक रीतियाँ।	300
4	भाषा, भाषा विज्ञान	विश्व की भाषाएँ तथा भाषा विज्ञान।	400
5	शुद्ध विज्ञान	गणित, खगोल विज्ञान, भौतिकी, रसायन विज्ञान, पृथ्वी और अन्य भूमण्डलेतर लोक सम्बन्धी विज्ञान, जीवाश्म विज्ञान, सजीव-वस्तु विज्ञान, वनस्पति विज्ञान, प्राणीविज्ञान।	500

6	प्रौद्योगिकी (अनुप्रयुक्त विज्ञान)	आयुर्विज्ञान, अभियांत्रिकी, कृषि, घरेलू कलाएँ, प्रबन्धकीय सेवाएँ, रसायनिक और अन्य समवर्गी प्रौद्योगिकी, औद्योगिक निर्माण, फुटकर निर्माण, भवन निर्माण।	600
7	ललितकलाएँ और अलंकारिक कलाएँ	भूदृश्यकला, वस्तुकला, मूर्तिकला, रेखा चित्रण, अलंकरण, चित्रकला, ग्राफिक कलाएँ, फोटोग्राफी, संगीत, अभिनय।	700
8	साहित्य (दात्तसाहित्य)	विश्व साहित्य	800
9	सामान्य भूगोल इतिहास और उनके उपविषय	सामान्य भूगोल, भ्रमणयात्रा, जीवन चरित्र, प्राचीन विश्व का सामान्य इतिहास, विश्व के सभी राष्ट्रों के ऐतिहासिक चित्रण।	900

पूर्ण अंकन के लिए कम से कम तीन अंकों का उपयोग किया जाता है। उदाहणार्थ मुख्य वर्ग 8 (उदात्तसाहित्य) का पूर्ण दशमलव वर्गांक 800 है। इस सिद्धान्त के अनुसार प्रत्येक मुख्य वर्ग के पूर्ण विस्तार को स्पष्ट करने के लिए प्रणाली में सौ तीन अंकीय अंकन वर्णित हैं, जैसे सामान्य विषयों के लिए 000-099, धर्म, धार्मिक सम्प्रदायों तथा तुलनात्मक धर्मों के लिए 200-299 संसार का सामान्य भूगोल, भ्रमण-यात्रा, जीवन-चरित्र, प्राचीन विश्व का सामान्य इतिहास, संसार के समस्त राष्ट्रों के इतिहास के लिए 900 से 999 इत्यादि।

उपर्युक्त प्रत्येक दस मुख्य विषय-वर्गो को प्रथमतः दस विभागों में विभाजित किया गया है और इन विभागों को भी 0-9 अंकों से अंकित किया गया है। विभागांक 0 का उपयोग सम्पूर्ण मुख्य-वर्ग सम्बन्धित सामान्य ग्रन्थों के लिए और विभागांक 1-9 उस मुख्य वर्ग के उपवर्गों के लिए किया जाता है। उदाहरण के तौर पर वर्गांक 90 से तात्पर्य सामान्य भूगोल और इतिहास से है, तथा 91 से ऐतिहासिक भूगोल, यात्रा-भ्रमण, 92 से सामान्य जीवन-चरित्र और वंशावली, 93 से प्राचीन विश्व का सामान्य इतिहास तथा 94 से यूरोप के सामान्य इतिहास को ज्ञान होता है। पूर्णाङ्क बनाने के लिए तीन अंकों के अंकन करने के लिए दो अंकों के इन अंकों के बाद 0 लगाना होता है। जैसे 900 सामान्य भूगोल और इतिहास 920 जीवन चरित आदि।

इसके बाद प्रत्येक वर्ग विभाग दस अनुभागों (sections) में विभाजित किया गया है। यहाँ भी 0-9 अंकों का उपयोग किया गया है। उदाहरण के तौर पर

000-009, 010-019, 020-029 आदि। तीन अंकीय अंकन में दशमलव बिन्दु लगाकर विष-वर्गाङ्क के सूक्ष्मतर उपविभाजन किये जाते हैं। आवश्यकतानुसार उपविभाजन को अधिक सूक्ष्म किया जा सकता है। उदाहरणार्थ हिन्दी भाषा के बिहारी उपभाषा वर्ग को 417.21 भोजपुरी 417.22 मगही 417.23 मैथिली आदि।

तालिकाओं के पूर्व तीन क्रमिक तालिका सारांश दिये गये हैं। प्रथम सारांश में 10 मुख्य वर्ग, द्वितीय सारांश में 100 वर्ग विभाजन और तृतीय सारांश में 1000 वर्ग उपविभाग दिये गये हैं।

इस प्रकार हम देखते हैं कि दस मुख्य वर्गों के पुनः दस मुख्य विभाजन किये गये हैं–

000	सामान्य वर्ग
010	ग्रन्थ-सन्दर्भ सूचियाँ और ग्रन्थ-सूचियाँ
020	पुस्तकालय-विज्ञान और सूचना-विज्ञान
030	समान्य विश्वकोश
040-049	18वें संस्करण में प्रयोग नहीं किया गया है
050	सामान्य क्रमिक प्रकाशन
060	सामान्य संगठन संग्रहालय-विज्ञान
070	पत्रकारिता, प्रकाशन, समाचार-पत्र
080	सामान्य संग्रह और संकलन
090	हस्तलिखित और दुर्लभ ग्रन्थ।

इसी प्रकार अन्य 9 मुख्य वर्गों को दस सहायक वर्गों में विभक्त किया गया है। मुख्य वर्ग के प्रत्येक विभाग को पुनः दस उपविभागों में विभक्त किया गया है–

510	गणित
511	सामान्यताएँ
512	बीजगणित
513	अंकगणित
514	संस्थिति-विज्ञान
515	विश्लेषण
516	ज्यामिति

517-519 को प्रयोग 18वें संसकरण में नहीं किया गया है। त्रिअंकीय उप-विभागों को दुबारा दशमलव जोड़कर दस खण्डों में विभाजित किया गया है। जो निम्नानुसार हैं–

511	सैद्धान्तिक मान्यताएँ
.2	आगमनात्मक और अंतर्ज्ञानात्मक गणित
.3	प्रतीकात्मक (गणितीय तर्क)
.4	सन्निकट और प्रसरण
.5	सिद्धान्त और रचना-रेखाचित्र
.6	संचय-विन्यास विश्लेषण
.7	संख्यात्मक विश्लेषण
.8	गणितीय प्रतिरूप
.9	(18वें संस्करण से विलोपित)

इसी प्रक्रिया के द्वारा प्रत्येक विषय का स्थान निर्दिष्ट किया गया है। अंकन को अपरिमित विस्तार दिया गया है, और विषय के सूक्ष्मतम पक्षों के लिए भी वर्गाङ्क निर्दिष्ट किये गये हैं। दस विभागों का सिद्धान्त प्रत्येक स्थल पर लागू होने के कारण अनेका स्थानों पर विषयों का अतार्किक समूहीकरण हुआ है, कई स्थलों पर निर्दिष्ट न कर खाली जगह छोड़ दी गयी हैं। प्रयत्न यह किया गया है, कि निर्धारित अंकन की सीमा में ही विषय को रखा जाये, चाहे ऐसा करना तार्किक रूप में उपयुक्त हो या न हो। इस कारण से दशमलव प्रणाली को अनेकानेक आलोचनाओं का सामना करना पड़ा है।

साधारणतः प्रत्येक वर्गाङ्क से सिर्फ एक ही विषय-विशेष का ज्ञान होता है। जैस 669.5 केवल सीसा नामक धातु के लिए निर्दिष्ट है। कहीं-कहीं अनेक विशिष्ट विषय समूहों के लिए एक ही वर्गाङ्क का उपयोग किया गया है, जैसे सभी निम्नवर्गीय धातुओं के समूह (नियोवियम, हैफ्यिम, जैमेनियम, गैलियम इत्यादि) के लिए 669.79 तथा सभी लोहमिश्र धातुओं के लिए 669.73 प्रयुक्त किये गये हैं।

ड्युई वर्गीकरण प्रणाली में अंकन-विन्यास इस प्रकार किया गया है कि अनुवर्ती विषय-शीर्षक का पूर्ववर्ती विषय-शीर्षक से सम्बन्ध स्पष्ट हो जाये। इस प्रणाली में विषय स्थूलतर से सूक्ष्मतर की ओर आगे बढ़ते हुऐ दिखाऐ गये हैं। यथा-

612	मानव शरीर क्रिया विज्ञान
612.1	रक्त और रक्त परिभ्रमण
612.11	रक्त
612.12	रक्त-रसायन
612.13	रक्त वाहनियाँ और रक्त परिभ्रमण क्रियाएँ
612.14	रक्तचाप

612.17 हृदय

612.18 रक्त-वहन प्रेरक तन्त्रिका

सम्पूर्ण वर्गाङ्क में एक बार ही दशमलव का उपयोग होता है और पढ़ने की सुविधा के लिए आगे के अंक के मध्य कुछ स्थान छोड़ देते हैं जैसे 954.025 या 954.026।

पुस्तकालय सामग्री मुख्य वर्ग, वर्गविभाग, वर्ग अनुभाग या वर्ग-उपानुभाग में वर्गीकृत की जा सकती है। उदाहरणार्थ मान लें, कि भारतीयों द्वारा रचित अंग्रेजी साहित्य का अंकन 823.1 है, तो इसमें मुख्य वर्ग 800, वर्ग विभाग, 820 वर्ग अनुभाग 823 और वर्ग-उपानुभाग 823.1 है।

यहाँ यह समझ लेना जरूरी है, कि ड्यूई प्रणाली का निर्माण ज्ञान की विभिन्न शाखाओं के आधार पर किया गया है, विषयों को आधार नहीं माना गया है। इस दृष्टि से एक विषय को अनेक स्थानों पर दर्शाया गया है। सापेक्षिक अनुक्रमणिका निर्माण भी इस दृष्टिकोण को ध्यान में रखकर किया गया है। निम्नानुसार उदाहरणों से इसे स्पष्ट करने का प्रयास किया गया है–

साझेदारी	
उत्पादन अर्थशास्त्र	338.73
साझेदारी में प्रबन्धन	658.1142
साझेदारी सम्बन्धी लेखे	657.92
विवाह	
सामाजिक पक्ष	301
मनोवैज्ञानिक पक्ष	155
नैनिक पक्ष	663
वैवाहिक रीतिरिवाज	390
वैवाहिक स्वास्थ्य विज्ञान	613
जल	
अकार्बनिक रसायन	546.22
आर्थिक भूविज्ञान	553.7
उद्धरण अभियांत्रिकी	627.56
उपयोग-भू अर्थशास्त्र	333.912
खेल	797.25
द्रव अभियांत्रिकी	627

परिवहन	387
जल प्रदाय और अभियांत्रिकी	628
आवासोपयोगी जल सुविधाएँ	644.6
प्लंबरी भवन निर्माण	696.12
जल-संग्रहण और वितरण	628.14
भू-आकृति विज्ञान	551.4
समुद्री जल	551.460
भू-वैज्ञानिक क्रियाएँ	551.35
संग्रहण-बाढ़ नियंत्रण अभियांत्रिकी	627.44
संदूषण-लोक स्वास्थ्य	614.77
जल संसाधन, कृषि सिंचाई	631.7
जल संसाधन, उपयोग, अर्थशास्त्र	333.91
जल चिकित्सा	615.853
जल निकास, प्लंबरी, गृह निर्माण	696.13
जलनिकास-भूमि-उद्धरण अभियांत्रिकी-प्रौद्योगिकी	627.5
जलनिकास-मुद्रा-उद्धरण कृषि	631.6
जलमंडल-भौतिक भूविज्ञान	551
जलमार्ग द्रव-गति की अभियांत्रिकी प्रौद्योगिकी	627.042
जल परिवहन	386.3-.5

ड्युई वर्गीकरण प्रणाली में सामूहिक वर्गांकनों का उपयोग भी किया गया है। इन्हें केन्द्रित शीर्षक कहते हैं। केन्द्रित शीर्षक का उपयोग इसलिए किया गया है, कि अंकनों का अनावश्यक विस्तार न हो। उदाहरणार्थ 342.-345 लोकविधि के लिए केन्द्रित शीर्षक (centred heading) है। तालिकाओं में निम्नांकित से लोक-प्रशासन से जुड़े शीर्षक का उल्लेख किया गया है—

342-345	लोक विधि
342	संवैधानिक और प्रशासनिक विधि
343	प्रकीर्ण लोक-विधि
344	सामाजिक विधि
345	दंडविधि

इसी प्रकार शिक्षा और विद्यालयों के विभिन्न स्तर के लिए 372-374 केन्द्रित शीर्षक हैं। तालिका में निम्नानुसार उल्लेख किया गया है—

372	प्राथमिक शिक्षा
373	माध्यमिक शिक्षा
374	प्रौढ़ शिक्षा

अंकनों को लम्बा न करने की दृष्टिकोण से कई बार किसी विषय अथवा ज्ञान-शाखा के उपविभागों के अंकन उस विषय के अन्तर्गत न देते हुए उनके वर्गांकों को उनके समवर्गी विषयों के अन्तर्गत दर्शाया गया है, जैसे जीव-विज्ञान का वर्गांक है 574, लेकिन जीवविज्ञान के अंग वनस्पति विज्ञान का वर्गांक 580 व जीवविज्ञान का वर्गांक 590 है। ऐसे स्थलों पर अनुवर्ती अंकों के अन्तर्गत सम्बद्ध विषयों को वर्गीकृत करने का नियम पालन नहीं किया गया है, लेकिन वर्गांक निष्प्रयोजन लम्बे होने से बच गये हैं।

ड्युई प्रणाली में ज्ञान-शाखाओं और विषयों में सोपानक्रम बनाये रखा गया है। मुख्य विषय वर्गांक का उसके सभी उपविभागों से अन्तर्सम्बन्ध स्पष्ट रूप से परिलक्षित होता है, जैसे धर्मसूचक वर्गांक 200 में अंतर्निहित आशय उसके सभी उपविभागों 294 हिन्दू धर्म व उसके सूक्ष्मतम उपविभाग तक स्पष्ट परिलक्षित होता है–

200	धर्म (मुख्य विषय)
294	हिन्दू धर्म (उप-विभाग)
294.1	धर्मस्रोत वैदिक हिन्दू धर्म सम्बन्धी धर्मग्रन्थ (सूक्ष्म उपविभाग)
294.11	संहिताएँ
294.111	ऋग्वेद (सूक्ष्मतम उपविभाग)

जैसा कि हम ऊपर कर आये हैं, इस प्रणाली में विषयों का संयोजन बहुत ही कुशलता से किया गया है। स्मृतिसहायक युक्तियों (mnemonic aids) का इस प्रणाली में कुशलतापूर्वक व्यवहार किया गया है। पुस्तक में अनेक सहायक तालिकाओं (auxiliary tables) का समावेश भी किया गया है। इन सहायक तालिकाओं के द्वारा अंकनों में एकरूपता वनी रहती है। अन्य स्मृतिसुलभ साधनों (mnemonic aids) के रूप में यह व्यवस्था की गयी है, कि किसी एक विषय का पूरा विस्तार उन्हीं स्रोतों के द्वारा अन्य विपयों के लिए भी किया जा सके।

वर्ग के अंकन में मानक उपविभागों को जोड़कर विषय-विशेष के विभिन्न पक्षों से जुड़ी पुस्तकें वर्गीकृत की जा सकती हैं। यह मानक उपविभाग कहलाते हैं।

ये मानक उपविभाग किसी भी विषय के साथ उपयोग किये जा सकते हैं, तथा साधारणतः 0 का पूर्व प्रयोग कर वर्गांक बनाये जाते हैं, जैसे–

हिन्दूधर्म = 294

हिन्दू धर्म कोष विश्वकोश }294.03

शब्दानुक्रमणिका

धर्म = 200

धर्मकोश = 203 न कि 200.03

अन्य स्मृति सुलभ साधन के रूप में भौगोलिक विभाजन का उपयोग किया गया है। इतिहास की तालिका में वर्गांक 930 से 999 तक भौगोलिक विभाजन किये गये हैं। विषय को विभाजित करने सम्बन्धी निर्देश '930 की भाँति विभाजित करिए' या '940-999 की भाँति विभाजित करिए' दिये गये हैं–

910 सामान्य भूगोल यात्रा भ्रमण

निर्देश–किसी विषय-विशेष के भौगोलिक निरूपण के वर्गीकरण हेतु अगर अन्य(a) कोई अनुदेश न दिया गया हो तो उसी विषय के अन्तर्गत उसके निर्धारित वर्गांक में सारणी 1 के 'मानक उपविभाग' अंकन 09 को जोड़कर वर्गीकरण कीजिए।

911 'ऐतिहासिक भूगोल

(राजनैतिक विभाजनों का विकास और परिवर्तन)

ऐतिहासिक मानचित्रावलियाँ

क्षेत्रात्मक ऐतिहासिक भूगोल के लिए आधारांक 911 में सारणी 2 के 'क्षेत्रीय' अंकन 1-9 जोड़िए

912 भूमंडल और भूमंडलेतर लोकों के भूतल का लेखाचित्र

913 प्राचीन विश्व सम्बन्धी भूगोल और यात्रा

914 यूरोप

915 एशिया प्राची (पूर्व देश) दूर पूर्व

916 अफ्रीका

917 उत्तर अमरीका

918 दक्षिण अमरीका

919 विश्व के अन्य भाग, भूमंडलेतर लोक, प्रशांत महासागर के द्वीपपुंज

914-919 में तृतीय अंक अर्थात् 4-9 द्वीपों के लिए प्रयोग किये गये हैं, इनका निम्नानुसार दुबारा विभाजन किया जा सकता है, यथा–

914.1 स्काटलैंड का भूगोल

914.2 ब्रिटिश द्वीपपुंज (इंग्लैंड, ग्रेटब्रिटेन, यूनाइटेड किंगडम)

914.3 जर्मनी

915.1	चीन
915.2	जापान
915.3	अरेबिया
915.4	भारत इत्यादि

अन्य विषयों के विषयवार विभाजनों के उदाहरण स्मृतिसहायक सम्बन्धी गुण पर प्रकाश डालते हैं—

330	अर्थशास्त्र
330.9	अर्थशास्त्र का इतिहास
330.95	अर्थशास्त्र का इतिहास-एशिया
330.954	अर्थशास्त्र का इतिहास-भारत

तीसरा स्मृतिसहायक सम्बन्धी विश्लेषण भाषा विभाजन में देखी जा सकती है। जैसा कि हम देखेंगे 400 भाषाशास्त्र और 800 साहित्य में भाषा को ही विभाजन का आधार बनाया गया।

400	भाषा	800	साहित्य
420	अंग्रेजी और एंग्लो सेक्शन भाषाएँ	820	अंग्रेजी भाषा साहित्य एंग्लो-सेक्शन भाषा साहित्य
430	जर्मन भाषा	830	जर्मन साहित्य
440	फ्रेंच भाषा	840	फ्रेंच साहित्य
450	इताबली भाषा	850	इताबली साहित्य
460	स्पेनिश भाषा	860	स्पेनिश साहित्य
470	लैटिन भाषा	870	लैटिन साहित्य
480	ग्रीक भाषा	880	ग्रीक साहित्य
490	अन्य भाषाएँ	890	अन्य भाषाओं के साहित्य
491	पूर्व भारतीय-यूरोपीय भाषाएँ	891	पूर्व भारतीय-यूरोपीय साहित्य
492	अफ्रीकी-एशियाई भाषाएँ		
892	अफ्रीकी-एशियाई देशों के साहित्य		

भाषा सम्बन्धी निर्दिष्ट अंकनों का उपयोग अन्य ऐसे वर्गों के साथ किया जा सकता है, जहाँ विभाजन भाषानुसार किया जाना जरूरी हो।

वर्गीकरण प्रणाली का व्यवहार किस प्रकार किया जाये

वर्गीकरण प्रणाली के उपयोग करने का प्रथम सोपान यह है, कि प्रणाली की तालिकाओं के निर्माण में व्यवहृत सिद्धान्तों, तालिकाओं में प्रयुक्त पदों के उचित व तथा अनुक्रमणिकाओं के सम्बन्ध में जानकारी कर ली जाये।

जब पुस्तक या पाठ्य सामग्री का वर्गीकरण किया जाना अभीष्ट हो, तो यह आवश्यक हो जाता है, कि प्रतिपाद्य विषय-विस्तार व विषय के किस पक्ष पर लेखक ने ध्यान केन्द्रित किया है।

जिनके सम्बन्ध में पूर्ण जानकारी हो, जिससे सामग्री हेतु निर्धारित उपर्युक्त वर्गांक का प्रयोग किया जा सके। इस सम्बन्ध में निर्णय लेने की प्रक्रिया में यह महत्त्वपूर्ण है कि सामग्री का उद्देश्य और वह पाठकों के लिए किस वर्ग की आवश्यकता पूरी करेगी, इसका पूर्व ज्ञान कर लिया जाये। सामग्री को यही वर्गांक प्रदान करना व उसके उपयोग की सीमा निर्धारित करना बुद्धि, परीक्षण से कम नहीं है। यह परीक्षण ही वर्गीकरण करने की कला कही जाती हैं।

जो लोग प्रथम बार वर्गीकरण प्रणाली को उपयोग कर रहे हों, उनके लिए व्यावहारिक वर्गीकरण से आशय है--कि पहले अनुक्रमणिका देखकर तालिकाओं में विषय की निर्दिष्ट का ज्ञान कर लिया जाये व जब यह आभास हो कि सामग्री के लिए उपर्युक्त वर्गांक उपलब्ध हो गया है, तब ही वर्गांक दिया जाये। अनुक्रमणिका अकारादि क्रम से प्रस्तुत की गयी है व विषय सापेक्षिक रूप में दिये गये हैं। सिर्फ अनुक्रमणिका के आधार पर वर्गांक नियत करना अत्यन्त अवांछनीय है। बने बनाये वर्गांकों का उपयोग सामग्री के उपयोग में व्यवधान डाल सकता है। उदाहरण को लिए ड्यूई द्वारा प्रस्तुत अनुक्रमणिका सुझावपूर्ण तो है, किन्तु उसके आधार पर वर्गांक का निर्धारण नहीं किया जा सकता। वर्गांक निर्धारित करना एक मानसिक प्रक्रिया है। अनुक्रमणिका के आधार पर वर्गीकरण उपहास का कारण तो बन ही सकता है। किताब अथवा पाठ्य सामग्री के उपयोग में निश्चित ही अवरोधक सिद्ध होगी। उदाहरणार्थ रवीन्द्रनाथ टैगोर की पुस्तक 'लैक्चर्स आन मैन' आन्ध्र विश्वविद्यालय, 1934 के लिए अनुक्रमणिका में विभिन्न अंकन सुझाये गये हैं। जैसे दर्शन के अन्तर्गत 128 'मानव और मनुष्य' धर्म के अन्तर्गत 'मानव' समाजशास्त्र के अन्तर्गत 301.2 'मानव विज्ञान' जैवविज्ञान के अन्तर्गत 572, मानवजाति, विज्ञान, तुलनात्मक धर्म के अन्तर्गत 291.22, प्राकृतिक धर्म के अन्तर्गत 218, हिन्दू धर्म के अन्तर्गत 294.522, शरीर क्रिया विज्ञान के अन्तर्गत 612.014 इस पुस्तक के

अनुक्रमणिका में सुझाये गये हैं। अनुक्रमणिका के आधार पर इस पुस्तक को किसी भी वर्गांक में रख देना हास्यापद स्थिति निर्मित कर सकता है। उपयुक्त और सुरक्षित तरीका यह होगा कि पुस्तक के लिए तालिका से उपयुक्त वर्गांक ढूँढ लिया जाये और अनुक्रमणिका में देखकर संतुष्टि कर ली जाये। अगर निर्णय गलत हुआ तो अनुक्रमणिका में वे कई वर्गांक निर्दिष्ट मिलेंगे, जिनमें पुस्तक रखी जा सकती है। यदि मुख्य वर्ग ही गलत चुन लिया गया तो यह बहुत ही बड़ी भूल होगी व वर्गीकरण का उद्देश्य ही विफल हो जायेगा। अतः यह आवश्यक है कि पहले तालिका से वर्गांक चुना जाये और सहायक साधन के रूप में बाद में अनुक्रमणिका देख ली जाये।

अन्तिम रूप से पुस्तक विशेष प्रणाली के अन्तर्गत वर्गांक में रखी जानी है यह उत्तरदायित्व व्यक्तिगत रूप से वर्गीकरणकर्ता का है। अनुभवी और जागरूक वर्गीकरणकर्ता नयी पुस्तक का वर्गीकरण करने से पहले यह देख लेता है कि पुस्ताकलय में जैसी अन्य पुस्तकें किस वर्गांक में रखी गयी है। शैल्फ लिस्ट या अनुवर्ग सूची से यह जाना जा सकता है। यदि, कभी ऐसा लगे कि पुरानी पुस्तकों की तुलना में नयी पुस्तक का वर्गांक अधिक उपयुक्त है तो यह प्रयास किया जाना चाहिऐ कि पुरानी पुस्तकों के वर्गांक परिवर्तित कर उन्हें नवीन पुस्तक के साथ रखा जाये। प्रो. वाइज का विचार है कि यह बेहतर है कि 6 पुस्तकों का इकट्ठा एक ही गलत वर्ग में वर्गीकृत कर दिया जाये बजाया इसके कि उन्हें 6 अलग-अलग जगहों में रखा जाये। कम से कम एक ही स्थल पर पुस्तकें रखने से वे एक साथ उपलब्ध तो हो सकेंगी। ड्यूई ने प्रस्तावना में वर्गीकरण के नियम निर्दिष्ट किये हैं। क्रियात्मक वर्गीकरण की दृष्टि से अग्रांलिखित बिन्दुओं को ध्यान में रखना जरूरी है–

1. प्रथमतः पुस्तक का वर्गीकरण मुख्य विषय में किया जाये। उसके बाद रूप को महत्त्व दिया जाये। यह बात सामान्य वर्ग और रूपवर्ग में लागू नहीं होती। पुस्तक के विषय के आधार पर मुख्य वर्ग निर्धारित किया जाना चाहिए व पुस्तक के पहलू को बाद में जोड़ देना चाहिए, जिससे वर्गांक बन सके। उदाहरणार्थ 'रसायन विज्ञान शब्दकोश'–यहाँ मुख्य विषय रसायन विज्ञान है, जिसका दशमलव वर्गांक 540 है। चूँकि रसायन विज्ञान विषय को कोश रूप में प्रयुक्त किया गया है, अतः मानक उपविभाग से 03, जो कोश के लिए निर्धारित है, 540 में जोड़ा जायेगा और तब वर्गांक 540.3 हो जायेगा।

साहित्य में, विधा/रूप सामग्री से अधिक महत्त्वपूर्ण होता है, इसलिए ही आंग्ल ऐतिहासिक उपन्यास को 823 में वर्गीकृत किया जाता है न कि इंग्लैण्ड के इतिहास के साथ 942 में।

2. पुस्तक को पूर्ण उपयुक्त वर्गांक में वर्गीकृत करिये। हिन्दू धर्म की पृष्टिभूमि नामक ग्रन्थ निश्चित रूप से मुख्यवर्ग 'धर्म', जिसके लिए निर्धारित वर्गांक 200 है, के अन्तर्गत रखी जायेगी, लेकिन चूँकि यह पुस्तक धर्म-विशेष पर प्रकाश डालती है, अतएव इसके लिए उपर्युक्त वर्गांक 294-हिन्दू धर्म होगा। अनेक बार वर्गांक लम्बा हो सकता है, लेकिन वर्गीकरणकर्ता को इस बात से चिंतित नहीं होना चाहिए। साधारण तौर पर यह सुझाया जाता है कि छोटे संग्रह के लिए तीन अंकीय वर्गांकों का ही उपयोग किया जाना चाहिए, लेकिन ऐसा करने पर जैसे ही पुस्ताकलय के संग्रह में वृद्धि होती है, सूक्ष्म वर्गांक आवश्यक प्रतीत होने लगते हैं।

3. अगर कोई पुस्तक दो विषयों से जुड़ी हो तो ऐसी पुस्तकों को उस विषय को आधार मानकर वर्गीकृत करना चाहिए, जिस विषय पर पुस्तक में प्रमुखता से प्रकाश डाला गया हो व पुस्तक का मुख्य प्रतिपाद्य विषय हो। उदाहरणार्थ 'बैकिंग और व्यवसाय'। अगर व्यवसाय को पुस्तक में प्रमुखता दी गयी हो तो पुस्तक को व्यवसाय में वर्गीकृत करना चाहिए। बैकिंग के लिए सूचीकार्ड बनाया जा सकता है।

4. अगर किसी पुस्तक में तीन या तीन से भी अधिक विषयों पर प्रकाश डाला गया हो, ओर वे सभी अन्योन्याश्रित हों तो ऐसी पुस्तकों को मुख्य प्रतिपाद्‌य विषय के अन्तर्गत रखा जाना चाहिए। अगर किताब में सभी विषयों पर समान रूप से प्रकाश डाला गया हो, तो पुस्तक को ऐसे विषय के अन्तर्गत रखा जाना चाहिए, जिसमें कि अन्य उपविषय समन्वित हों, उदाहरणार्थ के तौर पर 'उष्मा, प्रकाश और ध्वनि' नामक पुस्तक को भौतिकी में रखा जाना उपयुक्त होगा।

5. पुस्तक को यह दृष्टिकोण रखकर वर्ग्रीकृत कीजिए, कि अधिक से अधिक पाठक पुस्तक से लाभान्वित हो सकें। उदाहरणर्थ 'महात्मा गाँधी का चरित' नामक पुस्तक भारत के राजनैतिक स्वतंत्रता 'संग्राम' वर्ग के लिए अधिक उपयुक्त होगी। चूँकि पाठक इस पुस्तक को भारत के राजनैतिक स्वतंत्रता-संग्राम की पृष्टभूमि को समझने के लिए पढ़ना चाहेंगे।

6. अगर किसी किताब में विषय निरूपण भौगोलिक दृष्टिकोण से किया गया हो, तो प्रथमतः वर्गीकरण विषय की दृष्टि से व उसके बाद भौगोलिक पक्ष पर ध्यान देना चाहिए।

7. यदि किसी पुस्तक में एक विषय अन्य किसी विषय को प्रभावित करता हो, तो वर्गीकरण उस विषय के अन्तर्गत करना चाहिए, जो विषय प्रभावित हो रहा हो।

❑❑❑